HISTORIA GENERAL DEL CINE
Volumen VI
LA TRANSICIÓN DEL MUDO AL SONORO

John Belton, José Luis Castro de Paz, Donald Crafton,
Douglas Gomery, Juan B. Heinink, Javier Maqua,
Joan M. Minguet Batllori, Bill Nichols,
Manuel Palacio, Eduardo Rodríguez Merchán,
Pedro Santos y Janet Staiger

HISTORIA GENERAL DEL CINE

Volumen VI

LA TRANSICIÓN DEL MUDO AL SONORO

Coordinado por
Manuel Palacio y Pedro Santos

CATEDRA
Signo e imagen

Planificada por
Juan M. Company, Carlos F. Heredero, Javier Maqua,
José Enrique Monterde, Manuel Palacio, Esteve Riambau,
Jenaro Talens, Casimiro Torreiro y Santos Zunzunegui

Coordinación editorial:
Marisa Barreno

Dirección general de la obra:
Gustavo Domínguez y Jenaro Talens

Documentación gráfica:
Fernando Muñoz

Traducción de los artículos de Belton, Crafton, Gomery, Nichols
y Staiger: Susan Sasse

Reservados todos los derechos. De conformidad con lo dispuesto
en el art. 534-bis del Código Penal vigente, podrán ser castigados
con penas de multa y privación de libertad quienes reprodujeren
o plagiaren, en todo o en parte, una obra literaria, artística
o científica fijada en cualquier tipo de soporte
sin la preceptiva autorización.

© Janet Staiger, John Belton, Douglas Gomery, Pedro Santos, Donald
Crafton, Joan M. Minguet, Juan B. Heinink, Eduardo Rodríguez,
José Luis Castro de Paz, Javier Maqua, Bill Nichols, Manuel Palacio
© Ediciones Cátedra, S. A., 1995
Juan Ignacio Luca de Tena, 15. 28027 Madrid
Depósito legal: M. 20.096-1995
I.S.B.N.: 84-376- 1336-1
Printed in Spain
Impreso en Gráficas Rógar, S. A.
Pol. Ind. Cobo Calleja. Fuenlabrada (Madrid)

Presentación

GUSTAVO DOMÍNGUEZ
JENARO TALENS

Cuando se cumplen 100 años del nacimiento del cinematógrafo, el arte del siglo XX, según famosa frase de Fritz Lang, parece llegado el momento de mirar hacia atrás y preguntarnos ¿de qué hablamos cuando hablamos de historia del cine? En efecto, uno de los problemas más importantes de los que han ocupado el debate internacional sobre el discurso fílmico en los últimos años es el que se refiere al problema del concepto de historia del cine. Desde finales de la década de los años sesenta la reflexión sobre el fenómeno cinematográfico ha discurrido por senderos que tendían a sustituir la aproximación impresionista y casi ontológica al cine como arte por un análisis textual del objeto fílmico en términos de discurso. La semiótica, el formalismo, la narratología, la teoría de los géneros, la hermenéutica o la más reciente teoría de la percepción de la crítica académica, sobre todo norteamericana, partían, sin embargo, en la mayoría de los casos de una aceptación previa del canon historiográfico establecido. Dicho canon asumía una periodización y jerarquización de los modelos establecidos sobre la base de argumentos de valor que no se presentaban como tales, sino como resultado de una decantación objetiva. De ese modo, por ejemplo, nociones tales como «cine igual a relato» o, lo que es lo mismo, «cine igual a cine narrativo» —y más concretamente «cine narrativo norteamericano»— han venido funcionando como paradigmas indiscutidos. De la misma manera el cambio de jerarquías y la redistribución de puestos en el mercado de valores cinematográfico se ha basado en la asunción de un aparato conceptual que corrientes más recientes, como la deconstrucción o la teoría feminista, entre otras, han empezado a subvertir. La importancia de estos nuevos planteamientos para la reivindicación de cinematografías marginadas desde el punto de vista industrial, tradicionalmente abordadas desde la óptica de los modelos hegemónicos hollywodienses, nos parece, por ello, fuera de toda duda. Por otra parte el debate historiográfico, en sentido estricto, ha dejado claro el estatuto narrativo, es decir, construido, del discurso histórico. En ese contexto es la noción misma de historia del cine lo que subyace en el desarrollo del objeto historiado. Qué estudiar (y proponer estudiar), desde dónde y con qué finalidad.

La *Historia General del Cine* que aquí presentamos parte de una voluntad explícita de diálogo múltiple: entre diferentes modos de hacer historia, entre diferentes tradiciones y modelos culturales —en el interior de los cuales la noción misma de «cine»» posee un significado y un alcance irreductible a la unidad—, entre diferentes modos de representación; en una palabra, entre diferentes formas de ver y entender el cine.

Un casi centenar de autores, provenientes de países distintos y posiciones estéticas e historiográficas no siempre coincidentes, trata, así, de conformar un panorama completo de lo que ha sido el desarrollo de ese universo discursivo y espectacular que ha coloreado, en mayor medida que los demás, el último siglo del milenio. Sin rehuir las discrepancias ni las contradicciones, y desde un interés compartido por lo que significa —industrial, estética, política y culturalmente— el cinematógrafo, y no sólo como «fábrica de sueños», esta *Historia General del Cine* pretende servir de compendio e introducción no sólo para los especialistas y estudiosos del medio, sino, fundamentalmente, para todos aquellos lectores que, como ya predijera Valle-Inclán en los albores de los años veinte, sean conscientes de que el arte del siglo XX «será cinematográfico, o no será».

La llegada del sonido a Hollywood

DOUGLAS GOMERY

La llegada del sonido a finales de los años veinte transformó la industria del cine en Estados Unidos. Siguiendo la iniciativa de las innovadoras —Warner Bros. Pictures Inc. y Fox Film Corporation—, los otros estudios más importantes de Hollywood hicieron lo posible para reconvertirse al cine sonoro. Para el otoño de 1930, toda la producción cinematográfica de Hollywood se hacía en sonoro. Una nueva forma de realizar películas se había institucionalizado, y conservaría su popularidad e influencia durante el resto del siglo XX. La rapidez de este cambio técnico sorprendió a todos en aquel entonces. En pocos meses una aparentemente inacabable lista de problemas técnicos se resolvieron, los platós cinematográficos fueron insonorizados y los cines sonorizados. Durante el proceso de esta reconversión técnica, Hollywood obtuvo beneficios aún mayores, introduciendo así lo que desde entonces ha sido denominada la Edad de Oro de Hollywood. Pero la rapidez de la transformación al cine sonoro no debe confundirse con el desorden o el caos. La llegada del sonido demostró ser un cambio industrial ordenado.

Puesto que esta transformación técnica tuvo lugar dentro de una industria multimillonaria, parece apropiado empezar con un análisis económico. La teoría económica de los cambios técnicos presupone que una empresa introduce un nuevo proceso de producción a fin de aumentar los beneficios a largo plazo. Podemos entender mejor la transformación tecnológica examinando tres fases vitales: invención, innovación y difusión.

Al examinar en primer lugar los motivos económicos de un cambio técnico, no deseamos menospreciar otras muchas cuestiones cruciales de la llegada del cine sonoro, tales como los aspectos sociales, estéticos e ideológicos. Éstos son importantes pero, para comprender cómo una industria cambió, deberíamos primero examinar la base económica de aquella transformación.

El cine sonoro necesitó para su puesta en marcha de la adaptación de unas tecnologías anteriores. Esta tarea resultó difícil. Durante la fase de innovación, las empresas se apropiaron del conocimiento científico y, en nuestro caso, buscaron la manera de vender películas sonoras al público, a sabiendas del riesgo que suponía intentar comercializar algo, que en una opinión generalizada, no podía funcionar. Finalmente, una vez que la nueva tecnología había sido aceptada, las principales compañías cinematográficas tuvieron que difundirla a todo el mercado.

Esta transformación en tres fases tuvo lugar en Estados Unidos entre 1926 y 1930. Aparentemente, de la noche a la mañana la era del cine mudo había terminado; para el año 1930, Hollywood había cambiado totalmente al cine sonoro. En 1925 la producción de películas mudas era la norma; sólo cinco años después, Hollywood producía únicamente películas sonoras. La rapidez de la transición sorprendió a casi todos. En treinta y seis meses se resolvieron problemas técnicos desconcertantes, se reelaboraron estrategias de marketing y distribución, se construyeron estudios insonoros y 15.000 cines fueron sonorizados.

Hollywood dominaba hasta tal punto el negocio cinematográfico por todo el mundo, que ninguna industria extranjera se atrevió a no adoptar el sonido, así que para el año 1935, «sound-on-film», sonido fotográfico u óptico, se había convertido en la norma mundial.

La invención

La transformación al cine sonoro no comenzó en Hollywood. De hecho, las exhibiciones cinematográficas nunca habían sido mudas, sino que tenían acompañamiento musical. Durante los últimos años

Método Vitaphone. Proyeccionistas con discos sincronizados.

del cine mudo en Estados Unidos, las grandes salas, o palacios del cine, de las ciudades norteamericanas empleaban regularmente orquestas de setenta y cinco músicos; algunos de los cuales tenían el único trabajo de proveer efectos sonoros para las sesiones de películas mudas. Incluso los cines situados en pequeñas localidades empleaban músicos para acompañar su oferta cinematográfica muda.

Durante las primeras dos décadas del siglo xx, los científicos (incluyendo el más insigne, Thomas Alva Edison) se esforzaron para unir, por medios mecánicos, la tecnología del fonógrafo a la película muda. Pero este sencillo maridaje nunca funcionó porque nadie podía mantener la sincronización. Además, conforme los cines se convertían en grandes salas, la tarea se hacía cada vez complicada, ya que con unas conexiones sencillas no se hubiera podido llenar de sonido todos los rincones de un gran auditorio.

Pero los empresarios emprendedores presentaron a los espectadores cinematográficos diversos prototipos, tales como Vitaphone, Synchroscope, Chronophone, Cameraphone y Cinephone. En 1913 Thomas

El Kinetophone de Edison.

Alva Edison, el inventor más célebre de Estados Unidos por aquel entonces, proclamó que tenía la respuesta. Su Kinetophone empleaba un amplificador y un sofisticado sistema de correas y controles mecánicos para sincronizar el sonido y la imagen. En un pregonado estreno mundial, la American Talking Picture Company de Edison ofreció un extravagante estreno público del Kinetophone. Fracasó. Los patrocinadores gritaban su rechazo del último milagro de Edison, de una manera insultante, en el teatro de variedades Keith en Union Square, Nueva York, y con razón. Su sincronización casi nunca funcionaba; la música se reproducía con sonidos toscos y metálicos; los espectadores del final de la sala no podían oír nada.

Las invenciones para el cine sonoro necesitarían un sistema complejo. Haría falta el conocimiento científico creado por los ingenieros del teléfono y la radio para ofrecer un método que estuviera a la altura de la situación. Dos gigantes corporativos, la American Telephone

Sistema «sound-on-disc».

& Telegraph Corporation (AT&T), la mayor empresa industrial del mundo por aquel entonces, con su filial Western Electric, y su rival Radio Corporation of America (RCA) gastaron millones de dólares en el desarrollo de la tecnología necesaria. Las metas de estas empresas, al principio tenían poco que ver con el entretenimiento del cine. AT&T quería mejorar su servicio de teléfono de larga distancia; RCA buscaba el conocimiento para aumentar su ventaja en el campo de la radio.

Pero como efecto secundario de su investigación, se inventó, dentro de los laboratorios de estos gigantes corporativos, los aparatos que se podrían utilizar para grabar y reproducir el sonido para el cine. Los científicos de AT&T, trabajando dentro de una unidad que más tarde se conocería como Bell Labs, perfeccionaron un sistema de grabación y reproducción electrónica llamado «sound-on disc», sonido fonográfico, para ensayar una red telefónica de larga distancia. Como subproducto de esta investigación, los científicos de AT&T inventaron el primer verdadero altavoz y amplificador de sonido. RCA estaba trabajando por caminos parecidos. Al combinar estas invenciones con la tecnología cinematográfica, los dos produjeron sistemas que podían grabar y proyectar sonidos claros y vibrantes hacia los espectadores, incluso en las grandes salas de 5.000 localidades.

En el año 1922, AT&T empezó a comercializar su nueva tecnología del sonido. Pero a pesar de su considerable reputación técnica, los barones de la industria del cine en Estados Unidos, enterados de los numerosos fracasos embarazosos sufridos por el cine sonoro, hicieron caso omiso de las ofertas de AT&T. RCA no tuvo mejor suerte.

LA INNOVACIÓN

Una compañía menor de Hollywood, Warner Bros., aceptó el reto de AT&T. Los hermanos Warner, guiados por el mayor, Harry, quien a su vez recibía la ayuda de Abe en la distribución y de Jack y Sam en la producción, habían recorrido un largo camino desde sus días con el nickelodeon en Ohio. Pero todavía no habían alcanzado una centésima parte del tamaño del líder de la industria cinematográfica: Famous Players-Lasky. Warner Bros. buscaba la manera por la cual podría llegar a enfrentarse a Famous Players (que en 1926 cambió su nombre por el de Paramount). A partir de 1924, Warner Bros. inició una política de

Mary Astor y John Barrymore en *Don Juan* (1926).

expansión adoptando un tipo de producción cinematográfica más costosa, creando una red de distribución por todo el mundo y adquiriendo salas de cine.

Durante esta fase de crecimiento de la empresa, Sam Warner se enteró de las invenciones de AT&T y Western Electric. Se quedó prendado inmediatamente, pero tuvo que engañar al cabeza de familia, el hermano mayor Harry Warner, para que diera su aprobación. Harry Warner vio y oyó una demostración, y muy pronto los cuatro hermanos estaban trabajando en una estrategia que utilizaría el sonido para ayudarles a desarrollar su compañía. Decididos a no trastornar el beneficioso proceso de producir y comercializar largometraje mudos, los hermanos Warner se disponen a realizar grabaciones de números de variedades y ofrecerlos como novedades a los exhibidores. La Warner Bros. recalcó que estos llamados cortos sonoros de variedades podrían

Jack Warner muestra el disco de sonido de 33 $^{1}/_{3}$ r.p.m. de *Don Juan* en 1926.

sustituir las, por aquel entonces, omnipresentes actuaciones escénicas ofrecidas por las grandes salas en todo Estados Unidos. De este modo, las primerísimas películas habladas («motion picture talkers», como a menudo se llamaban por aquellos tiempos) eran grabaciones cortas de actuaciones musicales, cómicas o de variedades de éxito del momento en gira por Estados Unidos.

Warner Bros. inició, en septiembre del año 1925, la estrategia de utilizar estos cortos de variedades. Se tardó un año en solucionar los problemas de producción, pero para el inicio de la siguiente temporada cinematográfica, que empezaría en agosto de 1926, Warner Bros. estaba preparado para estrenar la maravilla que ellos llamarían Vitaphone, con patente de la Western Electric. Los expertos en relaciones públicas en los estudios de Warner Bros. lanzaron una gran campaña a través de los medios de comunicación. Periódicos de todo el mundo proclamaron la última maravilla tecnológica de los locos años veinte. Los asistentes al estreno pagaron diez dólares por butaca. La flor y nata de la sociedad de Nueva York fue a ver cantar, en una película, a sus ídolos operísticos, encabezados por Giovanni Martinelli, el tenor de la Metropolitan Opera de Nueva York. El estreno de *Don*

Al Jolson en *El cantor de jazz* (Alan Crosland, 1927).

Juan (1926) que incorporaba la música orquestal en la película, reemplazando la habitual orquesta en vivo, siguió a la exhibición de estos anunciados cortometrajes.

Conforme Warner Bros. producía más lotes, compuestos por un largometraje mudo con música orquestal en disco y cinco o seis cortos de variedades, la compañía comprobaba las preferencias de los espectadores. Los hermanos Warner se dieron rápidamente cuenta de que el público prefería grabaciones de actuaciones musicales populares a grabaciones de cualquier otro tipo de espectáculo. Al Jolson y Elsie Janis, dos grandes nombres de la música en Estados Unidos en los años veinte, se pusieron en cabeza al transformarse en las primeras estrellas de los cortos de variedades en Vitaphone. Una vez que Warner Bros. había perfeccionado los cortos de variedades, empezó de una forma lógica y sistemática a incluir secuencias sonoras al estilo de las variedades en sus largometrajes mudos. El primero de estos largometrajes híbridos, que intercalaban secuencias de Vitaphone, se estrenó con Al Jolson como *The Jazz Singer (El cantor de jazz)* en octubre de 1927. A pesar de la mítica reputación de esta película, no fue un éxito inmediato. De hecho, fue sólo cuando aquella película (junto con un lote de cortos en Vitaphone) salió de Nueva York hacia las inmensas tierras del corazón de Estados Unidos, cuando se comprobó que el interés del público no sería pasajero. Estuvo en cartelera durante periodos prolongados en Charlotte (Carolina del Norte), Reading (Pensilvania), y Baltimore (Maryland), por mencionar sólo tres ejemplos destacados. Esto hizo que los líderes de la industria cinematográfica pusiesen más atención. Cuando en abril del año 1928, el famoso «palacio» Roxy de Nueva York contrató *El cantor de jazz* para una reposición que no tenía precedentes y que permitió la recaudación de 200.000 dólares adicionales, parecía sólo cuestión de tiempo que otros estudios de Hollywood probasen el Vitaphone.

En esta fase de innovación, y durante los primeros meses de 1928, Warner Bros. tenía sólo un competidor real: Fox Film Corporation. La Fox había adaptado una versión de la tecnología pionera de AT&T para grabar el sonido, no sobre un disco como hacía Warner Bros., sino sobre la película, al lado de la banda de imagen. (De hecho a mitad de los años treinta, el sonido fotográfico u óptico llegaría a ser la norma en la industria.) William Fox había firmado con AT&T-General Electric para utilizar la nueva tecnología con el fin de mejorar las recaudaciones del noticiero de su compañía. Al igual que los hermanos Warner, William Fox no creía que hubiera un futuro para largometrajes sonoros, pero el veterano «showman» razonaba que el público seguramente preferiría ver noticieros con sonido a las presentaciones mudas.

Al principio, la unión de William Fox con las investigaciones del científico Theodore Case y la poderosa compañía American Telephone and Telegraph, empezó como una estrategia de Fox de ascender hacia los escalones más altos de la industria del cine en Estados Unidos.

En 1925 la Fox aumentó los presupuestos de sus largometrajes; empezó a construir una cadena de grandes salas en las principales ciudades de Estados Unidos; y además empezó a experimentar con noticieros hablados. Dos años más tarde, la corporación Fox había adquirido y construido una cadena de cines que dominaban la parte oeste de Estados Unidos, desde Los Ángeles (California) a Seattle (Washington), y había logrado importantes posiciones en ciudades como San Luis (Misuri), Detroit (Michigan) y Milwaukee (Wisconsin).

El estreno de Fox Movietone News se produjo el día 30 de abril de 1927 en el teatro Roxy, propiedad de la Fox, con la exhibición de un reportaje de los cadetes de West Point desfilando. Duraba tan sólo cuatro minutos, pero este primer noticiero con sonido trajo una reacción entusiasta de los comentaristas de la prensa más influyente de Nueva York además de los periódicos especializados de la industria cinematográfica en Estados Unidos. Un mes más tarde, la Fox ya había explotado, hasta el paroxismo, en el Roxy, las circunstancias del vuelo de Charles Lindbergh y su tumultuosa recepción en la Quinta Avenida.

Los propietarios de los cines clamaban por obtener los equipos que podían reproducir tales películas. Pero la corporación Fox al principio sólo facilitaba las exclusivas a los cines de su propiedad; al mismo tiempo que aumentaba la cantidad de estrenos y las ventajas para los directores de las salas. A su vez, la Fox compró y construyó más cines para poder sacar el máximo provecho de la ventaja que poseía. Mientras que los competidores cambiaron al sonoro en el año 1928, la Fox Corporation tomó la delantera con Movietone News, aumentando sus estrenos a dos por semana.

William Fox nunca había tomado una decisión tan buena en toda su carrera. Sus ingenieros se esforzaban de una forma incansable para integrar el sonido fotográfico a las técnicas convencionales de noticiero. La enorme popularidad del salto de Charles Lindbergh a través del Atlántico contribuyó de una manera significativa al éxito que tuvo la Fox con los noticieros sonoros. Para el verano de 1927, los operadores del noticiero de Fox Corporation llegaban a todos los rincones del globo en busca de historias sonoras. Los propietarios de los cines de Estados Unidos hacían cola para que se sonorizasen sus cines, sencillamente porque querían poner los noticieros Movietone de Fox. Para los aficionados al cine de aquel entonces, Movietone News ofrecía una atracción única, tan popular como cualquier estrella del cine.

Toda esta innovación cambió significativamente las presentaciones de los cines por Estados Unidos. Antes de 1926, en Estados Unidos las grandes salas siempre presentaban algo más que películas mudas. Todas las películas tenían acompañamiento musical; el problema de cómo seleccionar la música se discutía y debatía detenidamente. Las mayores salas empleaban orquestas con más de setenta músicos. Un cine medio, local, alquilaba un conjunto de tres a diez personas. El director musical del cine, que también hacía los arreglos, preparaba una nueva partitura cada vez que se cambiaba el programa. A mediados de los años veinte, los cines eran la principal fuente de empleo de los músicos en Estados Unidos, y un gasto considerable para el propietario del cine.

Las grandes salas también ofrecían actuaciones en vivo por el mismo precio de la entrada. De hecho, a mediados de los años veinte, el espectáculo, de unos 120 a 150 minutos de duración, incluía una actuación en vivo, normalmente de unos 30 minutos. Algunos cines exhibían actuaciones parecidas a la revista, con compañías de bailarinas, como los que se han asociado durante mucho tiempo a Radio City Music Hall. Otros presentaban prólogos, haciendo que el tema de la actuación en vivo tuviera que ver con el largometraje. Finalmente otros empresarios, menos inspirados, simplemente contrataban a los mejores artistas de variedades que podían encontrar y montaban, apresuradamente, un número para el escenario.

Las innovaciones de Warner Bros. y la Fox en el campo sonoro se planearon cuidadosamente. En los años veinte, la industria cinematográfica en Estados Unidos tenía millones de dólares invertidos en el sistema anterior, así que sus «líderes» no estaban interesados en desechar sus inversiones para dar paso al cine sonoro. Cualquier compañía

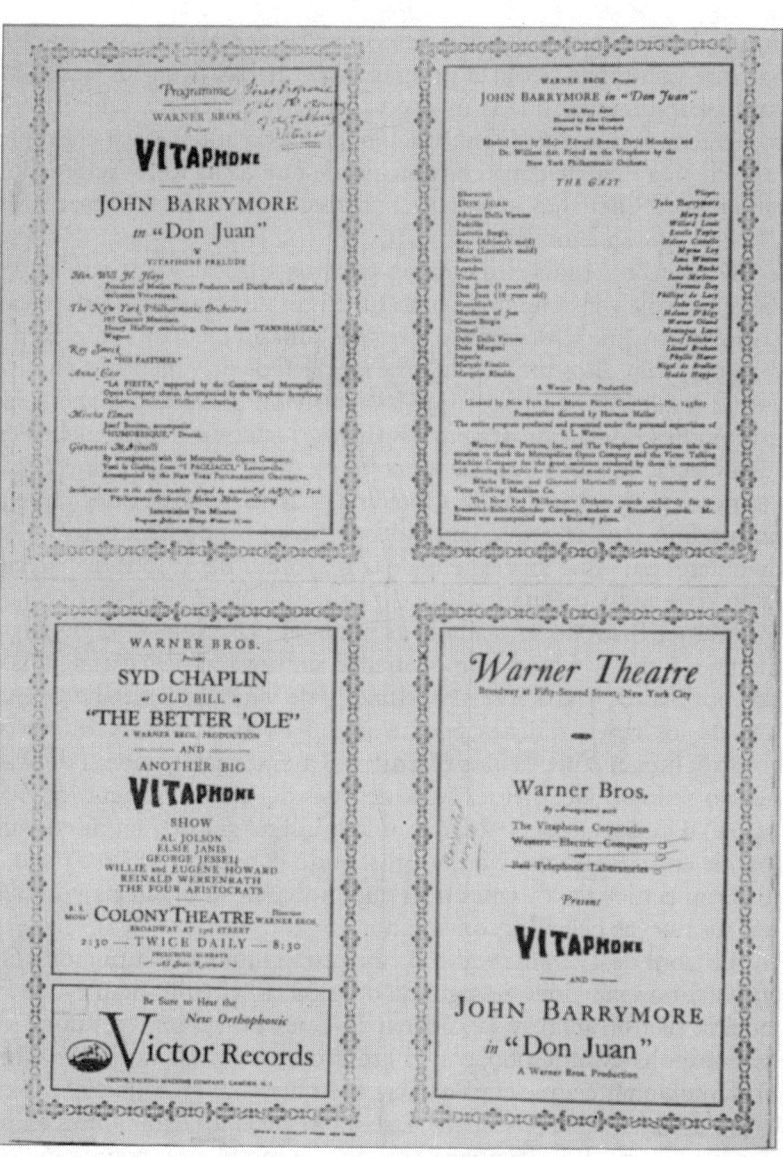

Programa del estreno de *Don Juan*.

innovadora se veía obligada a demostrar las ventajas del sonido, a la par que continuaba con la programación habitual de los cines, así como a argumentar que la inversión en la innovación se amortizaría con creces. Sabían que la innovación sólo sería adoptada si el propietario de una sala quedaba convencido de que dicha innovación aportaría mayores beneficios. Esto fue, precisamente, lo que Warner Bros. y la Fox consiguieron demostrar.

Warner Bros. grabó los mejores talentos musicales y de variedades sobre película y los presentó como sustitutos de actuaciones escénicas. Los objetivos iniciales eran los cines de tamaño mediano, que no podían pagar los altos precios de los espectáculos de variedades en vivo —que resultaban más caros que las grabaciones. De esta manera, los exhibidores podían programar los mejores talentos del momento en sus espectáculos, aunque fuera en forma de película. Un cine podía cubrir los gastos de Al Jolson sobre una película, aunque nunca hubieran podido satisfacer sus honorarios. Hubieran sido necesarios miles de dólares para que una estrella de la magnitud de Al Jolson apareciera en vivo en un escenario.

Warner Bros. no se planteó, al principio, la producción de largometrajes sonoros. Quería, simplemente, suministrar películas de una o dos bobinas de grabaciones musicales y de variedades a los propietarios de los cines, quienes podían juntarlas en bloques y ofrecerlas como si fuesen espectáculos escénicos. La innovación sonora de Warner no se logró fácilmente. Pero, después del exitoso estreno de *Don Juan* el 6 de agosto de 1926, con una orquesta grabada en disco y un lote de cortos sonoros, Warner Bros. pudo convencer, poco a poco, a los propietarios de los cines para que probasen su estrategia y utilizasen sus nuevas películas con sonido.

En abril de 1927, más de 100 cines estadounidenses firmaron contratos, y no eran cines de segunda división. El circuito Stanley, de Filadelfia (Pensilvania), y la cadena de cines Finkelstein y Rubin, de Minneapolis (Minnesota), contrataron sonido. Pero la noticia más importante durante aquella primavera fue que Samuel Rothaefel (Roxy) firmó también. En consecuencia, se interesaron los exhibidores en todos los lugares. Roxy figuraba entonces como el empresario cinematográfico más célebre de Estados Unidos.

La estrategia de la corporación Fox resultó ser aún más sencilla. Con sus noticiarios intentaba sustituir a los ubicuos cortos mudos de noticias. Una vez que Lindbergh hizo que Movietone fuera una marca tan famosa como cualquiera inventada en los años veinte, los propietarios de los cines pagaban gustosamente la instalación de equipos de sonido en sus cines.

Las compañías cinematográficas más importantes, encabezadas por Paramount, no ignoraron las actividades innovadoras de Warner Bros. y Fox. Durante más de un año, un comité de expertos de Paramount, MGM y United Artists, además de otros pequeños estudios cinematográficos, se reunieron en secreto para estudiar las posibilidades de las innovaciones. Examinaron la tecnología del sonido fotográfico de AT&T y contrataron expertos para examinar minuciosamente los equipos de RCA. Después de meses de discusiones sobre los acuerdos, a principios de mayo de 1928 Paramount y sus compañeros miembros del comité firmaron un acuerdo con AT&T. Una vez que se había tomado esta decisión colectiva, la carrera para producir y vender películas sonoras empezó en serio.

En mayo de 1928, AT&T-Western Electric, y no RCA, habían contratado con Warner Bros., la Fox y el resto de las principales compañías de la industria cinematográfica en Estados Unidos. Puesto que RCA no fue capaz de firmar con los principales estudios, creó su propio estudio: Radio Keith Orpheum o simplemente RKO. Esta fusión, que tuvo lugar durante los últimos meses de 1928, unió el sistema sonoro de la Radio Corporation of America, el estudio hollywoodiense de la Film Booking Office y los teatros de variedades incluidos en los circuitos de Keith-Albee y Orpheum. Como resultado de estas consolidaciones se formó uno de los grandes estudios de Hollywood, nacido de la llegada del sonido. Fue el último estudio nuevo creado antes de la llegada de la Edad de Oro del cine de Hollywood.

Para poder sacar el máximo provecho de una mala situación, el fundador y presidente de la RCA David Sarnoff acudió a un amigo, el financiero Joseph P. Kennedy, padre del futuro presidente John F. Kennedy y patriarca de la familia Kennedy. En aquel entonces, el mayor de los Kennedy tenía un pequeño estudio en Hollywood, el Film Booking Office. Durante los últimos seis meses de 1928, Sarnoff y Kennedy unieron los equipos de sonido de RCA, el estudio Film Booking Office de Hollywood, añadiendo los teatros del imperio de las variedades para crear Radio Keith Orpheum, llamado familiarmente RKO. El estudio cinematográfico RKO obtuvo su fuerza del poderío financiero y del talento radiofónico de RCA, de la experiencia en el campo de la producción que tenía Film Booking Office en Hollywood y a través de una cadena de cines por todo Estados Unidos.

La difusión

La difusión del cine sonoro se produjo en un tiempo sorprendentemente corto. Las principales compañías de Hollywood tenían demasiado que perder como para retrasarse. A un nivel empresarial, el comité de planificación secreto, antes mencionado, había hecho tan bien su trabajo, que los responsables de la industria cinematográfica se sorprendieron de las pocas dificultades imprevistas que surgieron. Dentro de la estructura de la Academy of Motion Picture Arts and Sciences los principales estudios cooperaron para subsanar cualquier problema lo más rápido posible. Los grandes estudios siguieron prosperando; los productores más pequeños no podían sufragar los nuevos costes y, o fueron absorbidos por empresas mayores, o simplemente cerraron.

De hecho, el día anterior a la firma de los principales estudios con AT&T, la Academy of Motion Picture Arts and Sciences, fundada un año antes y todavía sin la celebridad mundial conseguida por conceder los oscars, patrocinó su primer seminario sobre el sonido. Menos de un mes más tarde se habían formado veinte comités para recoger y distribuir información, contratar expertos y organizar seminarios. Irving Thalberg, jefe de producción de MGM, supervisó estas vitales actividades de coordinación. En Hollywood hubo un auge en la construcción de estudios, doblándose la extensión de los platós en menos de dos años. Varias compañías abrieron estudios cerca de la ciudad de Nueva York, para dar cabida a artistas escénicos de Broadway reacios a la excursión a California. El complejo de Paramount en Long Island City (actualmente la nueva sede del American Museum of the Moving Image), a pocos minutos de Manhattan a través del río East, era el más grande. Estrellas como los hermanos Marx trabajaron durante el día en los Eastern Studios de Paramount, situados en la localidad de Queens, y en Broadway por la noche.

Para la difusión de películas sonoras se procedió lógica y sistemáticamente. Primero, al principio de la temporada cinematográfica del año 1928, en el mes de septiembre Paramount, MGM y otros estudios principales comercializaron largometrajes con bandas sonoras. Se parecían a y sonaban como *El cantor de jazz*. Es decir, el estudio simplemente añadía bandas sonoras musicales a películas mudas que ya estaban en las latas. Los propietarios de los cines inmediatamente prescindieron de las orquestas en plantilla, liberando fondos para ayudar a pagar la sonorización necesaria.

En septiembre de 1928 Warner Bros. encabezaba la carrera con *The Singing Fool* (1928) protagonizado por Al Jolson. Cada asistente al estreno pagó la cantidad récord de once dólares por una entrada. *The Singing Fool* resultó ser una sensación. Dos de las canciones de Al Jolson, «Sonny Boy» y «There's a Rainbow Round My Shoulder», se transformaron en los primeros discos que vendieron un millón de ejemplares. La producción de *The Singing Fool* costó sólo 200.000 dólares, pero obtuvo cinco millones de dólares de beneficios, algo sin precedentes. *The Singing Fool* demostró a todos los dudosos que el cine sonoro estaba aquí para quedarse. Desde el día del estreno el 20 de septiembre de 1928, y de allí en adelante, *The Singing Fool* alcanzó rápidamente la primera posición entre las películas más taquilleras. El estreno, que tuvo lugar en un teatro alquilado de Broadway, el Winter Garden, indicó las pautas del futuro.

Al llegar el día de acción de gracias del año 1928 Warner Bros. supo que *The Singing Fool* había batido los records de unas 70 taquillas por todo Estados Unidos. En Nueva York, *The Singing Fool* registró el mayor volumen de negocios en la historia de Broadway. El éxito de *The Singing Fool* alcanzó tales proporciones, que las agencias de venta anticipada de entradas en Manhattan comenzaron a vender localidades cinematográficas, empezando a funcionar como mayoristas de grandes bloques de butacas. Las ventas anticipadas sobrepasaron los cien mil dólares a las tres semanas del estreno.

Por todo Estados Unidos, los cines propiedad de los competidores de Warner Bros. (tales como la Paramount y la corporación Loew's) se apresuraron a contratar la película. Hacían caso omiso del hecho de que estaban beneficiando a un productor cinematográfico rival. Los cines, por docenas, encargaron equipos de sonido sólo para poder exhibir *The Singing Fool*. El director del cine Great Lakes, en Buffalo (Nueva York), comunicó que más de 150.000 aficionados vieron *The Singing Fool* durante las dos primeras semanas de estar en cartelera.

En Mansfield (Ohio), *The Singing Fool* llenó durante dos semanas, cuando el récord de una película en cartelera en esta ciudad había sido de cuatro días. En Menominee (Michigan), el equivalente a una vez y media la población de la ciudad pagó por ver *El cantor de jazz*, durante la semana que estuvo en cartelera.

Los problemas más significativos durante el tiempo de la transición surgieron de los sindicatos de proyeccionistas y músicos. La International Alliance of Theatrical and Stage Employees and Moving Picture Operators (simplemente IA) reclamaba más puestos de trabajo para los proyeccionistas del sindicato si iban a proyectar películas sonoras. Resumiendo, a través de la presión y la amenaza de cierre de los cines, los proyeccionistas pudieron doblar el número de puestos de trabajo exigidos por el sindicato y aumentar sustancialmente sus ganancias.

La lucha fue larga y se saldó con derrota para los músicos. Uno de los puntos de la propaganda comercial, expuesto por Western Electric y RCA a los propietarios de los cines, fue que se podía cubrir, instantáneamente, parte del gasto de la instalación del sonido al eliminar las orquestas. Incluso antes de que los principales estudios firmaran contratos para adoptar al sonoro, en el verano de 1928 ya hubo disputas laborales aisladas. En San Luis, por ejemplo, la organización local del American Federation of Musicians exigió que un cine de reciente construcción, el Grand Central, contratara a 15 músicos aunque se construyó solamente para exhibir películas sonoras. Al final de unas dilatadas negociaciones, el cine accedió a contratar a cinco intérpretes, que en el cine estaban siempre desocupados, sin nada que hacer.

A finales de junio de 1928, el American Federation of Musicians celebró su convención anual. El único tema de discusión fue qué hacer con respecto a la pérdida de puestos de trabajo por culpa de las películas sonoras. Los más de 150.000 miembros contribuyeron con más de 1.500.000 dólares para un fondo de defensa legal. Un manifiesto declaró que se estaba poniendo en peligro a la cultura de Estados Unidos, debido a la mecanización, en las películas sonoras, del arte vivo de la música.

Pero la falta de fuerza efectiva de la Musicians Union se comprobó en el verano de 1928. El sindicato vio cómo, caso tras caso, se eliminaban puestos de trabajo, se bajaban salarios y se reducían garantías contractuales. El sindicato se movilizó en Chicago, una poderosa comunidad sindical y una de las organizaciones locales más fuertes del American Federation of Musicians. Balaban & Katz, la mayor y más importante delegación local de la vastísima cadena de cines de Paramount, no renovó unos contratos que habían vencido el 1 de mayo de 1928; todos se pusieron en marcha para efectuar una larga huelga. La huelga comenzó el 4 de septiembre de 1928, y la totalidad de la industria cinematográfica de Estados Unidos dirigió la mirada hacia Chicago, sabiendo que los resultados de esta acción probablemente sentarían precedentes para los circuitos de los cines en el resto de Estados Unidos. Al llegar el 5 de septiembre de 1928, los cines de Chicago ya no empleaban música para las películas mudas, que todavía formaban la columna vertebral de las exhibiciones. Los proyeccionistas se prepararon para sumarse a la huelga. Duró sólo tres días, y los dos bandos proclamaron su victoria. Se había acordado que una media de cuatro músicos deberían ser contratados en un cine (dependiendo del tamaño y situación de la cartelera), y sólo por un año, con unos salarios inferiores a los anteriores. Únicamente el apoyo de los proyeccionistas del sindicato pudo garantizar lo conseguido. Al llegar el año 1930, los asistentes a las salas cinematográficas ya apenas tenían posibilidad de encontrarse con orquestas. En una fecha tan temprana como noviembre de 1928, la cadena Loew's, con base en Nueva York, ya había eliminado todas sus orquestas. En mayo de 1929, por ejemplo, sólo un cine en Minneapolis y St. Paul (Minnesota) tenía algo de música en vivo. Miles de músicos perdieron sus puestos de trabajo, y se acercaron a la radio e incluso viajaron a la costa oeste para probar suerte en la producción cinematográfica. La era de la oferta de grandes orquestas en los cines del centro de las ciudades se había terminado. Sólo las salas especializadas seguían contando con música en vivo.

Vistos los éxitos de Warner Bros. y la Fox, las grandes compañías cinematográficas de Hollywood y sus cadenas de cines satélite, se convirtieron rápidamente al cine sonoro. La difusión de la tecnología había empezado y tuvo un impacto significativo dentro de la comunidad de más de 20.000 cines en activo. La conversión hizo temblar el negocio de la exhibición de películas durante el resto de 1928 y se finalizó al final de 1930.

Puesto que el acceso inmediato a las nuevas películas sonoras garantizaba casi por completo los beneficios de un cine, las compañías de Hollywood, como parte de sus acuerdos iniciales con la Western

Electric, consiguieron garantías de que sus cines se sonorizarían primero. Y así fue. Esto dañó el débil estatus de los cines independientes que tuvieron que luchar por conseguir un préstamo. En cambio, los cines pertenecientes a las cadenas absorbieron fácilmente los costes de la sonorización; incluso ahorraron dinero al echar, como quien dice, por la borda actuaciones en vivo, utilizando los nuevos ahorros para ayudar a pagar los costes. Los gastos fijos diarios, sin las actuaciones escénicas, incluso bajaron.

El cine independiente poca cosa podía hacer, sólo esperar. Algunos, durante algún tiempo en el año 1929, contrataban artistas de variedades para poder diferenciar sus productos de los de los demás cines. O sea, mientras que los grandes cines habían sustituido las actuaciones en vivo por actuaciones grabadas, muchos cines independiente ofrecían mas espectáculos en vivo. Pero no podían mantener esta política durante mucho tiempo y, finalmente, acabaron por sonorizar sus instalaciones convertiéndose también al sonoro.

Durante esta era transitoria, el mayor problema para los exhibidores de ciudades pequeñas eran todos esos dueños del modelo T de Ford, conduciendo por todas aquellas carreteras nuevas en el centro oeste y el sur. Estas personas invariablemente más pudientes que sus vecinos, y normalmente más aficionados al cine, empezaron a ir conduciendo a la ciudad más cercana, con sus cines sonorizados en vez de quedarse en casa y disfrutar de la oferta del cine local. Por ejemplo en Paris (Texas), inmortalizada por Wim Wenders cincuenta años más tarde, la Cámara de Comercio local incluso prestó dinero al propietario del cine local, el Dent, para que pudiera instalar un sistema de sonido Movietone, antes que esperar la concesión de un préstamo. La gente se iba a Dallas a ver el espectáculo, y esto estaba dañando la economía de Paris (Texas).

De hecho, esta ciudad resultaba ser un caso típico, así que con todas las quejas que recibieron en Hollywood se empezó a hacer caso de lo que podría haber llegado a ser un embarazoso fracaso de relaciones públicas. A través de sus asociaciones comerciales, los Motion Picture Producers and Distributors Association establecieron un comité para arbitrar las disputas sobre qué cines y en qué orden serían sonorizados. Puesto que no podían obligar a Western Electric a fabricar el material necesario con más rapidez, la labor del comité era, principalmente, escuchar las quejas, y hacer ver que se tomaban decisiones.

Aunque de hecho los cines de las grandes cadenas eran los que conseguían primero las instalaciones sonoras.

Al llegar el mes de enero de 1929, más de seis meses después de que Paramount, MGM y United Artists hubieran firmado sus contratos originales con AT&T, los principales estudios de Hollywood empezaron a exhibir películas sonoras al cien por cien. Para los más de 15.000 cines en Estados Unidos, el periodo de venta de la primavera de 1929 resultó ser una época muy complicada. Hollywood tenía algunas películas sonoras y algunas películas mudas; los exhibidores que tenían sonorización sólo querían películas sonoras, las otras tenían que contentarse con películas mudas, por lo menos hasta que pudiesen conseguir los equipos sonoros. A finales de 1929 y principios de 1930, la transición se había terminado casi por completo, aunque un puñado de cines seguían utilizando el sonido fonográfico durante los primeros meses de 1931. Las películas sonoras ya eran la norma, y los sistemas de sonido óptico estaban sustituyendo a aquellos sistemas de sonido fonográfico que se habían instalado inicialmente. La Warner Bros., el último bastión, abandonó el sonido fonográfico en 1930.

Cierto número de compañías pequeñas, arriesgándose a afrontar pleitos por violación de patentes, intentaron perfeccionar rápidamente equipos de sonido que podrían ofrecer, y de hecho ofrecieron, a cines pequeños a bajo coste. Casi todos eran sistemas fonográficos. Había por lo menos 30 compañías de esta clase y tenían nombres como Biophone, Dramaphone, Qualitone y Filmfone. La mayoría sólo se comercializaban en mercados regionales. Por ejemplo, el equipo de ventas de Han-o-phone únicamente trabajaba por el norte del Estado de Nueva York. Los de Paratone invadieron el sur de Illinois. Los empleados de ventas de Syncrotone tuvieron su campo de acción en el Estado de Luisiana, y en los cines del Estado de Iowa sólo fueron vendidos equipos de Talkaphone. Incluso las compañías de más éxito no podían reclamar legítimamente como suyas más de 25 instalaciones.

Algunos cines, principalmente de los mercados más pequeños, y los últimos de la fila, desesperados, adoptaron equipos de sonido sin sincronismo. De una forma resumida, un tocadiscos acoplado a un sistema de altavoces daba la ilusión de las películas sonoras, y era similar al Vitaphone de Western Electric. Su coste era sólo una fracción de lo que los principales cines tenían que pagar a Western Electric. El sistema que más aceptación tuvo fue el Theatrephone; facilitaba una selección de discos fonográficos musicales, de la compañía Columbia, con sus instalaciones. La mayoría eran simplemente técnicos oportunistas buscando dinero fácil, al aprovecharse de la falta de conocimiento en este campo.

Western Electric y RCA dominaron el campo de los equipos para exhibidores. Eran fuertes corporaciones. De todas maneras, otras compañías intentaron competir, y sus esfuerzos aportan algunas visiones interesantes del proceso de transformación de los cines.

Por ejemplo, a la corporación Bristolphone no le faltaban los recursos financieros necesarios. El industrial millonario William H. Bristol demostró primero su sistema de sonido fonográfico en el prestigioso Franklin Institute a finales de 1927. Dijo haber hecho un número de largometrajes que incluían sincronización automática para facilitar las operaciones para los proyeccionistas de los cines. Además, Bristolphone era portátil, los equipos se podían desembalar y montar en una tarde. Lo mejor de todo, sólo valía mil dólares.

Aun con estas ventajas para una sala de poca monta, que estaba esperando pacientemente una fecha de instalación por Western Electric, Bristol no consiguió interesar a los exhibidores. Formó una alianza con el insignificante Gotha Pictures Company en septiembre de 1928 y anunció la producción de 20 largometrajes y más de 50 cortos para la temporada 1929-1930. El teatro Academy en el centro de Hagerstown (Maryland) instaló el primer Bristolphone en octubre de 1928. Aun así toda la operación quebró en sólo un año; los millones de Bristol no fueron suficientes para luchar contra los gigantes RCA y AT&T. Cuando William Bristol murió en junio de 1930, sus herederos renunciaron a reanimar la decadente operación.

El hombre de negocios, e ingeniero, Louis Gerard Pacent, también quiso vender al exhibidor pequeño su sistema de sonido poco costoso (sólo 2.500 dólares) anunciado en enero de 1929. Equipado para sonido fotográfico además de sonido fonográfico, el sistema Pacent estaba apoyado por las compañías eléctricas de Pacent y por Warner Bros. De hecho, en 1929, Warner Bros. instaló 90 aparatos en su cadena de cines. Pacent pudo convencer a los propietarios de más de 400 cines para firmar contratos e instalar los equipos de Pacent durante los primeros seis meses de 1929. Finalmente parecía haber surgido un competidor para Western Electric y RCA.

Rey de Reyes (Cecil B. De Mille, 1928).

Pacent tuvo tal éxito que Western Electric puso un pleito el 1 de abril de 1929 por violación de ocho patentes. El juicio se prolongó tediosamente hasta los años treinta. Mientras tanto, Western Electric intentó obligar a los exhibidores a comprar sus equipos, exigiendo a los productores que no alquilasen películas a los cines que utilizaban equipos que no fueran de su patente. Los exhibidores se plantaron. En julio de 1928, muchos de ellos alquilaron *King of Kings (Rey de reyes,* 1928), dirigido por Cecil B. De Mille, con una banda sonora grabada con equipos Photophone de RCA. Los dos principales sistemas eran compatibles. De hecho, muchos de los sistemas menos importantes mencionados anteriormente también hicieron un buen trabajo a la hora de reproducir el sonido de películas hechas por Western Electric. La cuestión de la posibilidad de intercambio seguiría coleando, pero el mal ya estaba hecho. Los sistemas de Western Electric y RCA habían adquirido ya tal ventaja sobre los otros, que pocos propietarios de cines estaban dispuestos a hacer otra cosa que esperar su turno para instalar uno de los dos.

El amor obsesivo del público por el cine sonoro provocó la mayor afluencia a la taquilla en la historia del cine en Estados Unidos. Durante la época de máxima asistencia, cada persona mayor de seis años, en Estados Unidos, fue al cine una media de una vez por semana. Los beneficios para las grandes compañías de Hollywood subieron desmesuradamente. Las fusiones estaban a la orden del día. Para el año 1930 las cosas estaban claras; había cinco grandes empresas en Hollywood, Paramount, Loew's/MGM, Warner Bros., Fox y RKO, y tres estudios menores: Columbia, Universal y United Artists. Este último grupo, a diferencia de sus primos mayores, no tenía cines en propiedad. La llegada del sonido había establecido una estructura empresarial que definiría las características de la llamada era de los estudios de los años treinta y cuarenta, la edad de oro del sistema de estudios de Hollywood.

La llegada del sonido no se limitó a Estados Unidos. En 1928 Hollywood distribuía sus películas por todo el mundo, y en muchos países poseía más del 50 por ciento de la cuota de mercado disponible en las pantallas. Una vez que la industria cinematográfica decidió cambiarse a películas sonoras, los propietarios de los cines europeos bregaron por sonorizar sus cines y contratar las últimas atracciones de Estados Unidos. AT&T-Western Electric y RCA, aspirando a vender sus equipos de sonido por todo el mundo, satisficieron las necesidades de productores y exhibidores de fuera de Estados Unidos. AT&T y RCA, en poco tiempo, ayudaron a establecer el sonido óptico como una norma mundial.

La industria cinematográfica de Estados Unidos llevó al mundo hacia el cine sonoro. Tan pronto como las condiciones de mercado en Estados Unidos se estabilizaron, las compañías de Hollywood empezaron a exportar películas sonoras a Europa y a otras partes del globo. Había focos de resistencia. En Alemania, en particular, Tobis Klangfilm ofrecía equipos en conjunto con UFA, la gigantesca corporación cinematográfica alemana. Tal combinación ofreció un desafío a Hollywood. Para resolver este problema, los alemanes, Hollywood, Western Electric y RCA se reunieron en París durante el verano de 1930. Sacaron a martillazos un acuerdo por el que se repartían los mercados sonoros del mundo. El cine sonoro ya podía extenderse por todo el globo, y gradualmente lo hizo; a mediados de los años treinta, el último gran bastión nacional seguía siendo Japón.

El futuro

Pero la llegada del sonido a finales de los años veinte no acabó con los cambios en el campo de la sonorización cinematográfica. De hecho, durante las siguientes décadas se seguían probando innovaciones. En 1940, por ejemplo, cuando el estudio Disney (con RCA) estrenó *Fantasía* (1940), Disney escogió la ocasión para introducir sonido estereofónico en los cines especialmente equipados con 96 altavoces. Cuando la película se desenroscaba, había realmente dos películas sincronizadas en funcionamiento, una con la imagen y la otra con el sonido estéreo de cuatro pistas. Se llamaba Fantasound, y no tuvo ningún éxito, y no cambió el sonido óptico cinematográfico.

La grabación sonora óptica hegemonizó absolutamente el mercado cinematográfico desde los inicios de la segunda guerra mundial. Procedente de Alemania, los cineastas de Hollywood adoptaron la innovación de la cinta magnética de audio para las grabaciones sonoras allá por los años cincuenta. Pero debido al tremendo coste de la reconversión, en una época en la que el volumen de negocios estaba menguado, en los años cincuenta, la industria cinematográfica en Estados Unidos no introdujo ni adoptó, ni por asomo, el sonido magnético para uso en los cines.

El cliente no pudo disfrutar de la experiencia de oír el sonido estéreo magnético de una manera continuada debido a las limitaciones de los cines. En particular, los altos costes de las copias y del mantenimiento limitó la variedad de sistemas de sonido en los cines. Pero esto no quiere decir que no hubiera ningún intento de innovación. En los años cincuenta se aplicaba la cinta magnética de audio a las películas, con la posibilidad de poder reproducir las películas en los cines con proyectores equipados con cabezas de sonido magnético. La grabación magnética posibilitaba la alta fidelidad sonora y el estéreo, que no era posible en aquel entonces con el sonido óptico. Con *This Is Cinerama* (1952) se utilizaron seis pistas de audio. Había cinco fuentes detrás de la pantalla además de altavoces por todo el auditorio para reproducir los efectos sonoros. Pero con cuatro proyectores separados (tres para la imagen y uno para el sonido), CineramaSound no era una solución a largo plazo para el estéreo de cada cine en Estados Unidos.

Dos de los sistemas magnéticos que se introdujeron en aquellos años, tuvieron una aceptación muy amplia. El sistema Todd-AO para películas de 70 mm se utilizó primero en *Around the World in Eighty Days (La vuelta al mundo en ochenta días,* 1956). Todd-AO ofreció un espectacular sistema de 70 mm para pantalla ancha con seis pistas colocadas directamente sobre la imagen. El otro, el sistema CinemaScope de cuatro pistas para películas de 35 mm que se utilizó primero en *The Robe (La túnica sagrada,* 1953) se anunció a bombo y platillo. Las cuatro pequeñas pistas magnéticas se colocaban directamente sobre el positivo del filme para la copia de las salas, justo en la parte exterior del fotograma. Este sistema ofrecía pistas en la parte central derecha, centro, izquierda delantera, y alrededor, igual que el sistema Dolby de los años ochenta. Pero puesto que la mayoría de los proyectores de los ci-

Rodaje de *The Robe* (*La túnica sagrada,* Alfred Hitchcock, 1953).

nes todavía eran mono, la mayor parte de las copias salió de la forma habitual.

Las otras compañías cinematográficas principales de Hollywood contraatacaron. Warner Bros., por ejemplo, resucitó el sistema Disney-RCA de los años cuarenta, reemplazando las cuatro pistas ópticas por unas magnéticas para su WarnerPhonic en 1953. Para *House of Wax (Los crímenes del museo de cera,* 1953) los anuncios decían: «Acción en 3-D! Color en 3-D! Sonido en 3-D!» Miles de cines instalaron equipos de algún tipo de sonido magnético en los años cincuenta aunque los equipos de reproducción resultaban muy caros. Un número significativo de películas se estrenaron sobre formatos magnéticos, aunque las copias necesarias para tales estrenos costaron casi el doble que la copia de una película óptica convencional. Al final el gasto relativo no parecía valer la pena. El coste, más la vida comparativamente corta de cada copia, además de la inversión de la instalación y mantenimiento de equipos, en un formato que no parecía encontrar una norma, hizo que las pistas de sonido magnético se relacionase sólo con grandes estrenos ambulantes de los cuales sólo había un puñado cada año.

Durante las últimas décadas del siglo XX, el perfeccionamiento del sonido cinematográfico ha sido reducido, pero importante. En particular Ray Dolby desarrolló el sonido de veras, sin parásitos asociados a la grabación y reproducción sonora. Y el proceso de invención, innovación y difusión continuará, buscando mejoras en los sistemas de unir el sonido a las películas.

El público y la conversión al sonoro en Hollywood, 1923-1932

DONALD CRAFTON

La historia resumida del cine comercial de Hollywood entre 1923 (proyecciones públicas de De Forest) y 1932 (los «acuerdos de París») se ha escrito en muchos libros. La mayoría de los relatos sobre la conversión a la producción sonora sincrónica se han basado en varios determinismos históricos, personales (los hermanos Warner como «grandes hombres»), económicas y teleológicas. No es difícil comprender por qué uno de los factores determinantes en el proceso de transición, el papel del público, ha sido evadido en el estudio. En gran parte esto es debido a la dificultad de analizar la composición y los motivos de *cualquier* público, pero este aspecto posee categorías especiales en los años veinte, cuando la asistencia era alta, pero se carecía de información empírica sobre la composición del público. Está claro que existen obstáculos inevitables a la hora de realizar análisis de los públicos reales. Pero hay un problema más fundamental que conseguir acceso a información primaria: poder definir el sujeto espectador. La definición teórica del público y concebir un estudio de recepción comprensivo siguen siendo terrenos discutidos en el ámbito de los estudios fílmicos, como lo han sido en el de la teoría literaria durante décadas (Staiger, 1992). Los defectos reductivos similares a los que se encuentran en muchas de las teorías del «espectador» abstracto son posibles escollos a la hora de teorizar sobre un «público» idealizado.

¿Qué clase de estudio se podría hacer del público de los años veinte? Mientras que el investigador actual posiblemente se encuentre obstaculizado al intentar descubrir lo que los públicos originales pensaban de las películas, los observadores contemporáneos se sentían igualmente ineficaces.

En los años veinte, la principal forma de conocimiento sobre las opiniones de los públicos era oral. El exhibidor o su representante (el director de la sala) verían la película entre el público y notificarían a sus superiores la reacción de la sala. Esto se haría por teléfono o durante una reunión de ventas, sin dejar un rastro escrito que pudiera ser recogido por los investigadores. Los formularios utilizados por las taquillas de los diferentes distribuidores para sus informes contenían espacios donde anotar las reacciones del público, además de otras variables relevantes, como las condiciones meteorológicas, fiestas locales, presentaciones especiales en otros teatros y atracciones varias que resultaran competitivas para el espectáculo cinematográfico (las ferias de automóviles eran especialmente temidas). Existen pocos documentos de esta clase. (Algunos informes de los exhibidores quizá estén conservados en los archivos de la Warner Bros. en la biblioteca Doheny, de la University of South California, pero aquel material está aún por catalogar en el momento de escribir este artículo.)

Para los cines principales, en algunas grandes ciudades, se poseen artículos ocasionales de revistas especializadas tales como *Variety*, *Moving Picture World* y *Motion Picture Herald* que informaron sobre las reacciones del público en su sección semanal de recaudación. Algunos de estos informes podían estar basados en la observación directa de los públicos, pero a menudo eran simplemente las impresiones de los directores de sala. De todas maneras, estos comentarios eran subjetivos, y no analíticos, señalando, por ejemplo, que una película era atrayente para un «público femenino» o que la trama era confusa.

En la mayoría de las grandes ciudades, los mismos críticos cubrían informativamente en los diarios el cine, el teatro y la actualidad del arte local. No cabe duda que la profesionalidad de los periodistas era desigual y muchos parecen haberse aprovechado de los comunicados de prensa proporcionados por los departamentos de publicidad de los estudios —información preparada de antemano y críticas blindadas que hacían más sencilla la fabricación de algunas columnas sin tener que acudir a una proyección. Suponemos, sin embargo, que la mayoría de los críticos vieron las películas. En este caso, lo más seguro es que fuera en un contexto de preestreno, con un público compuesto fundamentalmente por otros periodistas. O puede que vieran la película en la gala de estreno presenciada por un público supuestamente simpatizante, al que el productor había facilitado entradas gratuitas. Sin duda, las prácticas institucionalizadas de distribución de notas de prensa, proyecciones para la prensa y, hasta cierto punto, el tirón publicitario de la noche de estreno, ayudaron a crear una separación entre la experiencia de los públicos y la percepción crítica de los méritos de una película.

Los productores, en una fecha tan temprana como mediados de los años diez, empezaron a preguntar la opinión del público que abandonaba la sala y a veces grababan sus apreciaciones (Koszarski, 1990: 25-34). En algunos casos las mismas salas distribuían tarjetas postales. Un ejemplo que conservo muestra una escena de *The Squall* (1926) en el verso. El recto convida al cliente: «Sea Vd. el propio crítico y diga a sus amigos la VERDAD sobre *The Squall*. Un acomodador recogerá, franqueará y enviará esta tarjeta por correo para Vd.» La reacción de las diferentes personas sería anotada antes de enviar las postales. El cliente recibía la posibilidad de saludar gratuitamente a un amigo; los productores, por el precio de un sello de dos centavos, podían espigar la opinión del público. En otras tarjetas de encuesta, las preguntas eran abiertas: ¿le ha gustado esta película?, ¿le gustó el actor tal?, ¿le gustó el final? Las respuestas a este tipo de preguntas en la actualidad nos parecerían muy generales y difíciles de cuantificar. Las pocas encuestas que se realizaban parecen desde la contemporaneidad muy rudimentarias. Por ejemplo, aparentemente el único resultado de un estudio de sesenta cines reveló que la media del público era el 55 por ciento masculino y el 45 por ciento femenino (*Variety*, 21 de septiembre de 1927, pág. 5). Las revistas de «fans», aficionados, los periódicos y las revistas femeninas realizaban sondeos entre sus lectores planteándoles preguntas tales como: «¿Quién es su estrella preferida?» Los lectores también escribían, espontáneamente, cartas a las revistas de aficionados, y éstos son documentos originales interesantes. Pero una vez más, estos sondeos y cartas de lectores son poco científicos (y posiblemente manipulados por los agentes). Pero por lo menos fueron publicados y son relativamente accesibles. El uso hecho por Hollywood del sondeo «científico» de la opinión pública se desarrolló gradualmente y no fue adoptado por las «majors» hasta finales de los años treinta (Ohmer, 1993).

Algunos investigadores actuales han entrevistado a personas que asistieron a proyecciones de las primeras películas sonoras, pero estas historias orales deben ser utilizados con discreción. Las mismas precauciones son necesarias con respecto a las biografías y memorias, por ejemplo las de William Fox, George Jessel, Al Jolson y Eddie Cantor.

El público elige con los pies. Este aforismo de los responsables de las salas teatrales y cinematográficas se traduce en una fórmula que, al parecer, debería igualar la recaudación en taquilla con la aceptación del filme por parte del público. En la práctica real, la utilización de la taquilla como barómetro de popularidad tiene una utilidad limitada. Indudablemente podemos distinguir los éxitos de los fracasos, pero las diferenciaciones sutiles son más difíciles de conseguir. Aunque pudiéramos saber con seguridad cuántas personas asistieron, seguiríamos sin saber quiénes eran. Algunas meras suposiciones sobre los públicos se basan en la localización geográfica de los cines. Pero con una población que se enorgullecía de su movilidad, no debemos presuponer una correlación demográfica entre un cine y su localidad. La excepción obvia es la composición racial. La segregación real *de facto* era todavía frecuente en Estados Unidos durante este periodo. Los americanos de origen africano fueron disuadidos de asistir a los cines en barrios blancos por la disposición separada de las butacas, colocadas normalmente en una parte del cine menos deseable. Se establecieron cines destinados a la clientela negra con un éxito variable. Puesto que las películas que debieran de distribuirse a estas salas eran producciones independientes baratas, la transición al sonoro resultó ser un obstáculo formidable para las películas dirigidas a los grupos y sectores étnicos específicos (Gomery, 1992: 155-180). El sentido común sugiere una regla de tres: cuanto mayor sea la región metropolitana, mayor será la diversidad del público. Debemos también tener cuidado con deducir el porqué el público asistía, o de lo que pensaba o de si su reacción en el cine era uniforme. Y, naturalmente los resultados sólo serían válidos para un cine en un momento dado. Las variaciones en la respuesta según la hora del día, el día de la semana y cuánto llevaba en cartel podría ser datos significativos. A un filme con buena aceptación en una ciudad le podría ir mal en otra. Es también cada vez más evidente que el filme que se proyectaba no era necesariamente el motivo para ir al cine; presiones económicas, sociales y de otra índole, además del cambio constante en los gustos en materia de ocio, estaban en juego.

Así pues, estas fuentes de información supuestamente «directas» sobre los públicos de los años veinte tienen algunos defectos. Por lo tanto, como añadidura a esta mezcla de información disponible acudimos a una fuente indirecta, el periodismo popular. He estado estudiando artículos sobre el cine sonoro en revistas americanas no cinematográficas (ignorando a las revistas especializadas, las publicaciones de los aficionados y las críticas en los diarios) para intentar reconstruir la agenda del público a través del estudio del consenso crítico. A lo largo del periodo estos «mandarines» culturales por lo general tenían a Hollywood, sus filmes y su público en poca estima. Se consideraba que los primeros no hacían justicia al potencial cinemático (ejemplarizado por las importaciones de filmes europeos, notablemente *Der Letzte Mann [El último])*; los últimos fueron representados como multitudes pasivas, estéticamente indiscriminadas. A pesar de, o posiblemente debido a, esta distancia crítica obtenemos una visión oblicua de cuáles eran las cuestiones principales.

ANÁLISIS DE LOS MEDIOS:
ACTITUDES PUBLICADAS ACERCA DEL SONORO

El examen que he realizado de casi 200 de estos artículos escritos entre 1921 y 1932 sugiere que los temas cambian de énfasis a lo largo de tres periodos cronológicos:

1. 1921-1925. La mayoría de los artículos de este periodo debaten a propósito de las varias tecnologías sonoras en competencia. Hay artículos por y sobre Charles A. Hoxie, De Forest, e inventores menos conocidos. Existe una evidente fascinación por la tecnología en sí; los artículos sobre el sonoro en el cine compartían el espacio con otros sobre nuevos mecanismos para locomotoras y, sobrevolándolo todo, los debates en torno a la tecnología de la radio. Casi todos los autores sugieren que unir el sonido grabado con las películas es un acontecimiento inevitable.

2. 1926-1927. El periodo del estreno de *Don Juan* (6 de agosto de 1926) se caracterizaba por el debate acerca de los efectos de las películas habladas en la forma fílmica. Específicamente la relación del teatro al cine era un tema central del debate. Fue durante este periodo cuando se empezó a debatir sobre la voz hablada «apropiada» para el cinema.

3. 1928-1932. Después de que se hizo patente que la transición al sonoro era irrevocable, el debate se centró en la estética. El consenso crítico se encaminaba hacia el establecimiento de una estructura teórica, basada en nociones de realismo y en la búsqueda de un específico cinematográfico que racionalizaría el atractivo popular del film sonoro.

Dentro de un foro de discusiones cambiante, abordaremos ahora algunas de las disputas que con más frecuencia se plantearon.

Determinismo tecnológico. El paradigma dominante para comprender el cine sonoro fue sin duda la emision radiofónica inalámbrica. El sentimiento popular era: si la radio puede existir, cualquier cosa es tecnológicamene posible. Algunos autores sugirieron que el sonido en las películas podía conseguirse a través del «maridaje» entre la radio y el cine. El cine sonoro, decían, ha sido obstaculizado por su falta de sonido:

> A esta industria, un gigante en su tamaño y en su logros sólo se le ha permitido expresarse a medias, desarrollarse a medias. Pero con la radio como su lengua, el impedimento de su falta de habla se eliminará.
> Esta industria es la del cine. Al ser muda, había perfeccionado el arte de la expresión visual a un grado que le mereció el respeto y el afecto incondicional de la totalidad de la raza humana [...].
> A pesar de todos sus progresos, sus patrocinadores han lamentado sus impedimentos; se han cansado del inevitable peso de su mudez. Ahora esperan, ansiosos, el momento en que la «mano» sofocante del silencio se levante (Butler, 1922: 673).

Después de que Western Electric se involucrara públicamente en la explotación de películas sonoras, el teléfono fue vinculado a esta imagen de tecnología progresiva. Tal optimismo, que aceptaba cándidamente cualquier mejora como algo positivo, era predominante antes de que el Vitaphone llegara a ser un éxito comercial. Una excepción significativa fue D. W. Griffith. En sus textos de 1924, afirmaba enfáticamente que «cuando haya transcurrido un siglo, todo pensamiento sobre nuestras llamadas películas habladas se habrá abandonado. Nunca será posible sincronizar la voz con el filme. Éste es una certeza, puesto que la misma naturaleza del cine precede no sólo a la necesidad, sino también a la idoneidad de la voz hablada» (Griffith, 1924: 7). En su lugar pronosticó «orquestas sinfónicas de mayores proporciones de las que podamos soñar». Esta visión era minoritaria, incluso única. Pero después de que la proyección de películas habladas generalizara, su actitud pesimista (pero no sus predicciones) fue reflejada en la prensa.

Al llegar 1929, hubo opiniones diametralmente opuestas sobre la popularidad de las películas habladas. Según *The Nation*, las películas habladas habían ganado la batalla del mudo *contra* el sonoro: «Pero el público está de acuerdo con los productores. Incluso los cines de las ciudades pequeñas han sido sonorizados, y numerosos cuestionarios distribuidos a los públicos cinematográficos han demostrado que prefieren el nuevo medio» (anónimo, 1929: 550).

Pero existía evidencia contraria de una violenta reacción de oposición a las películas habladas. Un artículo citaba «el aplastante voto a favor del cine mudo en dondequiera que el público haya recibido la oportunidad de registrar su preferencia [...] Todos están ocupados con la producción de películas habladas, pero es difícil encontrar a alguna persona que le guste». El autor cita, sin dar el nombre, a «un ejecutivo de una organización que maneja varios cines incluidos en un sondeo» quien describía con estas palabras la ocultación de los datos de un sondeo: «Si lo hiciéramos público demostraría que la aplastante mayoría de nuestros clientes quiere películas mudas, y no tenemos tales películas para ofrecerles» (Beaton, 1929: 23). No es posible verificar los resultados de ninguno de estos sondeos; la cuestión es que cada periodista utiliza su ejemplo de forma retórica como respuesta a una discusión sobre la popularidad e inevitabilidad de las talkies. Esto mismo es señal de un discurso público fragmentado que pareció ser uniformemente positivo algunos años antes. En lugar de representar un deseado triunfo tecnológico y de explotar la curiosidad mecánica del público, el sonido era ahora un campo contestado.

Cambios en el comportamiento de visionado. Las normas sociales en el consumo de películas parecen haber sufrido un cambio durante los años de la transición (Gomery, 1992: 215-219). Los públicos asistentes a las películas «mudas» por lo visto no guardaban silencio. Existen ciertas anécdotas que sugieren que comportamientos tales como hablar durante las películas y leer los títulos en voz alta eran habituales. Estas prácticas habían sido siempre menospreciadas por los críticos, pero con la llegada del sonoro eran una seria distracción acústica, ya que había que atender al diálogo, forzando la concentración del espectador. Esta atención fue producto de las exigencias técnicas además de las narrativas; los espectadores se quejaban de que tenían que esforzarse para entender el diálogo. Algunos escritores reflejaron la ironía. Ahora que las películas eran habladas, los públicos debían ser mudos.

Algunos artículos insinúan que ir al cine mudo era una experiencia relajante, incluso soporífera, con el espectador bañado en música en vivo. Las talkies exigían que los espectadores atendieran activamente los diálogos y, naturalmente, había menos música. El espectador, se dio a entender, debe ahora ser más activo que pasivo.

El gasto añadido para la sonorización de los cines se citaba a menudo, pero no se sabe con certeza si realmente produjo un aumento de las tarifas. Los exhibidores solían comprar los equipos sonoros a plazos e, inicialmente, pagaban un canon por butaca a Western Electric. De una forma u otra, estos gastos fueron amortizados y cargados al consumidor. Después del comienzo de la depresión económica, los cines se enfrentaron a una crisis e intentaron sobrevivir por medio de varias estratagemas, incluyendo el programa doble, los regalos publicitarios y la reducción de precios.

Algunos comentaristas de los inicios temieron que las nuevas películas habladas dejaran de ser una forma de arte popular, y pasaran a ser un arte dominado por «el público de teatro» que se acercaría a presenciar las versiones cinematográficas de las obras de Broadway. Al llegar el año 1930, tal amenaza se había invertido. Las películas no eran temidas como algo de alta cultura, sino más bien demasiado vulgar y plebeyo.

Un aspecto del nuevo público del sonoro es indiscutible: por lo menos hasta 1929 era de predominio urbano. Los cines en las pequeñas localidades rurales fueron los últimos en ser sonorizados, así los habitantes metropolitanos constituyeron la mayoría del público durante las primeros dos años del cine sonoro. Una de las fuentes menciona que los propietarios de los cines rurales estaban ansiosos por conseguir acceso a las nuevas películas: «Numerosos cines rurales consideraron a la película sonora, con su aderezo orquestal sincronizado, como un regalo de Dios. Un aire urbano ha comenzado a teñir el campo» (MacAlarney, 1929: 53).

La fenomenología de las películas habladas. Los productores hicieron todo lo posible para que el público supiese que sus películas tenían buena fidelidad y sincronización sonoras, y que cualquier falta de calidad era debido a una mala proyección. La prensa popular parece confirmar que las propiedades acústicas de los filmes variaban considerablemente cuando se proyectaban en los cines. Algunas informaciones alababan la absoluta verosimilitud de las voces, mientras que otras se quejaban de las voces huecas y metálicas. La relación entre el volumen de la música y los diálogos (el primero solía ahogar al último) preocupaba mucho. El movimiento de labios desincronizados con el texto del diálogo fue una queja incluso en una fecha tan tardía como 1929. Este problema fue endémico del sistema discográfico de Vitaphone hasta su desaparición. La novedad de las fotografías parlantes parecía desconcertar al espectador/oyente de maneras que quizá ahora nos sorprendan. Por ejemplo, muchos de los primeros espectadores de películas sonoras fueron plenamente conscientes de la falta de relación, tanto en lateral como en profundidad, de las perspectivas, direcciones y escalas visuales y sonoras. Asimismo se llegó a considerar ¡las demoras acústicas entre la llegada de la imagen a la pantalla y la llegada del sonido al oído causada por las diferencias entre las velocidades de la luz y del sonido! En las modernas mezclas estereofónicas las voces llegan del canal central y no siguen la trayectoria de la fuente, y esto significa que los públicos actuales se han acostumbrado a aceptar como una convención lo que originalmente fue un inquietante problema de percepción. Es remotamente posible que la demora acústica fuera real en un cine del tamaño del Roxy o los de la Warner, pero lo más probable es que los comentarios se debieran a errores de sincronización.

Abundantes evidencias nos indican que los públicos estaban molestos con lo que ahora reconocemos como la distorsión armónica producida por la excesiva amplificación de la señal de audio. Un defecto en particular, la aparente dificultad de reproducir las consonantes inglesas «s» y «z», fue a menudo criticado.

Cambios en la forma fílmica. Pocos de los que escribían durante el primer periodo especulaban sobre los cambios que el sonido podría incorporar al estilo y a la construcción narrativa del filme. Una excepción fue John Butler quien razonaba:

> Las voces realmente hablarán en vez de aparecer intermitentemente en forma de subtítulos. Esto acelerará el ritmo de la película, puesto que en el cine actual al público se le da mucho tiempo para leer los subtítulos acompasándose a los lectores lentos y vacilantes (Butler, 1922: 675).

Durante el periodo de 1926 a 1927, cuando las películas sonoras llegaron a ser numerosas, los comentarios se construyeron sobre un dilema crítico. Por un lado se pensaba que los guionistas, directores y actores hollywoodienses no eran lo bastante competentes para producir películas habladas comparables a la obra de Broadway de buena calidad. «Las estrellas de la pantalla no saben cómo hablar y los guionistas no saben escribir diálogos», observó *The Nation*. Por otro lado, había un desagrado por obras de teatro enlatadas y adaptaciones demasiado literarias. «Ni la última dificultad (la escritura del diálogo) puede ser superada con la compra de obras dramáticas de éxito», continuaba *The Nation* (anónimo, 1928c: 286). Durante el último periodo de 1928 a 1932, este conflicto se resolvió en parte al formularse una teoría de la «especificidad» cinemática. Resumidamente, cada medio tiene sus propios recursos especiales que la obra de arte utilizará. La interacción con el público y la presencia viva del actor son esenciales para el teatro; un espacio ilimitado para la puesta en escena, una cámara móvil y los primeros planos se consideraron lo básico del cine.

La voz más estridente que clamaba que el sonoro había cambiado la forma del cinema para siempre fue la de Gilbert Seldes, un importante crítico cultural. En 1928, mantenía que «la introducción del diálogo (no el sonido) es un suicidio para el filme en el sentido que, al añadir el habla, la película antigua deja de existir. Una cosa nueva, que no posee ningún nombre aceptable, y que ha sido temporalmente lla-

Escena de *The Terror*, primer filme sonoro completo sin intertítulos.

mado "the talkie" o "the speakie", se ha creado con unas repercusiones desconocidas creando nuevos problemas, y nuevas oportunidades» (Seldes, 1928: 706). Alexander Bakshy, otro influyente comentarista, también argüía sobre cómo la «lógica inmanente» del medio fílmico no podía coincidir con la que posee el escenario teatral. En sus palabras:

> El diálogo puede ser concentrado —reducido a un número de oraciones esenciales— tan efectivamente como la acción, al igual que acaecía en los intertítulos de diálogo de las películas mudas. La película hablada también desarrollará el método específicamente cinemático del «primer plano». Podrá «enfocar» una oración individual, y al mismo tiempo «desenfocar» todas las otras voces —un procedimiento incuestionablemente por delante del método del teatro realista, en el cual, para que ciertos personajes puedan ser oídos, se impone un silencio poco realista al resto de los personajes (Bakshy, 1929: 237).

Otro autor comentó sobre los efectos del sonoro en la comedia. Al acudir a una conferencia de guionistas descubrió que en vez de crear nuevos chistes visuales, los escritores estaban intentando descubrir nuevos sonidos graciosos. «Entonces supe», escribió con sarcasmo, «que estaban en el proceso de crear un nuevo arte» (Wagner, 1929: 27).

Ansiedad por las estrellas. Tras el éxito de *El cantor de jazz* en la prensa popular se desataron las especulaciones sobre los supuestos proyectos sonoros de próxima aparición, por ejemplo:

> Según un rumor, Charlie Chaplin está considerando algún tipo de sistema sonoro para su próxima película, *City Lights (Luces de la ciudad)*, en la cual empezará a trabajar este mes. La misma fuente asegura que John Barrymore tiene la misma idea para *The Last of Mrs. Cheney*, que quizá se produzca este año. Se dice que los actores en *The Terror* serán presentados por créditos hablados y que ni una palabra escrita aparecerá en la pantalla. *The Desert Song* será un intento de trasplantar a la pantalla una comedia musical sin realizar en ella cambio alguno. Otros filmes de próxima aparición, que según las informaciones se acogen en mayor o menor medida a la novedad del sonido, son *Lilac Time* de Colleen Moore, *The Divine*

Lady de Corinne Griffith, *La Tosca, No, No, Nannete* y *The Squall* de Billie Dove. Los actores y productores que dicen estar interesados en el sonoro no dejan de crecer. Los nombres con más frecuencia mencionados son los de Douglas Fairbanks, Harold Lloyd, Johnny Hines, Hal Roach, y Mack Sennett (anónimo, 1928a: 24).

Se sabía por las notas de prensa que algunas voces eran inapropiadas o que «no pasaban bien por el Vitaphone», los «fans» de ciertas estrellas estaban preocupados por el futuro de sus ídolos cinematográficos. Las revistas de aficionados les aseguraban que las voces de sus favoritos eran idóneas, pero la prensa popular destacaba los casos contrarios. Dolores del Río y May McAvoy (cuyo papel en *El cantor de jazz* había sido, cómo no, mudo) fueron señaladas como mujeres con voces especialmente inapropiadas. Entre los hombres, Conrad Nagel, con su pretendido ceceo, fue repetidamente mencionado. Un actor que no ha sido nombrado por ninguna de estas referencias fue John Gilbert, cuya «mala voz» se ha transformado desde entonces en leyenda popular.

El problema de la voz. Muchas reacciones indican que durante el primer periodo, gran parte del público advertía que el talento de un actor o de una actriz reside fundamentalmente en sus propiedades vocales. Butler escribió una máxima de la popularidad de las estrellas teatrales y operísticas:

> El hombre es un animal amistoso y le encanta oír su propia voz, y por esta razón el cine, aunque sea maravilloso, nunca ha podido sustituir a la obra dramática hablada. El valor más apreciado de una buena interpretación es la expresión oral [...]. El sonido de unos sollozos en la oscuridad conmueve más que cualquier acción meramente física. Sarah Bernhardt, hablando en la penumbra de un campo de batalla abandonado, nos estremece con su voz, aunque no podemos comprender el idioma que habla. ¡Piensa en el poder de la voz en combinación con el poder del cine! ¿Existe algún límite a sus posibilidades? (Butler, 1922: 673).

Pero otros críticos iconoclastas aseguraban que las voces de muchos de los abundantes actores de teatro no eran buenas: Bernhardt era gutural, la señora Fiske a duras penas podía ser oída, los actores masculinos tenían tonos vocales limitados. El llevar actores de teatro a interpretar papeles en el cine sonoro no fue en sí una solución al problema de la voz. Un motivo de ansiedad fue el aparente desajuste entre la imagen de una estrella y las expectativas acerca de cómo debería sonar su voz. Los actores con acentos británicos, por ejemplo Ronald Colman, provocaban desilusión en algunos de sus seguidores. Este efecto de «desfamiliarización» se menciona sólo en los artículos revisados del periodo entre 1926 y 1927. Después de esta fecha, quizá los asistentes al cine estuvieran más preparados para la voz inesperada, o incluso los programas de radio les hubieran educado acerca de la voz de sus ídolos o hubiera menos estrellas del cine mudo apareciendo en las películas habladas.

Intereses económicos de la producción sonora. Este tema complejo producía un debate importante, aunque exageradamente simplificado. Numerosos artículos explicaban la costosa imbricación de la producción sonora y de la exhibición. Hay ciertas contradicciones en las conclusiones. Los públicos no deberían subvencionar con los ingresos en la taquillas los enormes gastos de la conversión. Pero la popularidad del cine sonoro demuestra que la conversión al sonoro por parte de los sectores de la producción y de la exhibición era económicamente deseable (e ineludible).

Similarmente, las preocupaciones de los productores acerca de los efectos sobre la distribución internacional se airearon al máximo. El impacto devastador del sonido sobre los músicos de los cines era algo generalmente reconocido que no se discutía ni extendida ni compasivamente. Después de 1930, los efectos de la depresión se mencionan, pero parece que éste era un tema que nadie en la prensa de máxima circulación quiso seguir en detalle.

Efectos sobre la censura. Las películas sonoras reavivaron una controversia siempre humeante acerca de la censura cinematográfica. A lo largo de los años veinte, los productores habían llegado a un compromiso en varios Estados y ciudades norteamericanas. Habían accedido a cortar algunas escenas que ofendían a las autoridades locales. Pero la banda sonora sincrónica, sobre la copia, como en el sonido fotográfico, o sobre un disco, como en el fonográfico, atrajo la atención del público hacia los efectos de la censura, pues algunas escenas eliminadas de la banda de imagen se proyectaban en negro en la pantalla mientras que el disco seguía tocando; otras se exhibieron faltándoles parte del sonido (con el disco apagado o la banda óptica borrada). Cada corte en la banda imagen producía una interrupción del sonido. Mientras que la censura anterior había sido invisible, la llegada del cine sonoro producía unos llamativos efectos en los cortes de censura. Los públicos eran conscientes de que se les estaba reteniendo algo.

EL ESTUDIO DE UN CASO: EL «ÉXITO» DE «EL CANTOR DE JAZZ»

En la mayoría de los casos no tenemos la posibilidad de cerciorarnos de la fiabilidad de los artículos e informes que hemos resumido. ¿Cómo pueden estos artículos, que a menudo reflejan visiones conflictivas, ser útiles para el historiador? Como muestra he seleccionado *El cantor de jazz*, «el triunfo supremo de los Hermanos Warner» tal como la denominaban en el estudio, puesto que su reputación a finales de los años veinte fue, igual que ahora, la del film que inició la revolución hablada. Conocemos la leyenda: la popularidad del film no tuvo precedentes, alarmó a otros productores provocando una estampida sonora, y salvó a Warner Bros. de la quiebra. Los últimos dos

El cantor de jazz.

componentes de la leyenda han sido sometidos a estudio crítico tanto por Allen y Gomery (1985: 115-130) como por otros autores; pero la primera parte de los argumentos —el éxito de *El cantor de jazz* requiere algún tipo de acercamiento.

Análisis de los medios. La pregunta inicial y básica sería: ¿hasta qué punto tuvo éxito la película si se mide con los filmes mudos y sonoros contemporáneos a su estreno? Parecen existir dos tipos de respuestas si se utilizan las informaciones procedentes de los medios de comunicación populares, o si utilizamos los datos disponibles, aunque estadísticamente deficientes, de las taquillas.

Los medios de comunicación de aquel entonces creían firmemente que *El cantor de jazz* fue un acontecimiento que cambió la suerte de Warner Bros. Curiosamente, encontramos que los autores tienden a repetirse al intentar expresar la importancia de la película. Por ejemplo, la influyente revista mensual, *The American Mercury*, publicó en mayo de 1928 un relato hiperbólico del éxito de la película:

> Al Jolson hizo su aparición en *El cantor de jazz* cantando «Mammy» y el Kol Nidre, aparte de conversar un poco con su mamá. El célebre Irving Berlin lloró durante este estreno y otros caballeros insensibles de Broadway admitieron que Jolson nunca había estado mejor. El filme recaudó dinero. En el momento de su estreno, había sólo 400 cines sonorizados listos para reproducir películas habladas. Se estrenó en cada una de ellas y batió récord tras récord. En Nueva York, Chicago, Boston, Baltimore, Kansas City y Los Ángeles, la película entretenía al público semana tras semana (Sisk, 1928: 492-493).

Se puede encontrar este planteamiento (y sus valoraciones estadísticas) repetido en *The Independent and Outlook* en diciembre:

> Después de algunas tentativas (con efectos sonoros sincronizados) se ha producido el gran *golpe*. *El cantor de jazz* protagonizado por Al Jolson ha sido reconocida como la película de mayor éxito de taquilla estrenada en 1927, pese a que menos de cuatrocientos cines estaban sonorizados. Ha sido entonces cuando los otros productores han comenzado a rascarse la cabeza y a sentir curiosidad (Smith, 1928: 1270).

También hubo rumores sobre que Jolson había ayudado a Warner Bros. posponiendo el cobro de su salario:

> En el Motion Picture Club de Broadway, el centro distribuidor de información y chismorreo sobre el negocio cinematográfico, se coincide que la película de Al Jolson *El cantor de jazz* ha sido el punto crítico para el cine sonoro [...]. [Los Warner] han admitido que no tenían suficiente dinero para pagar [a Jolson] lo que les pedía, pero la historia era su historia y él dijo: «Iré a Hollywood y veré lo que sale de todo esto.» Corren historias según las cuales durante el rodaje de la película los Warner tenían tan pocos fondos que Jolson no pudo cobrar el total de su salario hasta pasadas varias semanas. Algunos dicen que incluso les prestó dinero para pagar a los otros actores. Tenía tanto interés en la producción que estaba decidido a que se pudiera llevar a termino aunque tuviera que pagarlo él mismo [...]. *El cantor de jazz* se estrenó en Nueva York, y a las once de aquella misma noche los líderes de la industria cinematográfica, que naturalmente estaban presentes en el cine, vitorearon de pie el filme, sabían que su industria se había visto conmovida (Beatty, 1929b: 129).

Algunos meses más tarde, se cuenta que Al Jolson, debido a su interés sentimental en el relato, incluso hizo algunas concesiones sin precedentes con respecto a sus honorarios (Stout, 1929, pág. 50). Robert L. Carringer ha documentado otras versiones del relato de las concesiones de Jolson. Sin embargo, el contrato que firmó con la Warner Bros. es ambiguo. Los honorarios de Jolson eran de 75.000 dólares que serían distribuidos en plazos (Carringer, 1979: 29). Quizá ésta fuera la «concesión» que tanto ha dado que hablar.

Dos artículos de abril de 1929 utilizan la misma metáfora inesperada:

> Aquel octubre [1927] la Warner Bros. trajo a Nueva York las latas de *El cantor de jazz*, un versión fílmica y sonora de una obra de teatro [...]. [Jolson] había levantado el joven filme sonoro sobre sus hombros de negro y había cruzado vadeando un arroyo que cada pionero debe cruzar. En la época de Julio César lo llamaban el Rubicón. Todos los records de recaudación de los cines fueron batidos por *El cantor de jazz*. Las ciudades donde un estreno conseguía buenas recaudaciones si estaba en cartel tres días, *El cantor de jazz* conseguía durar semanas (MacAlarney 1929: 50).

La metáfora debió de ser atractiva puesto que de nuevo fue empleada por otro comentarista-crítico. Si fue una coincidencia o si ambos fueron inspirados por una fuente común todavía por identificar, es algo que desconocemos. En cualquier caso, escribió así del primer papel hablado de Jolson:

> No era gran cosa. Un mero fragmento —y la película arrancaba por su senderos del melodrama mudo. Pero para cuarenta millones de aficionados al cine, la actuación de Al Jolson —dirigiéndose hacia su piano— fue un evento histórico de más importancia que el cruce del Rubicón por César. Significaba que la pantalla se había liberado de los grilletes del mudo (Collins 1929: 21).

Todos estos artículos transformaban, de forma retroactiva, el estreno de *El cantor de jazz* en un monumento cultural. Podemos destacar los siguientes elementos de la construcción periodística de la reputación del film: el diálogo hablado era una novedad; fue el éxito grandioso de 1927, produciendo grandes beneficios económicos para Warner; los directivos cinematográficos en la sala fueron convencidos de la inevitabilidad de la producción sonora; se estrenó en todos los cines sonorizados y fue un suceso a nivel nacional más de lo que lo fue en Nueva York; Al Jolson tenía intereses en la producción del filme.

Sin duda la tendencia repetitiva en las informaciones sugiere o que los autores se las apropiaban mutuamente —una práctica muy común— o que fueron inspirados por las mismas fuentes —por ejemplo, por los comunicados de prensa de Warner Bros.

La hemerografía ha sido utilizada notablemente para determinar un contexto social para el cine de los inicios en Europa. Los estudios antropológicos editados por Anton Kaes (1978), Ludwig Greve, Margot Pehle y Heidi Westhoff (1976) y Richard Abel (1988) ayudan a recuperar la conciencia de un ámbito público de recepción cinematográfica en Alemania y Francia. Pero hay muchos problemas con el uso de la hemerografía. Uno de ellos es la veracidad; sin la precisión académica del uso de las fuentes utilizadas, se abusa de las propias invenciones y los rumores introducidas en el imaginario público. Otro problema es la responsabilidad: ¿ante quién debe responder el autor del texto?, ¿ante un público del cual él o ella son parte, o ante un editor o director de la publicación o, incluso sin reconocerlo, ante un productor cinematográfico, exhibidor o agente de prensa? Y está también la cuestión de la relevancia de los temas; el autor quizá no esté tratando un tema que atañe a los públicos. Estos artículos, probablemente, no son sino crónicas de la expectativas y ansiedades de los consumidores sobre un cambio en la forma de ocio más popular. Aun así ¿cómo conforman su visión sobre el público del cine? Podemos comparar los relatos periodísticos con lo que las informaciones especializadas demostraron que ocurrió durante el periodo de estreno en Broadway de *El cantor de jazz*.

Análisis de taquilla. Uno debería sentirse inseguro al comparar las ganancias de un filme con su popularidad. De todas maneras, la recaudación en taquilla quizá sea la mejor manera de juzgar cuántos espectadores asistieron al cine, aun aceptando algunas limitaciones intrínsecas. Aunque las informaciones detalladas de las recaudaciones estuvieran resguardadas en archivos, las cantidades no serían totalmente fiables. Las prácticas «contables hollywoodienses» aplicadas a los campos de la exhibición y de la producción tuvieron que recurrir a auditorías, entradas numeradas y observadores en los cines, para comprobar la honestidad de sus directores de sala. Los números reales se guardaban como secretos industriales y únicamente los conocían en detalle algunos ejecutivos de los estudios. Los ingresos hechos públicos por los estudios deben aceptarse con reservas, pero por ahora es la mejor fuente disponible para medir directamente un público real y no hipotético.

Los datos aquí incluidos han sido recogidos de las informaciones semanales de taquilla, dotados con copyright, publicadas en la revista *Variety* y reflejando las actividades de la semana anterior. Se suponían imparciales aunque son claramente identificables como estimaciones que no han pasado por una auditoría. Puesto que los ingresos semanales eran contabilizados por los directores de sala, el informe puede haber sido ajustado para cuadrar con las propias necesidades de la sala. Ocasionalmente el editor de la revista anotaba que la cantidad reflejada era «generosa», sugiriendo que sus observaciones visuales no concuerdan con la suma facilitada por la dirección.

Puesto que la recaudación era estimada, varios factores pudieron influir en su exactitud. Por ejemplo, mientras que una película se mantenía en cartelera, los productores repartían regularmente pases gratuitos para aumentar el público. Estos espectadores son, cómo no, tan importantes como el público pagador; pero el hecho es que su presencia falseaba la recaudación estimada, puesto que el productor era en efecto quien pagaba para que estos clientes aumentasen la ilusión de la competitividad de un filme. Adicionalmente, las agencias de entradas teatrales vendían localidades de los filmes más populares. También floreció el mercado de reventa de entradas. Estos «ticket specs», como se llamaban entonces, revendían las entradas muy solicitadas cuando en las taquillas estaban las localidades agotadas. Así las cosas, es difícil saber cómo, si es que se puede saber algo, estos ingresos ajenos a la taquilla fueron incluidos en la recaudación total.

Pero, advertencias aparte, según todas las estimaciones *El cantor de jazz* fue un éxito inmediato. Pero ¿fue el éxito monumental de su leyenda? No exactamente. En comparación a los espectáculos del mercado de Nueva York, esta película no fue de ninguna manera la película más taquillera ni en términos de recaudación ni en duración en cartel.

El gráfico número 1 desglosa cuatro semanas, correspondientes a 1927, representativas del periodo en cartel de *El cantor de jazz*, muestra la recaudación semanal en unas fechas cercanas a su estreno (dos semanas que finalizan el 15 de octubre) y en otras con el filme ya consolidado (semanas diez y once que acaban el 17 de diciembre). La recaudación media del Warner's Theater se encontraba a la mitad del ranking de los catorce cines importantes. Pero puede observarse cómo el distrito urbano de los cines estaba dominado por tres enormes «palacios»: The New Roxy (6.250 butacas), The Capitol (5.450) y The Paramount (4.000). ¿Qué películas exhibían estos cines que competían con la película semisonora de Warner? De hecho, eran sesiones olvidables de bajo presupuesto. La atracción básica que ofrecían los «palacios» eran las actuaciones en vivo, y no las películas. Tal como Gomery ha señalado, el espectáculo escénico-musical que en la mayoría de los grandes cines antecedía a la exhibición de las películas atraía a enormes audiencias (Gomery, 1992: 50-53). El verano y el otoño de 1927 fueron especialmente significativos debido a que la popularidad del jazz empezaba a reflejarse en los cines. El Roxy había cambiado a la «política del jazz» poco tiempo antes del estreno de la película de Warner Bros., y otros dos cines que habían adoptado la nueva po-

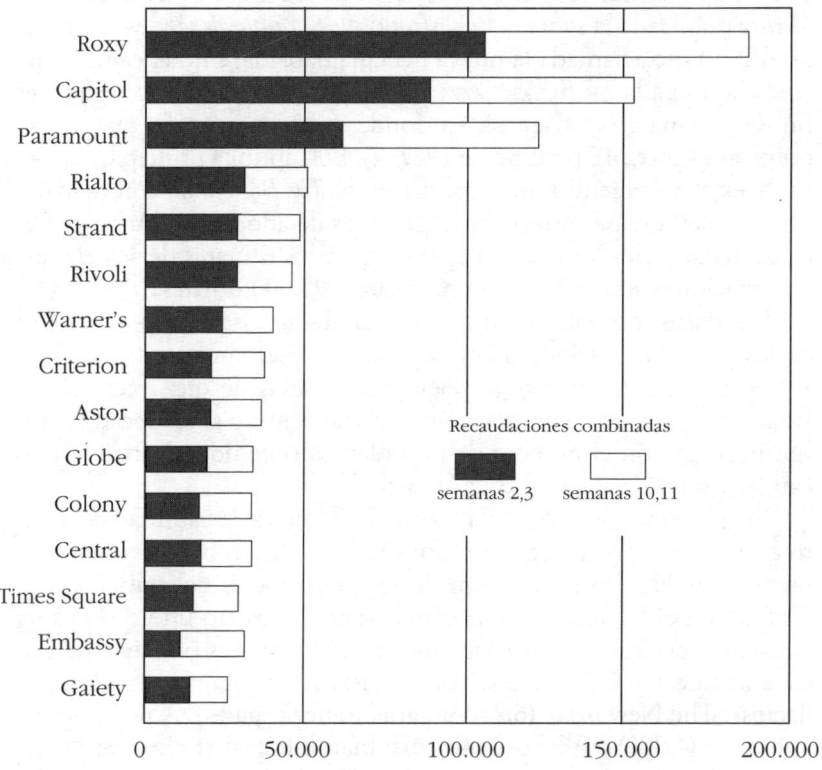

GRÁFICO 1

Recaudaciones sin relación con el número de localidades durante la exhibición de *El cantor de jazz* en 1927

lítica informaron de un aumento en la asistencia de espectadores, presumiblemente formado por los entusiastas del jazz. Al Jolson era con mucho el intérprete de jazz más popular. Su principal rival en el escenario era la banda de Paul Whiteman. En el Warner Theater, por supuesto, no había música en vivo; el original concepto Vitaphone era suministrar un sustituto de estas actuaciones (y algunos productores y críticos estaban diciendo que eran una distracción en sentido peyorativo) cada vez más costosas. La revisión de los ingresos de taquilla de *Variety* publicada la semana del estreno de *El cantor de jazz* es reveladora. Allí no fue aclamada la nueva película hablada, sino el cambio del cine Capitol a la música de jazz: «La mayor excitación se centra en el fin de semana en el Capitol, en donde se ha inaugurado una nueva política» (*Variety*, 12 octubre de 1927: 7). El Capitol a principios de octubre estaba poniendo una reposición de *The Big Parade* y recaudaba unos 60.000 dólares por semana. Después de adoptar su nueva política de actuaciones, motivo de aparición en los titulares de *Variety*, sus recaudaciones subieron repentinamente a 95.000 dólares.

Los datos sobre las recaudaciones también falsean la popularidad de los programas debido a la discrepancia en el tamaño de los cines —la capacidad del Roxy, por ejemplo, era más de diez veces el del Embassy. Quizá una comparación con más sentido sea la recaudación «en relación con el número de localidades» obtenido al dividir la recaudación por la capacidad de la sala.

El gráfico número 2 señala cómo el cálculo de la cantidad de dinero que un cine podía conseguir por cada una de sus butacas altera sorprendentemente nuestra visión de las preferencias del público. The Criterion, con *Wings (Alas)* en cartel, salta al número uno de la clase, consiguiendo ininterrumpidamente unos 20 dólares por semana por cada una de sus 812 butacas. The Strand cae del quinto al penúltimo lugar (con *When a Man Loves* en cartel en reposición). A pesar de sus 2.900 butacas, obtenía menos de 10 dólares por ellas semanalmente. Estas diferencias dependen de factores tales como el número de sesiones presentadas cada semana, el precio de admisión y la habilidad del cine para llenar sus butacas al completo. La recaudación «en relación con el número de localidades» parece ser mejor indicador de la popularidad de un filme que la recaudación a secas o la simple asistencia, porque en última instancia estos datos representan lo que la gente estaba dispuesta a pagar por una sesión en particular. Con el uso de este tipo de recaudaciones la vida comercial de *El cantor de jazz* parece más llamativa. Sigue a las actuaciones en el Paramount, pero supera a las estravagancias de Rothaefel en el Roxy y al conjunto de jazz en el Ca-

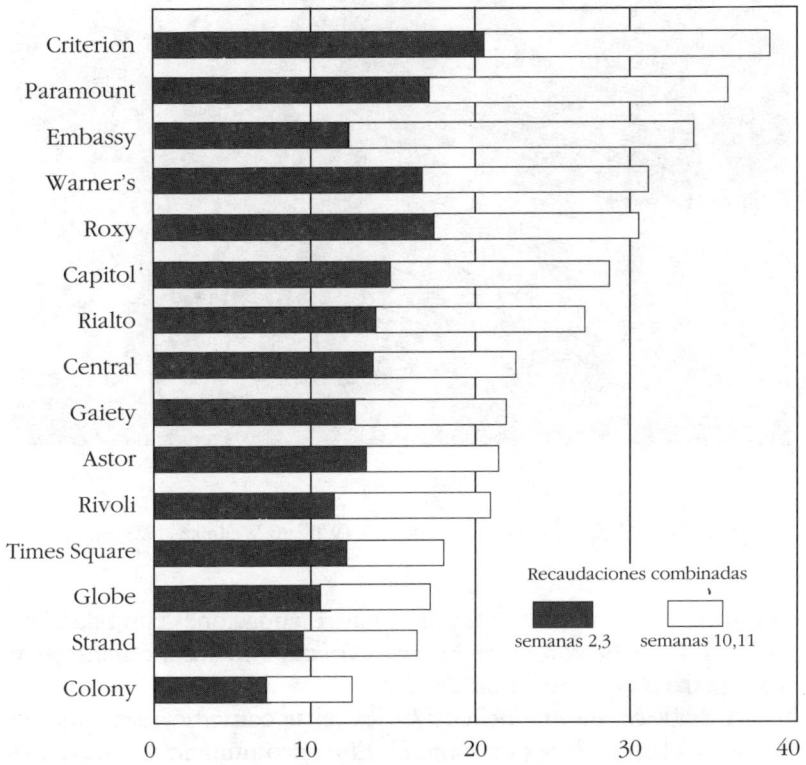

GRÁFICO 2

Recaudaciones en relación con el número de localidades durante la exhibición de *El cantor de jazz* en 1927

Recaudación en relación con el número de localidades (en dólares)

pitol. Ninguno de los «palacios» del cine, sin embargo, se acercaba a *Alas*, ya en cartel durante más de diez semanas a dos dólares por entrada. En diciembre las recaudaciones del Embassy aumentaron con el estreno de *Love*, protagonizada por Greta Garbo; la sensacional adap-

Gary Cooper en una escena de *Alas* (William Wellman, 1929).

tación de *Ana Karenina* consiguió unas recaudaciones con relación a las localidades mayores que *El cantor de jazz*, e incluso, durante algunas semanas, superaron a las de *Alas*.

La duración de una película en cartel se convirtió, asimismo, en una de los baremos de popularidad. El gráfico número 3 compara las recaudaciones, en relación a las localidades, de *El cantor de jazz* con su principal competidor durante el tiempo de su estreno en el Warner Theatre. De nuevo se evidencia el éxito de *Alas*; este filme sistemáticamente se mantenía en cartel más tiempo que otras películas, en el cine Criterion estuvo hasta octubre de 1928. La trayectoria de *Rey de reyes* y *The Student Prince* es la habitual de la carrera comercial de un estreno convencional —películas que decrecen paulatinamente sus recaudaciones a partir de la sexta semana. El caso de *Sunrise (Amanecer)* fue muy singular, pues sus recaudaciones descendieron drásticamente (abordaremos el tema más adelante). ¿Por qué la Warner no utilizó

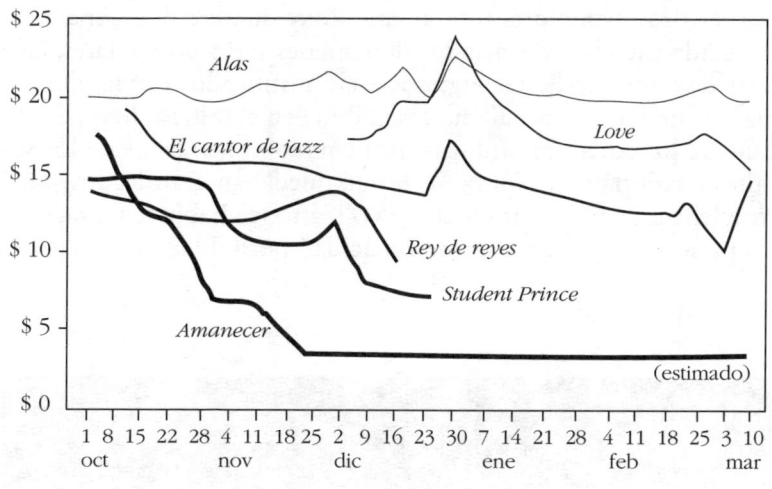

GRÁFICO 3

Recaudaciones en relación con el número
de localidades en Broadway
Octubre 1927 - Marzo 1928

para el estreno de *El cantor de jazz* una sala de mayores dimensiones? Desde luego, el Warner Theater era de su propiedad, lo que significaba que se ahorraba el coste del alquiler de una sala; pero teniendo en cuenta las buenas recaudaciones del filme no parece que este argumento tuviese que ser definitivo. Anteriormente habían programado sus películas en el Colony y en el Roxy. Quizá todas las grandes salas de prestigio estuvieran reservadas en esas fechas, pero no tenemos información que pueda verificar esta teoría. Es probable, y casi posible, que la Warner se contentara con exhibir el filme en una sala más pequeña con el objetivo de mantener el entusiasmo del público y prolongar su duración en cartel.

Conseguir llenos totales fue, pues, una importante estrategia promocional de la productora. A los productores les agradaba ver grandes colas en las taquillas e incluso que un cierto número de posibles espectadores no pudiesen conseguir entradas; y ello porque la publicidad boca a boca ayudaría a fortalecer la imagen pública de una atracción deseable. Las recaudaciones de *El cantor de jazz* no bajaron hasta la semana diecinueve cuando, por vez primera, las taquillas conseguidas no llegaron a 18.000 dólares. Un mes más tarde, la Warner Bros. cambió el film al cine Roxy durante dos semanas recaudando cada una de ellas 117.000 dólares y 109.500 dólares. Gran parte de estos excelentes ingresos están justificados por la plusvalía añadida de que la película fuese exhibida en el mítico Roxy; el «mamut» de los cines era un lugar frecuentado por muchos de los visitantes ocasionales a Nueva York que quedaban gratificados por la experiencia de ir y estar en el nuevo teatro (se había inaugurado pocos meses antes), y su enorme capacidad posibilitaba como norma

Rey de reyes (1928).

las grandes recaudaciones. La recaudación media que se hacía en el Roxy era de 104.000 dólares por semana *(Variety*, 12 de octubre de 1927). Comparativamente, puede decirse que *What Price Glory? (El precio de la gloria)* ingresó 144.200 y 126.000 dólares durante las dos semanas que estuvo en cartel. *Seventh Heaven* recaudó 123.000 y 109.000 dólares (*Variety*, 21 de septiembre y 28 de septiembre de 1927). Así pues, la vida comercial de *El cantor de jazz* en el cine por excelencia de Nueva York fue muy buena, pero no produjo llenos completos durante su exhibición; sus recaudaciones estuvieron en la línea de *Loves of Carmen*.

Se puede concluir diciendo que si bien el filme de la Warner fue una de las principales atracciones de las formas de ocio del Nueva York de la época, no pudo competir con la saga aérea de la Paramount o con la atracción de Garbo y Gilbert. La permanencia durante vein-

Eugenie Besserer y Al Jolson en *El cantor de jazz*.

titrés semanas de *El cantor de jazz* en Broadway puede catalogarse de buena, pero nunca de excepcional.

¿Pero cómo medirla en comparación con otros filmes sonoros? Para los espectadores de Nueva York ver una película con música sincronizada, efectos sonoros o, incluso, diálogos tal como ocurre en las célebres escenas cantadas y «habladas» de *El cantor de jazz* no fue una novedad. Durante meses, los aficionados neoyorkinos habían podido escuchar música asincrónica reproducida mediante aparatos fonográficos; obviamente estas prácticas eliminaban la presencia de los músicos en las salas. Lee De Forest estuvo realizando pruebas de su Phonofilm durante años, y la Fox había comenzado la circulación de sus cortometrajes hablados en enero como acompañamiento de *El precio de la gloria*. En la primavera de 1927 las andanzas del aviador Charles Lindbergh generaron en todo el país una excitación que fue aprovechada por los sistemas sonoros de De Forest y Fox. La recepción que se hizo a Lindbergh en Nueva York y en Washington fue exhibida por De Forest en el cine Capitol y por la Fox en el Roxy y el Paramount durante el mes de junio de 1927. Aunque el noticiero de Fox Movietone no comenzó oficialmente hasta diciembre de 1927, sus cortometrajes hablados se estuvieron proyectando esporádicamente en el Roxy desde el 30 de abril, y regularmente en el cine Harris Theater desde el mes de junio como acompañamiento a *Seventh Heaven*.

Con mucho, la influencia más importante para establecer el contexto de la recepción de *El cantor de jazz* hay que buscarla en las exhibiciones de Vitaphone y los cortometrajes que los precedían. Además de *Don Juan*, que se había estrenado en el Warner Theater en agosto de 1926, la productora comercializó en la temporada 1926-27 otros tres títulos sincronizados e inició un programa de producción para realizar cortometrajes musicales de una bobina que pudiesen complementar las proyecciones de las películas de Warner Bros. y las exhibiciones especiales de Vitaphone. La mayoría de los cortos eran «cantados» y algunos «hablados», por ejemplo, *Willie and Eugene Howard in «Between the Acts at the Opera»*. Una revisión de las recaudaciones de estos primeros programas de Vitaphone revela que algunas películas se mantuvieron más tiempo en el cartel del Warners Theaters que el tiempo que estuvo *El cantor de jazz* (véase tabla 1).

Tabla 1. Recaudación en dólares en relación con el número de localidades

Título (Cine)	Semana en cartel			
	2ª	3ª	10ª	11ª
Don Juan (Warner)	21.48	21.48	18.79	18.79
El cantor de jazz (Warner)	16.67	16.09	14.86	14.42
Better 'Ole (Colony)	17.19	16.79	11.52	11.17
Amanecer (Times Square)	18.01	15.65	3.24e	3.24e
First Auto (Colony)	6.41	5.81	x	x
Singing Fool (Winter Garden)	28.73	28.80	27.93	29.47

Fuentes: *Variety*, Key City Grosses (copyright), *Film Daily Yearbook*
e = Datos estimados

Comparando los resultados económicos de los primeros estrenos de filmes parcialmente sonoros, *Don Juan* superaba ampliamente la película de Al Jolson. *The Better 'Ole* comenzó su andadura con mejores taquillas que *El cantor de jazz*, pero sus recaudaciones habían bajado significativamente en torno a la décima semana. *Old San Francisco (Orgullo de raza)* ingresó tan sólo la mitad por butaca que lo había hecho *Don Juan*; *The First Auto* percibió en las taquillas alrededor de un tercio que *Don Juan* y fue sacada de la cartelera al mes de su estreno. Una vez más parece confirmarse que las recaudaciones de *El cantor de jazz* no fueron excepcionales para los niveles de Vitaphone, pero ¿qué ocurrió con su rival la Fox?

Amanecer, el filme de F. W. Murnau, se estrenó en una versión sincronizada del sistema Movietone el 16 de septiembre de 1927, dos semanas antes que lo hiciera la película de la Warner. Al igual que ocurría con las primeros filmes de Vitaphone, *Amanecer* no poseía diálogo hablado, tan sólo una partitura. La película cosechó inmediatamente las mayores alabanzas de los críticos y más tarde diversos premios. Pero en Broadway se hundió como una piedra. Aparentemente, el significado del filme era demasiado oscuro. En la portada de la revista *Film Daily*, el editor Maurice Kann escribió: «Es un filme asombroso. Transmite al público un algo indefinido; exactamente, es difícil de describir» (Kann, 1927: 1). Sin embargo, en su estreno se destacaron dos aspectos. El primero se refería a la calidad de la partitura grabada, y el segundo alababa a los cortos Movietone que acompañaban al filme.

Kann continúa su comentario subrayando que «la gama tonal y la calidad de Movietone ha demostrado su superioridad en el campo de las películas de sonido y acción sincronizadas». Por su parte, en *Variety* pudo leerse: «No debe negarse el crédito —al filme de Murnau—; aunque sólo sea por un detalle que contribuye enormemente a una total satisfacción de los asistentes: el complemento del Movietone [...]. El acompañamiento musical fue reproducido con una delicadeza sin imperfecciones y bajo un absoluto control, se fundía con el conjunto del espectáculo y, aparentemente, desaparecía como elemento separado de la imagen» (Rush, *Variety*, 28 de septiembre de 1927: 21).

Movietone filmó dos nuevos temas internacionales; uno se refería a la grabación del Coro del Vaticano y otro a una arenga en inglés de Benito Mussolini, lo que el productor Winfield denominó «una mensaje de amistad al pueblo norteamericano». *Variety* atribuyó gran parte de la popularidad del programa de *Amanecer* a los cortometrajes «hasta aquí se puede considerar como un empate, el hecho de que se consiga que todos los barberos de los cinco barrios de Nueva York escuchen la intervención de Ben Mussolini» (*Variety*, 19 de octubre de 1927: 23).

La popularidad de *Amanecer* se desvaneció muy pronto. Aunque sus recaudaciones en relación a las localidades fueron superiores a las de *El cantor de jazz* o a las de cualquier otra de las películas de Vitaphone (excepción hecha de *Don Juan*), sus ingresos sufrieron una fuerte tendencia a la baja a partir de la tercera semana. Al llegar a la novena semana, su recaudación en relación a las localidades fue de cinco dólares por semana, lo que provocó que la sala dejara de proporcionar información económica, aunque *Variety* señaló que había días que el cine Times Square (1.080 butacas a un precio de 1.50 dólares) recaudaba menos de 400 dólares.

A pesar de lo que podía entenderse como una práctica ruinosa para la Fox, *Amanecer* continuó en cartel durante veintitrés semanas, hasta el 4 de abril de 1928. Una hipótetica explicación de esta política comercial se encuentra en la práctica que podría denominarse «comprar Broadway». Jerome Beatty lo describe así:

> *Son of Destiny* (una película hipotética) permanecería en cartel en un cine de Broadway durante veintiséis semanas. Se promocionaría a bombo y platillo como un enorme éxito. El precio de las bu-

Amanecer (F. W. Murnau, 1927).

tacas llegaría a dos dólares en las sesiones nocturnas y en las de las tardes de los sábados y festivos. Quizá incluso los precios llegarían a 2.50 dólares en las noches de sábado y domingo. Las últimas semanas de su presencia en cartelera se regalarían entradas con el objetivo de mantener el cine lleno [...] La publicidad llamaría a este suceso «Una fiesta en Broadway», y la impresión general sería que *Son of Destiny* estaba ganando mucho dinero en el (hipotético) cine Columbine. Y ello aunque en el balance final, el (hipotético estudio) Amalgamated, los números rojos se elevarían hasta 26.000 dólares.

Según Beatty, tan sólo algunas películas llegaron a ser rentables en sus estrenos en Broadway —*El cantor de jazz* y *Alas* estaban entre ellas. La mayoría de las películas perdieron miles de dólares, pero los estudios compensaron las pérdidas en el conjunto de los presupuestos de «explotación», considerando las largas estancias en Nueva York, con independencia de los resultados, como una necesidad para conseguir

Alas.

buenas recaudaciones nacionales. Beatty asegura incluso que «hasta se pueden conseguir mejores resultados en la reposición del filme que en su estreno en Broadway» (Beatty, 1929a: 15). El mismo Beatty describió la estrategia de un productor innominado: «El productor estaba convencido de las ventajas de que su película estuviese medio año en Broadway [...], representantes de la productora vendían puerta a puerta entradas a mitad de precio. Se ofrecían descuentos para grupos institucionales. En los colegios se regalaban vales que permitían comprar dos localidades por el precio de una. Se regalaban cientos de pases en las oficinas y grandes almacenes. A pesar de ello, algunas tardes tan sólo asistían veinticinco espectadores y la recaudación de una semana se cifraba en 2.450 dólares. La gente demostró con una minuosidad patética que no le interesaba el filme; el productor perdió 100.000 dólares para que la película se exhibiera en Broadway. Sin embargo, cuando se estrenó fuera de Nueva York cosechó importantes ingresos» (Beatty, 1929a: 154).

Desconocemos si esta práctica tuvo incidencia en las concepciones de William Fox, Cecil B. De Mille u otros hombres del espectáculo; pero probablemente explica la política seguida con *Amanecer* proyectada con el cine medio vacío durante seis meses. Mientras tanto, el filme se estrenó en una gala especial en el Carthay Circle de Los Ángeles en diciembre al precio de cinco dólares. Su recaudación, en relación con el número de butacas, en las respetables diez semanas que estuvo en cartel, fue de 8.84 dólares por semana. No se puede verificar si el éxito en la costa oeste estuvo influido por «la compra de Broadway».

El estreno de *El cantor de jazz* coincidió con la salida pública de otros filmes que han llegado a ser legendarios: *The Big Parade*, *Alas*, *Rey de reyes*, *The Student Prince* y *Amanecer*. Aunque si se juzgan sus valores sobre la base de las recaudaciones en taquilla habrá que concluir que éstas están muy por debajo de los filmes más populares. *The Big Parade* estuvo en Broadway un total de dos años estableciendo un nuevo récord cinematográfico de ingresos en 1.75 millones de dólares. *Alas* se estrenó nueve semanas antes que *El cantor de jazz* y, sin embargo, continuó su exhibición prácticamente con llenos diarios durante toda la primavera de 1928. Hizo taquillas en torno a 15.000 ó 16.000 dólares que pueden ser consideradas excelentes para el cine de reducidas dimensiones que era el Criterion Theater. En la jerga del negocio del espectáculo se decía que *Alas* tenía «piernas».

Warner Bros. retrasó el estreno nacional de *El cantor de jazz* hasta noviembre de 1927, en que se exhibió en el cine Locust de Filadelfia propiedad de la Fox y que contaba con 1.800 butacas. Quizá Warner Bros. estaba practicando la fórmula de «comprar Broadway» y creando expectativas sobre el estreno de la película en los mercados nacionales. El trailer que la Warner produjo de *El cantor de jazz* quizá conformará una parte de la estrategia comercial de ir generando suspense; de hecho, el trailer se proyectó en circuitos de salas que no eran propiedad de la productora, pero exhibiendo, casi provocativamente, una copia en la que Al Jolson ni cantaba ni hablaba. Como era de esperar el filme funcionó comercialmente en Filadelfia consiguiendo una recaudación de 14.000 dólares. Aunque en ese mismo año *El precio de la gloria* ingresó 20.000 dólares y *Seventh Heaven* 14.500 dólares, así que las recaudaciones de *El cantor de jazz* no pueden ser condideradas como «un pelotazo». Estuvo en cartelera ocho semanas, pero las otras películas permanecieron trece y ocho semanas respectivamente. *El cantor de jazz* se estrenó el día de año nuevo de 1928, en Los Ángeles, San Luis, Seattle y Washington con recaudaciones buenas pero que no establecían ningún récord. La tabla 2 revela algunas estadísticas interesantes.

Tabla 2. Recaudación total en dólares

Orpheum, Chicago

Título	Semana acabando	1ª sem.	2ª sem.	6ª sem
El cantor de jazz	3 marzo 28	12.200	9.500	7.300
Tenderloin	14 abril 28	13.400	11.000	8.200

Criterion, Los Ángeles

Título	Semana acabando	1ª sem.	2ª sem.	5ª sem
El cantor de jazz	7 enero 28	19.600	14.400	8.600
Alas	9 sept 28	21.200	16.800	12.000

Embassy, San Francisco

Título	Semana acabando	1ª sem.	2ª sem.	4ª sem
El cantor de jazz	18 febrero 28	20.200	21.000	18.000
Lights of New York	4 agosto 28	24.000	22.000	20.000

En el cine Orpheum de Chicago, *El cantor de jazz* recaudó menos que el filme hablado de Vitaphone *Tenderloin*. En Los Ángeles la reposición de *Alas* en el cine Criterion permaneció más en cartelera que el mismo estreno de *El cantor de jazz*. En San Francisco, en el cine Embassy, se proyectó durante más tiempo *Lights of New York* que *El cantor de jazz*. En resumen, la vida comercial nacional de *El cantor de jazz* fue positiva a juzgar por las recaudaciones de taquilla y por la duración en la cartelera de los cines; pero no pasaba de ser una atracción de segundo rango que no podía competir con las películas más populares de aquel entonces, ni siquiera con las películas habladas de Vitaphone. Allen y Gomery (1985: 121) apuntan que el gran éxito de *El cantor de jazz* vino después en 1928 al iniciarse su exhibición por las ciudades de tamaño medio del interior del país, pero yo no he investigado las recaudaciones nacionales de ese año.

Conclusiones

Si las cifras de *Variety* son correctas, podríamos concluir que el éxito «sin precedentes» del primer largometraje en parte hablado de Warner Bros. ha sido más una creación *a posteriori* de los medios de comunicación que una realidad de taquilla. *El cantor de jazz* no fue una sensación en Broadway. Pero este descubrimiento no descalifica el uso de los diarios populares como fuente de documentación histórica sobre el público. Sería incorrecto decir simplemente que la versión popular de la historia está equivocada y que la revisión histórica es correcta. Las leyendas también son documentos históricos. Si la leyenda de *El cantor de jazz* se coteja con los análisis de las recaudaciones de taquilla, constituye un relato paralelo que no deja de tener significado. La naturaleza superficial de las versiones periodísticas nos debería obligar a profundizar en los motivos de la creación de la leyenda de *El cantor de jazz*.

Obviamente, es más «eficaz» para un discurso histórico convencional encontrar un lugar único de cambio histórico —un Rubicón para cruzar—, en lugar del desarrollo lento, confuso e irracional tal como acaece en el caso de la transición del mudo al sonoro. Las simplificaciones de la historia siempre son útiles al reescribir el muy complicado proceso de la transición en forma de una narrativa comprensible. Resulta, asimismo, pertinente cuestionarse la verosimilitud de las afirmaciones que repetidamente hicieron los medios de la época sobre los efectos directos que tuvo en el éxito de la película e, incluso, en el mismo asentamiento inicial del cine sonoro, la popularidad de Al Jolson. Por ejemplo: «Al Jolson comenzó la revolución. Sí, revolución es la palabra, a no ser que usted piense que no es ninguna revolución reformar veinte o treinta estudios, reoganizar la cuarta —¿o es la segunda?— industria más grande en América, equipar cada cine del país con aparatos sonoros. Unos cortometajes y después *El cantor de jazz* de Warner-Vitaphone. Miles de personas habían escuchado las canciones de Jolson en fonógrafo sin comprender la popularidad del cantante en las grandes ciudades. Ahora, sin embargo, se podían escuchar las canciones y comprobar el magnetismo personal que poseía Al Jolson, uniéndose instantáneamente al aplauso metropolitano» (Wagner, 1928: 12).

Recientes investigaciones históricas señalan que la segunda película hablada de Jolson *The Singing Fool,* que se estrenó el 20 de septiembre de 1928, fue un éxito mucho mayor. Mi propio trabajo lo confirma. La recaudación en relación a las butacas en el cine Winter Garden Theater demuestra que el filme permaneció en cartel más que ningún otro filme anterior de Vitaphone (véase tabla 1), hasta el punto de que fue la película sonora de mayor éxito en, por lo menos, el primer año del sonoro. Dos factores coadyuvan en el éxito de las primeras películas habladas. El primero tiene que ver con la popularidad de la música grabada y la novedad de oírla en un cine. Según Koszarski, «pocos de los primeros asistentes a la proyecciones sonoras habían escuchado con anterioridad el sonido eléctrico, y desde luego nadie había experimentado la calidad de sonido en las salas cinematográficas» (Koszarski, 1989: 16). Más específicamente, la moda del jazz, tanto por lo que suponía de forma de expresión musical cuanto de signo de las nuevas formas de vida urbana, debe haber llevado a muchos espectadores a las talkies.

El segundo factor tiene que ver con la importancia del «star system». A lo largo de la década de los veinte, personajes tales como Chaplin, Fairbanks, Valentino, Menjou, entre otros, fueron idealizados por millones de aficionados. El «star system» fue, obviamente, incentivado por los estudios y las revistas especializadas, pero no deja por ello de haber sido en los años veinte un fenómeno de corte populista de proporciones masivas. Paralelamente al cine, la música, los deportes y la información de actualidad supieron crear círculos muy numerosos de aficionados, cuya extensión no tenía, quizá, precedentes. Incluso figuras públicas como Lindbergh, Bernard Shaw o Mussolini llegaron a ser «estrellas» del Movietone. Un periodista en un pie de foto escribió: «Shaw "registra" tan bien que hemos perdido a un actor de cine» (anónimo, 1928b: 21). La radio fue un probable catalizador de todo este estado de cosas, pues el medio radiofónico tenía relaciones comerciales con la industria del cine. Los aficionados habían oído las voces y visto las caras de sus ídolos, pero tan sólo las películas habladas eran capaces de producir la sensación de una presencia realista.

En los años veinte, la crítica más oficial adoptó una actitud negativa hacia las masas, resumida por H. L. Menckens con la denominación de «abobadas». Con frecuencia los discursos habituales sobre el sonoro reflejan este elitismo. Los debates que interrelacionaban el cine con el teatro y la ópera, la propuesta de formas cinemáticas estéticamente adecuadas para el filme o el desprecio de un chabacano Hollywood fueron otros tantos de los razonamientos utilizados para racionalizar algo que la crítica oficial encontró difícil de comprender y articular —la popularidad de las películas habladas. Su intento fue fallido, desde luego, porque sus argumentos exigían un cine que no fuera un arte popular ni un arte de elites; aun así, la crítica parecía incapaz de aceptar al público restante, la gigantesca y creciente clase media con sus gustos de ocio diversificados e impredicibles. Lo que no obsta para conceder un enorme valor a las fuentes escritas que preservan algunas de las huellas que dejaron las controversias, confusiones e incompresiones que envolvieron a la figura del espectador del primer cine sonoro.

Pioneros del sonido en Estados Unidos

EDUARDO RODRÍGUEZ MERCHÁN

> En este oficio hubo una época en la que tenían a su merced los ojos de todo el mundo. Pero esto no era suficiente [...]. Necesitaban también poseer los oídos del mundo entero. Así que abrieron sus enormes bocas y rompieron a hablar... ¡Hablar!... ¡Hablar!
>
> Gloria Swanson, representando a la actriz Norma Desmond, en *Sunset Boulevard* (*El crepúsculo de los dioses*, 1950).
>
> El cine es el lenguaje de las imágenes; y las imágenes no hablan.
>
> (PIRANDELLO)

Las más remotas leyendas de nuestra civilización hablan ya de criaturas invisibles, conformando uno de los principales mitos de la cultura occidental. El cine no estuvo nunca al margen de las legendarias historias sobre «el hombre invisible». El propio Georges Méliès, en los albores de los efectos especiales, inaugura en 1904 el truco cinematográfico de la invisibilidad con una ingenua versión titulada *Siva l'invisible*. Una película cuyos efectistas trucajes serían muy pronto imitados por numerosos filmes mudos que adaptan la imaginativa novela que H. G. Welles había publicado en 1897.

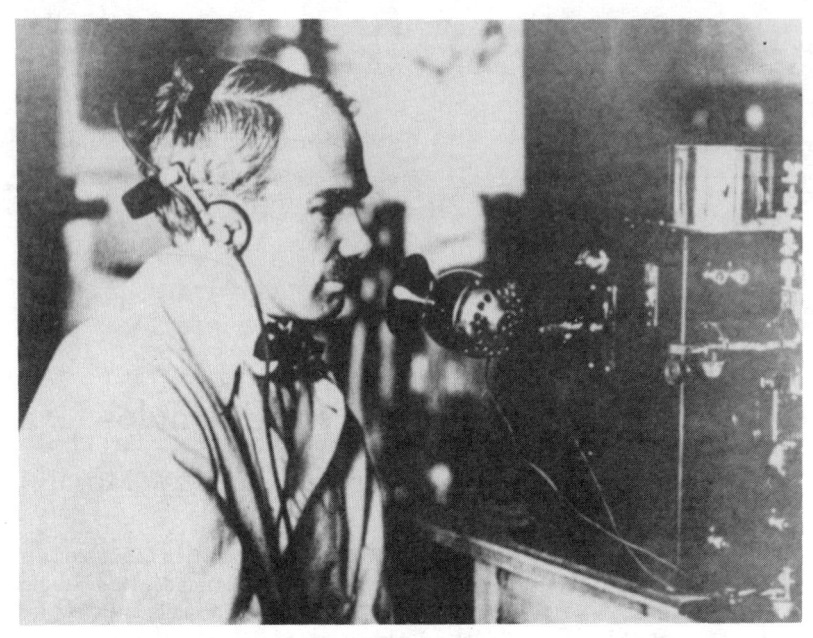

Fonofilm de De Lee Forest.

Pero el éxito del hombre invisible no resultó completo hasta la llegada del cine sonoro. Pues el sonido no sólo dio el impulso definitivo a esta serie de películas, sino que fundamentalmente confirió al personaje de Welles una especial dimensión muy diferente a sus antecesores. La «presencia» del hombre invisible adquiría con el cine sonoro una novedosa existencia física concreta: su voz. Con James Whale y con su *The Invisible Man (El hombre invisible,* 1933), el personaje que nunca había podido materializarse en su «evanescente» y peculiar condición, adquiere ahora verdadera existencia en su nueva dimensión sonora, convirtiéndose incluso en un charlatán empedernido.

El ejemplo escogido es evidentemente interesado y pertenece a una época, 1933, en la que ya podemos hablar con propiedad de cine sonoro, pero, en cualquier caso, es válido para ilustrar con claridad la importancia del sonido como elemento narrativo y de significación fílmica a los pocos años de su nacimiento. Pues el sonido (o, para ser más exactos, la sincronización del sonido a la imagen) será mucho más que un nuevo avance en la constante evolución tecnológica de la cinematografía. Probablemente se convertirá en el invento más revolucionario de todos los que la técnica ha ido incorporando al cine, incluso hasta nuestros días. Y será, al mismo tiempo, el terrible verdugo de un arte en plena madurez (el cine mudo) y el afortunado progenitor de un nuevo, sugestivo y fructífero arte (el cine sonoro).

La llegada del sonido al cine, como ha quedado estudiado en otros capítulos de esta obra, queda perfectamente delimitada por los comienzos del cine sincronizado gracias a un procedimiento técnico patentado en 1926 con el nombre de Vitaphone, pese a que —entre 1923 y 1926— ya se habían rodado casi un millar de películas «sonoras» (Phonofilms) con la patente inventada por Lee De Forest. Como si de una premonición se tratara, una de las últimas películas del periodo mudo, *A Kiss for Cinderella* (1926), dirigida por Herbert Brenon para la Paramount y basada en una obra teatral de James M. Barrie, se convertía en el paradigma del lujo visual y marcaba el clímax de una época que paradójicamente comenzará a agonizar —pese a su

Claude Rains en *El hombre invisible* (James Whale, 1933).

plenitud artística— ese mismo año, con la aparición de *Don Juan* (1926), de *Old San Francisco (Orgullo de raza,* 1926) y, posteriormente, con la renombrada *El cantor de jazz* (1927). Tres películas de Alan Crosland, que inauguraban una época de transición en la que el lujo visual desaparecería para dejar paso al acartonamiento teatral. Tres películas míticas que harán figurar al oscuro artesano Crosland, junto a su protagonista Al Jolson y a los audaces hermanos Warner en los anales de la historia del cine.

No resulta tan fácil, sin embargo, delimitar cuándo queda culminada la transición entre el mudo y el sonoro. Cuándo desaparece definitivamente el cine «hablado» y su dependencia casi mimética del teatro de Broadway y cuándo podemos hablar con auténtica propiedad de cine sonoro. En qué momento de la historia del cine la pirotecnia sonora exigida por el ávido espectador de los primeros tiempos del nuevo invento se convierte en una sutil utilización del sonido y en el descubrimiento del «silencio». Cuál es el periodo histórico concreto en el que el cine queda «reinventado»; o cuándo se devuelve definitivamente al cine el maravilloso ritmo del mudo que había quedado roto por las dificultades técnicas del primer momento. Preguntas de difícil respuesta y que exigen muchas matizaciones, pero que resultan evidentemente importantes en un capítulo como el que nos ocupa y que pretende analizar precisamente los comienzos del cine sonoro y sus pioneros en Estados Unidos.

Se hace necesario, entonces, antes de continuar, delimitar con mayor o menor detalle, y procurando sortear las dificultades descritas, el periodo que podríamos denominar como el de los «pioneros» del sonoro: aquellos directores que, combinando audacia con ingenuidad, lograron vencer los inconvenientes técnicos de la primera época y reinventaron el cine; los que, con su talento, lograron zafarse de la dictadura de los ingenieros de sonido y volvieron a otorgar a la cámara la libertad que poseía durante el mudo y que había perdido en su difícil adaptación al sonido. Con ese planteamiento, obviaremos el estudio de los muchos largometrajes «sonoros» (mudos resonorizados, sonoros con versiones mudas para cines no adaptados o filmes mudos con efectos musicales sincronizados) que se realizaron en Estados Unidos en 1927, 1928 y comienzos de 1929 y que conforman el periodo de adaptación de los diferentes sistemas patentados (el paso del Vitaphone al Movietone), para comenzar nuestro análisis a mediados de 1929, poco después de que la Academia de Hollywood (Academy of Motion Picture Arts and Sciencies), que se había fundado en mayo de 1927, entregue durante la primera ceremonia de sus premios un simbólico galardón a la Warner Bros., por su aportación al cine con la invención del sonoro. Poco más o menos, en la primavera de 1929, cuando se estrena *On With the Show* (1929), la primera película cien por cien sonora del ya famoso Alan Crosland, que contiene un arranque verdaderamente espectacular para una película «no muda»: un largo plano—secuencia que, desde la calle, nos sitúa en el vestíbulo de un teatro, en el que la cámara acompaña a dos personas que hablan entre sí. Y lo daremos por concluido en otra fecha también imprecisa, pero importante: entre finales de 1932 y principios de 1933. Una época en la que Franklin Delano Roosevelt acaba de llegar al poder y se instaura en Estados Unidos la cultura del «New Deal», del reformismo económico y de la autocrítica social; más o menos cuando se estrena una importante película de Mervyn LeRoy, de la que luego hablaremos: *I Am a Fugitive From Chain Gang (Soy un fugitivo,* 1932).

Es a finales de 1929 cuando la cámara y todo el escandaloso aparato técnico de sonido que ahora le acompaña se atreve a salir tímidamente al exterior y abandonar la tranquilidad de los recientemente acolchados platós. Buen ejemplo de ello es el primer filme sonoro de Fleming, *The Virginian (El Virginiano,* 1929). Victor Fleming, cineasta nacido en California en 1883, pasará a la historia del cine fundamentalmente por ser el que oficialmente ponga su firma en los créditos de la archifamosa *Gone With the Wind (Lo que el viento se llevó,* 1939), quedando como el único director de la monumental empresa cinematográfica, ideada por David O. Selznick, y en la que también paticiparon, como realizadores, Sam Wood y George Cukor; pero resultaría muy injusto recordarle sólo por ese grandioso filme de la MGM, pues en su carrera durante el periodo mudo se encuentran títulos importantes como un *Lord Jim*, de 1925, y algunas otras películas en las que colaboró con Douglas Fairbanks. En su etapa sonora, que no culminaría hasta su muerte en 1949, Fleming abordó diversos géneros, destacando como un cineasta imaginativo en películas de la importancia de *Captains Courageous (Capitanes intrépidos,* 1937), en la que dirige a Spencer Tracy; *The Wizard of Oz (El mago de Oz,* 1939) o una espléndida versión de *Doctor Jekyll y Mr. Hide*, de 1941. Todas ellas destilan el mejor sabor clásico del cine de aventuras de los años dorados de Hollywood.

Pero lo que nos interesa ahora es su faceta como pionero del sonido. Al margen de tres o cuatro películas menores como *Abie's Irish Rose* y *Wolf Song*, ambas de 1929 y ambas parcialmente sonoras, Fleming dirigirá a Jean Harlow en algunos filmes de principios del sonoro: *Red Dust (Tierra de pasión*, 1932) y *Bombshell (Polvorilla*, 1933). Como antes señalábamos, es con su primera película sonora *El Virginiano* cuando Fleming pasa a formar parte de esa reducida nómina de pioneros del sonido, al sacar la cámara al exterior y arriesgarse con la utilización de muchos ruidos naturales sincronizados con la acción, que luego quedarían como elementos típicos de western: las vacas mugiendo, el traqueteo de los trenes y los vagones, etc. Pero quizá lo que por más tiempo perdurará en los libros de historia del cine sea que con este filme de Fleming quedó establecido uno de los primeros diálogos famosos de las películas habladas. El que sostienen sus dos protagonistas, Walter Huston y Gary Cooper. Huston, quien interpreta el papel de villano, increpa al joven Cooper: «Piernas Largas, hijo de...» Gary Cooper le conmina: «Si quieres llamarme eso, sonríe.» Y Walter Huston, con toda la ironía del arquetipo de villano cínico que está representando, sentencia: «Yo siempre sonrío, cuando tengo un arma en el estómago.»

Hablar de western y no citar a John Ford constituiría la mayor de las injusticias. Sin embargo, la figura de este cineasta desborda cualquier límite de espacio, sea cual sea la época que se pretenda analizar. Cuando llega el sonido a Hollywood, John Sean Alysius O'Feeney Ford, nacido en Maine en 1895, ya había realizado más de sesenta películas mudas entre cortos y largometrajes y se encuentra en plena madurez creativa. Pese a ello, Ford se arriesga a la experimentación sonora con la realización de dos cortometrajes en 1928. Se trata de *Napoleon's Barber*, uno de los más tempranos intentos de rodaje sonoro en escenarios naturales, en el que desafortunadamente se detectan con claridad los fallos de los micrófonos que recogen en exceso el viento y en el que Ford abusa de los arbustos para disimular sus micros, y *Riley the cop (Policías sin esposas)*.

Tras hacerse cargo de un largometraje titulado *Strong Boy*, Ford aborda la realización del que se considera su primer filme largo totalmente sonoro: *The Black Watch (Shari la hechicera*, 1929), una película de aventuras muy del estilo característico del director, en la que la atractiva Myrna Loy interpreta a la encantadora Mahdi, que sueña con conquistar la India. Pese al carácter netamente «fordiano» de este filme, John Ford no debió de quedar excesivamente satisfecho con los resultados finales, según le cuenta el director de origen irlandés a uno de sus mejores entrevistadores, el también director Peter Bogdanovich: «Quise vomitar cuando la volví a ver» (Bogdanovich, 1968: 50). El motivo de tan rotunda sentencia se debe a las manipulaciones que se realizaron en el primitivo film de Ford, añadiendo varias secuencias de amor entre la pareja protagonista formada por Victor McLaglen y Myrna Loy. Cambios que podían ser habituales en esa época puesto que los productores, desconfiando aún de la capacidad de sus directores famosos para utilizar el sonido y con objeto de preservar el prestigio de los estudios, asignaban a cada director un supervisor de diálogos. En el caso de *Shari la hechicera*, el encargado de esta función fue el actor protagonista del filme, el inglés Lumsden Hare, que incluso aparece en los créditos como «director de diálogos». Según denuncia el propio Ford, Hare interpretó a la perfección los deseos de Winfield Sheenan, que actuaba como encargado de producción de *Shari la hechicera* y que deseaba reforzar la historia de amor. Pese a estas secuencias añadidas —realmente soporíferas, pues los protagonistas se limitan a hablar y hablar, uno frente al otro, de cosas que no añadían nada a la historia principal—, *Shari la hechicera* es una excelente película (mejor en la primera parte que se desarrolla en Londres que en la segunda que se traslada a la India) con un interesante tratamiento del sonido, aunque se evidencien ciertos abusos en el uso de las marchas y canciones militares acompañadas de gaitas. De hecho, según la crítica de Mordaunt Hall publicada en *The New York Times*, la secuencia del regimiento abandonando la estación londinense fue «sin duda lo más realista» logrado con el sonido hasta ese momento *(Gran historia ilustrada del cine,* 1984: 168).

Después de estas primeras incursiones en el sonido, la carrera de Ford se desarrolla casi tan frenéticamente como en el periodo mudo. Una tras otra, la películas de Ford se suceden a un ritmo de dos o tres por año. Sin embargo, salvo excepciones, no serán estas películas de los principios del sonoro las que figuren en las filmografías míticas del prolífico director, aunque en ellas ya se conforma esa dimensión épica de la vida tan característica de Ford y esa ideología «lincolniana» y conservadora que impregnará toda su obra. Una película escrita por Dudley Nichols, quizá el guionista más «fordiano» de todos los que trabajaron con el director, inaugura su producción de 1931. Se trata de *Seas Beneath (Mar de fondo,* 1931), un relato convencional pero en el que la impresión de «realismo» del traicionero oceáno se consigue precisamente gracias al sonido y sin necesidad de los molestos cabeceos de cámara, que resultaban casi obligatorios en el mudo. *The Brat (La huerfanita)* y *Arrowsmith (El doctor Arrowsmith)* completan la producción de 1931. Esta última, interpretada por Ronald Colman, es una adaptación de la novela homónima de Sinclair Lewis escrita por Sidney Howard y relata las penalidades de un joven y caballeroso médico que trata de mantenerse fiel a sus ideales en un mundo hostil volcado en el consumo y el curanderismo.

La siguiente película sonora de John Ford será producida por Carl Laemmle, el magnate de la Universal, que acababa de iniciar una política para atraerse a directores de talento que tuviesen experiencia con el sonido. Así es como se pone en marcha *Air Mail (Hombres sin miedo,* 1932), una historia sobre heroicos aviadores que realizan su trabajo en condiciones meteorológicas especialmente adversas, en la que Ford no sólo disecciona el peligro al que están expuestos sus esforzados protagonistas (Pat O'Brien y Ralph Bellamy), sino que —como es habitual en él— también analiza las íntimas rivalidades de los pilotos. Fuera ya de los límites temporales que nos hemos marcado quedan las siguientes películas sonoras de Ford: *Dr. Bull (Doctor Bull,* 1933), interpretada por Will Rogers, cuyos fracasos del periodo mudo quedarán olvidados al convertirse en la gran estrella de la Fox; *Pilgrimage (Peregrinos,* 1933), también escrita por Nichols y producida por la Warner, y *The Last Patrol (La patrulla perdida,* 1934), un impresionante documento en el que la acción se mezcla con el estudio sociológico de un grupo de soldados británicos perdidos en el desierto. Pero la genialidad de Ford y su impresionante uso creativo del sonido se advierte sobre todo en *The Informer (El delator,* 1935), ambientada en la ciudad de Dublín, producida por la RKO y con la que su protagonista, Victor McLaglen, obtuvo un oscar. Un drama sobre los remordimientos de un delator de la organización IRA que demuestra la capacidad del cine sonoro para abordar de manera muy diferente al cine silente el realismo y la denuncia social.

Quizá contagiado por los éxitos de la falsa negritud de Al Jolson, con una perspectiva épica similar a la de Ford aunque desde un planteamiento ético muy diferente, el cineasta tejano King Vidor realiza su

¡Aleluya! (King Vidor, 1930).

primera película sonora; para muchos, una de las obras maestras del periodo que estamos analizando. Nos referimos a *Hallelujah! (¡Aleluya!*, 1930), en la que Vidor intenta plasmar el fervor religioso de la comunidad de raza negra, un asunto que —al parecer— le obsesionaba desde su infancia. Rodada en escenarios naturales (Menphis, Tennesse, y los pantanos de Arkansas), íntegramente interpretada por actores negros y lejanamente basada en un musical que Rouben Mamoulian acababa de montar en Broadway, *¡Aleluya!* es una película sincera y plagada de estereotipos en los que algunos han querido ver cierto espíritu social y reivindicativo, mientras otros, en cambio, denuncian por su conservadurismo, como el historiador Georges Sadoul que acusa a Vidor de que sus negros sean «pueriles, superticiosos, ingenuos, sensuales y criminales...» (Sadoul, 1976: 215). Pero al margen de la discusión social, lo más importante de la película de Vidor desde el punto de vista de los intereses de este capítulo se encuentra en la

La gran jornada (1930).

importante utilización creativa del sonido que consigue este director.

Vidor rodó la película con técnica de cine mudo, sin grabar ningún sonido, excepto en las secuencias directamente dialogadas. Esta técnica permitió que la cámara tuviera una libertad de movimientos extraordinaria y, por otro lado, la postsincronización dio unas posibilidades casi ilimitadas de utilizar el sonido para crear atmósfera y añadir dramatismo a la imagen. Podríamos decir que por primera vez en la historia del cine se puede hablar de verdadera banda sonora, puesto que a la gran belleza plástica de la película se le añade una impresionante amalgama de canciones («spirituals»), de música de jazz, de ruidos naturales y de estudio, de silencios; todo ello aderezado con recursos muy novedosos para la época (utilización de conversaciones y ruidos superpuestos en la partida de dados; fundidos de las imágenes del viaje —barco, tren y paseo por los campos— que quedan hilados con la canción que canta Zeka al regresar; invención de los planos sonoros: el grito de una mujer o el ladrido del perro que se escuchan a distancia, etc.). Pero probablemente el análisis más ilustrativo de los hallazgos sonoros de este filme sea la visión detenida de la secuencia final: la persecución en los pantanos y las violentas muertes de la amada y del rival amoroso del protagonista. Vidor trabajó la frenética persecución con la cámara muda, logrando bellos travellings del perseguido y del perseguidor. Una vez en el estudio, y utilizando sonidos naturales previamente grabados, añadió a la imagen los ruidos de las ramas al romperse, el trino de los pájaros, la respiración de los protagonistas, los ritmos de las pisadas al correr y el roce con las hojas de los árboles: el resultado es una de las secuencias mejor sonorizadas de ese periodo y en la que se demuestra cómo la correcta utilización de la banda sonora puede ser capaz de crear emociones y sensaciones tan fuertes como las de la imagen.

El éxito de *¡Aleluya!* confirmaría el prestigio que King Vidor había obtenido durante su etapa en el cine silente; no es extraño entonces que la MGM le encargara una empresa en la que se combinaban dos experimentos novedosos: una versión sonora del mítico *Billy el niño*, filmada para ser proyectada en el sistema «realife» de pantalla ampliada. Un sistema con el que la Metro pretende competir con la Fox, que experimenta con su propia iniciativa el llamado «grandeur». Así surge *Billy the Kid (Billy el niño/El terror de las praderas,* 1930), que se estrena sin demasiado éxito en octubre de 1930, al mismo tiempo que *The Big Trail (La gran jornada,* 1930), precisamente la apuesta de la Fox para la superpantalla, dirigida por Raoul Walsh. Pero antes de hablar de este director de la Fox, y para acabar con nuestro análisis de King Vidor, sólo resta decir que entre sus otras películas del primer periodo sonoro —*Not so Dumb* (1930), *Street Scene (La calle,* 1931), basada en un drama realista de Elmer Rice, y *Bird of Paradise (Ave del paraíso,* 1932)—, cabe destacar el gran éxito de taquilla que obtuvo con el sensiblero y obsoleto drama *The Champ (El campeón,* 1931). La comercialidad de la nueva estrella infantil Jackie Cooper y la moraleja que imprime Vidor a su relato del boxeador (la pobreza hace a la gente más simpática), muy a tono con los tiempos de crisis y recesión, junto con el oscar al mejor actor obtenido por Wallace Beery, han dado siempre una popularidad a este filme que en nuestra opinión es totalmente inmerecida.

Raoul Walsh, el director y actor neoyorquino que había interpretado a Booth, el asesino del presidente Lincoln en la archifamosa película de Griffith *The Birth of a Nation (El nacimiento de una nación,* 1915) y que poseía una gran experiencia como cineasta del periodo mudo, en el que realizó películas de aventuras tan importantes como la versión de *The Thief of Bagdad (El ladrón de Bagdad,* 1924) interpretada por Douglas Fairbanks, también debe ser considerado uno de los pioneros del sonido. No tanto por la ya citada *La gran jornada,* cuya única característica destacable es su gran formato de 70 mm, y que no lograría siquiera alcanzar su objetivo de atraerse el favor del público, sino por la temprana *In old Arizona (En el viejo Arizona,* 1929), un filme que comenzó a rodarse en la segunda mitad de 1928 y fue estrenado en enero de 1929.

Para algunos historiadores (véase Gubern, 1981: 294), *En el viejo Arizona* fue el primer largometraje sonoro rodado en exteriores. Iniciado por Raoul Walsh, que también interpretaba el papel protagonista, la película fue concluida por el «todoterreno» de la Fox, Irving Cummings, como director; y por Warner Baxter, quien ganaría precisamente por ese papel «prestado» su único oscar al mejor actor. Al parecer Walsh viajaba en su coche cuando se estrelló en el parabrisas un conejo, con tan mala suerte que los cristales se incrustaron en el ojo derecho del aventurero director, quien lo perdió para siempre sustituyéndolo por el característico parche que le acompañaría de por vida. Se atribuya el mérito a Walsh o a Cummings, lo cierto es que, pese a algunos graves errores (la enfatización de los diálogos que provocan los aún inexpertos actores hablantes que, en algunas secuencias, parecen dirigirse a los micrófonos ocultos en los matorrales), *En el viejo Arizona* está plagada de hallazgos, tanto plásticos como sonoros. Rodando

Warner Baxter y Dorothy Burges en el filme *En el viejo Arizona* de Raoul Walsh.

con la técnica del cine mudo, la historia del traicionado Cisco Kid adquiere mucha fuerza dramática en diversos momentos: por ejemplo, en la escena del atraco, en la que las grandes angulaciones de cámara matizan la posición de los personajes respecto a la acción o en la que la cámara dibuja ángulos de 180° y se cruza entre los intérpretes. También es muy avanzada la utilización del sonido, no sólo por el famosísimo primer plano de huevos y jamón crepitando en la sartén, sino por los hallazgos en el uso del sonido fuera de campo y los leit-motiv. Por ejemplo, cuando el herrero le comunica al sargento que a quien acaba de saludar es el mismísimo Cisco Kid, al que andan buscando sin conocerle, la sonora carcajada de éste se funde con el rebuzno de un burro que se encuentra fuera del campo de visión de la cámara; o cuando suena en el fonógrafo la canción que se asocia al romance de Cisco Kid con Tania María y ésta queda convertida en un leit-motiv que se utiliza más tarde de manera muy inteligente: para descubrir la sospechada infidelidad de María.

The Cock-Eyed World (El mundo al revés, 1929) fue la siguiente película sonora de Walsh. Un alegato antibelicista que obtuvo el favor del público, quizá por que los actores recitaban sus diálogos de forma mucho más natural y menos teatral que en otras películas de la época. Tras la ya citada *La gran jornada* y tras realizar *The Man Who Came Back (Del infierno al cine,* 1930) y *Women of All Nations* (1931), Raoul Walsh dirige a Elissa Landi, Lionel Barrymore, Laurence Olivier y Walter Byron en *The Yellow Ticket (El carnet amarillo,* 1931). Una historia sobre las vicisitudes que tiene que pasar una judía rusa para conseguir el carnet que se les concede a las prostitutas y así lograr eludir las duras leyes norteamericanas de inmigración. Las diferentes nacionalidades de los actores obliga a los guionistas a conferirles nacionalidades parecidas a sus personajes, pues de otra forma los acentos (a diferencia del cine mudo) delatarían sus orígenes no americanos. Por ello, Olivier se convierte en un periodista británico, mientras Elissa Landi, que había nacido en Italia y conservaba cierto acento extranjero, interpreta a la rusa emigrante.

También de origen ruso, y emigrado a Estados Unidos en 1913, es Lewis Milestone (originalmente Leon Milstein), un montador a sueldo de Howard Hughes que comienza a realizar películas en 1925 y obtiene un temparnísimo y premonitorio éxito con su comedia muda *Two Arabian Knigths* (1928), al ser galardonado como mejor director en la primera ceremonia de los oscar, un premio que compartió con Frank Borzage, el mismo histórico año en el que *Alas,* (1928), de William Wellman, obtiene el reconocimiento de mejor película. Milestone será además quien codirija con el millonario Hughes, *Hell's Angels (Los ángeles del infierno,* 1930). Un filme de acción y aviadores, que tardó tres años en rodarse al empeñarse Hughes en «sonorizarlo», y que habitualmente no aparece en las filmografías de Milestone por no haberlo acreditado su productora, la United Artists. Afortunadamente, el excéntrico Howard Hughes abandonó sus ínfulas creativas y se dedicó solamente a la producción; mientras, también por fortuna, Milestone continuó dirigiendo y dos de sus películas de esta época consiguieron justa fama y reconocimiento. Nos referimos a *All Quiet on the Western Front (Sin novedad en el frente,* 1930) y *Front Page (Un reportaje sensacional,* 1931), pues sus otras dos películas de este periodo, el exótico melodrama *Rain* (1932), interpretado por Joan Crawford y Walter Huston, y la desconocida *New York Nigths* (1929) quedaron muy justamente oscurecidas por aquéllas.

Sin novedad en el frente le supuso a Milestone su segundo oscar como mejor director y también recibió el preciado galardón a la mejor película de la temporada agosto de 1929-julio de 1930, convirtiéndose en la gran protagonista de la tercera entrega de premios de la Academia, que se celebró en noviembre de 1930. Milestone rodó su sensacional alegato contra los horrores de la guerra con la técnica de la cámara muda, añadiendo más tarde los sonidos naturales previamente grabados (el silbido de las bombas, el estruendo de los cañones y los gemidos de los heridos) a las magníficas imágenes de trincheras y desfiles militares obtenidas con el brillante trabajo de fotografía de Arthur Edeson. De esta forma, gracias a la postsincronización y a la inteligente utilización del sonido, *Sin novedad en el frente* se convirtió en la película bélica más realista que el público de la década de los treinta había tenido oportunidad de ver. La antibelicista historia, basada en la famosa novela de Erich María Remarque, relata la guerra de 1914 desde el punto de vista de un grupo de soldados alemanes insuflados de «patrioterismo» y que van quedando absolutamente desilusionados al vivir la miseria del campo de batalla y observar la muerte cara a cara. Para escribir el excelente guión, Lewis Milestone dispuso de un estupendo trío de colaboradores: Del Andrews, George Abbott y Maxwell Anderson, quien precisamente contaba en su currículum con el honor de haber sido el primer dramaturgo de alta reputación llamado por el cine a raíz del advenimiento del sonoro. El filme de Milestone no ofrece respiro: cuando mueren los protagonistas, aparecen nuevos reclutas tan perplejos como sus compañeros ante el horror, el despilfarro y la inutilidad de la guerra. Quizá la muerte del héroe, interpretado por Lewis Ayres, sintetice toda la filosofía pacifista del director de origen ruso: es la famosa secuencia en la que el protagonista se asoma por encima de su trinchera para coger una mariposa y es alcanzado por un francotirador. La belleza plástica de la imagen de la mano del soldado en primer plano y el uso dramático del sonido del disparo en off imprimen mucha fuerza a esta secuencia: tanta como para convertirla en una de las secuencias paradigmáticas de la historia del cine.

También pasará a la historia, aunque por otros motivos, *Un reportaje sensacional*, la primera de las diferentes versiones cinematográficas que utilizan como base argumental la obra escénica de Ben Hecht y Charles MacArthur, quienes más tarde —como el ya citado Maxwell Anderson— formarán parte del nutrido ejército de dramaturgos de éxito reclamados por Hollywood por su habilidad para los diálogos. En la versión de Milestone, la conocida historia de estos curiosos, charlatanes y poco escrupulosos reporteros de noticias está interpretada por un reparto de auténtico lujo: Pat O'Brien, como Hildy, y Adolphe Menjou, como el perverso redactor jefe; les acompañan Walter Catlett, Frank Mac Hugh y Edward Everett Horton. Milestone apuesta por una adaptación de la obra teatral muy fiel a los planteamientos escénicos, pues muy pocas veces en el transcurso del filme saca a sus actores del decorado principal, la celda del condenado a muerte; sin embargo, los amplios movimientos de cámara que consigue el director, al usar la técnica de la postsincronización, imprimen al filme una dinamicidad similar a la que mucho tiempo después conseguirán Howard Hawks —*His Girl Friday (Luna Nueva*, 1940)— y Billy Wilder —*The Front Page (Primera plana*, 1974)— con sus versiones de la ácida obra de Hecht y MacArthur.

Pero si los grandes dramaturgos de Broadway eran reclamados por el cine para trabajar como dialoguistas o como guionistas, también los directores teatrales cruzaron todo el continente norteamericano para arribar a Hollywood y comenzar a rodar películas. Paradójicamente algunos de ellos fueron precisamente los que pusieron su talento al servicio de la reinvención del cine y lograron que el nuevo

Helen Morgan en *Aplauso* (R. Mamoulian, 1930).

arte «hablado» se despegara de forma definitiva de la rémora teatral que le atosigó en sus inicios. Es el caso de directores como Rouben Mamoulian o James Whale, quienes iniciaron sus carreras cinematográficas ya en el periodo sonoro, tras brillar con éxito como directores de escena.

Rouben Mamoulian demuestra con *Applause (Aplauso)*, (1930), su primera película sonora, un ferviente deseo de que su filme no parezca «teatro enlatado». No resulta extraño que estudiosos de la talla de Sadoul definan *Aplauso* como una «verdadera danza de la cámara alrededor de los actores» (Sadoul, 1976: 216) pues, rodando con toda la libertad que le permitía la ya comentada técnica de la cámara muda, Mamoulian construye una película casi expresionista con gran riqueza visual y plagada de cambios de escala e iluminación y sorprendentes primerísimos planos que enfatizan dramáticamente la acción. Ciertamente, la historia de la madura reina del género frívolo —que se sacrifica y se deja maltratar por los hombres para lograr cambiar el destino de su hija— tiene su pórtico en un cálido primer plano de la actriz Helen Morgan (envejecida por el maquillaje) que comienza a relatar sus aventuras de juventud; mientras el parlamento continúa, la cámara pasea por la habitación hasta encontrar una fotografía de la bellísima actriz cuando era joven: lo que demuestra la temprana sabiduría del director de origen georgiano para el uso creativo del nuevo invento. Un talento basado también en la experimentación técnica, pues Mamoulian se arriesgó a utilizar dos micrófonos en alguna secuencia: por ejemplo, la de la actriz cantando una nana a su hija mientras ésta susurra sus rezos en la cama.

Pero aún más arriesgado es el comienzo de su siguiente película sonora, *City Streets (Las calles de la ciudad,* 1931): un primerísimo primer plano de la tímida Silvia Sidney, completamente empañado por sus lágrimas, mientras la voz de la actriz empieza a relatar su pasado. Un recurso muy protestado incluso por los propios colaboradores de Mamoulian, que argumentaban que el público nunca podría entender el sonido off si desconocía la fuente que lo producía. Pero la insistencia del director en sus planteamientos estéticos convirtió *Las calles de la ciudad* en una de las películas que inaugurarían el que más tarde los críticos franceses denominarían como género negro. Aunque donde Rouben Mamoulian desarrollaría todo su talento «expresionista» del manejo del sonido y la luz sería en su adaptación de la conocida novela de Robert Louis Stevenson, *Doctor Jekyll and Mr. Hyde (El hombre y el monstruo*, 1932).

También con esta película el director sorprende desde el comienzo; en este caso, es un larguísimo plano-secuencia en cámara subjetiva (la llegada del doctor Jekyll al instituto de medicina donde tiene que dictar su conferencia), que no termina hasta que la cámara gira circularmente sobre el auditorio para que podamos ver al protagonista. Durante esta presentación la voz de Jekyll (Fredric March) se oye en off; pero lo que más sorprende de la película de Mamoulian es la agilidad y la rapidez de los brillantes diálogos, sobre todo los que se desarrollan entre Jekyll y su amada Muriel (Rose Hobart). Mamoulian rueda el excelente y detallista guión de Samuel Hoffenstein y Percy Heat con todo lujo de recursos escénicos: expresivos primeros planos, travellings circulares en las fantásticas transformaciones de Jekyll en Hyde, fundidos o pantallas partidas para enfatizar situaciones paralelas en el tiempo, etc.). Pero sobre todo debemos destacar los recursos sonoros: por ejemplo, la música sintética creada para acompañar las transformaciones y compuesta por latidos de corazón mezclados con sones de gongs, reverberados y amortiguados, y con campanas con ecos extraños. Todo un hallazgo para la época, capaz de crear una sutil intranquilidad en el espectador. Además, *El hombre y el monstruo* contiene una brillantísima secuencia que demuestra, por un lado, la capacidad del sonido para actualizar eficazmente el «espacio fuera de campo» y, por otro, el conocimiento de Rouben Mamoulian del cine europeo, siempre tan difícil de ver en Hollywood. Nos referimos a la secuencia del asesinato de Champagne Ivy (Miriam Hopkins) a manos del pérfido Hyde. Mamoulian —imitando el asesinato del trapecista cometido por el amante engañado, que nos narra Émile Dupont en la brillante *Varieté* (1925)— sólo muestra un largo plano de la cama, con la recargada escultura de la diosa del amor, mientras Champagne solloza angustiada por la violencia de Hyde; cuando la pantalla queda en silencio y aparece en ella el primer plano del malvado monstruo ya no necesitamos saber más; aquí el sonido —¡qué gran diferencia con la película de Émile Dupont!— desempeña un papel dramático fundamental: toda la información se concreta en ese terrible momento en el que Champagne deja de gemir... para siempre.

En 1932, y ya en pleno dominio del nuevo medio sonoro, Mamoulian estrenará *Love Me Tonight (Ámame esta noche)*, un musical de la Paramount del que se ha llegado a decir que, conservando su propia personalidad, resulta el musical «no de Lubitsch» que parecía más Lubitsch que cualquier otro filme de Lubitsch. Estas cuatro películas de Mamoulian que acabamos de citar, y que pertenecen a tres de los géneros más potenciados por la aparición del cine sonoro, nos dan la clave para saber por dónde debe continuar nuestro análisis. Si hemos hablado de cine fantástico, no podemos olvidar dos nombres esenciales entre los pioneros del sonoro: James Whale y Tod Browning; al hablar de cine negro, lo mismo sucede con Howard Hawks, Mervyn LeRoy, William Wellman u otros directores de la Warner; y, por supuesto, sería casi un pecado olvidar entre los pioneros del musical al ya citado Ernst Lubitsch. Ésas serán entonces las próximas etapas.

James Whale era, como Mamoulian un hombre de teatro, que ya había triunfado en Londres y Nueva York con sus dos célebres montajes: *Journey's End*, de Robert Cedrid Sheriff, y *Waterloo Bridge*. También había colaborado con la Paramount y la RKO como director de diálogos: concretamente en *The Love Doctor*, y en la ya comentada *Los ángeles del infierno*. No resulta extraño entonces que sus dos primeras películas sean adaptaciones de sus importantes éxitos escénicos: *Journey's End (Final de viaje,* 1930) y *Waterloo Brigde (El puente de Waterloo,* 1931), ambas con argumento bélico y muy vinculadas a sus originales teatrales. *Final de viaje* obtuvo un considerable éxito en Londres, un poco como consecuencia del precedente teatral así como por algunas secuencias bélicas brillantemente resueltas. Sin estar por supuesto a la altura de *Sin novedad en el frente*, es bastante probable que el éxito de ésta ensombreciera el de la película de Whale, pese a que la crítica de Nueva York la tildara de muy interesante. *El puente de Waterloo* es también excesivamente fiel a la obra original de Robert E. Sherwood, que relata la historia de un ingenuo soldado enamorado de una prostituta durante la primera guerra mundial.

Realmente, Whale no demostrará su capacidad hasta que, al amparo del éxito del *Dracula (Drácula)*, que había realizado Tod Browning para la Universal, fue contratado por Carl Laemmle Jr. para realizar la adaptación de la novela de Mary W. Shelley. Fue entonces por su versión de *Frankestein (El doctor Frankestein,* 1931), por lo que Whale obtendrá el mayor reconocimiento. Desde 1823 ya se venían montando adaptaciones teatrales de la famosa novela de Shelley, incluso Edison había realizado una breve versión para el cine en 1910. No era tampoco un proyecto pensado tal y como se rodó finalmente. En un principio, el encargo fue a parar al director de origen francés Robert Florey, quien pensó en Bela Lugosi para el papel del monstruo. Al negarse Lugosi, por no estar de acuerdo con el maquillaje creado por Jack Pierce, Florey le ofreció otro proyecto: *The Murders in the Rue Morgue (El doble asesinato de la calle Morgue,* 1932). James Whale se hace cargo entonces de *Frankestein* contratando a Boris Karloff, que inicia con este filme su prolífera y exitosa carrera en el cine de género. Whale no sólo cambia al actor, sino también el guión, dando un carácter más afable y simpático al monstruo. La película, que se estrena en Nueva York, a finales de 1931, y en Los Ángeles, en enero de 1932, conmociona al público por la crudeza de la historia y por la utilización efectista del sonido, pese al prólogo que pretende suavizar el drama y pese a la ingenuidad y la ternura de algunas secuencias (la de la niña y el monstruo a la orilla del río). Sin embargo, Whale se muestra implacable en la utilización del sonido para crear horror, configurando muchos de los códigos del cine de este género. Desde la primera secuencia, con los lloros y las campanas en el entierro; con los golpetazos de las palas en el desenterramiento, el rozamiento de las ruedas en el traslado del cadáver; y, sobre todo, en el ambiente de vientos «que rugen», rayos y truenos que se crea en la torre de los experimentos del doctor Frankestein. Un sonido extradiegético en ocasiones (lo que resulta novedoso), muy efectista siempre y que llega al paroxismo en el momento culminante de dar vida al monstruo. Pese a su merecida fama, *El doctor Frankestein* analizada con rigor no resiste muchos embites, pues presenta muchas debilidades de guión. La ternura de la historia, que quiere dejar patente la «bondad» de lo «diferente» y la incomprensión humana con la anormalidad, y sus aciertos sonoros y visuales —no en vano Whale obligaba a su equipo técnico a ver una y otra vez la fantástica película de Robert Wiene *Das Kabinett des Dr. Caligari (El gabinete del doctor Caligari,* 1919)— otorga no obstante un balance positivo al film que inauguraría una interminable serie de secuelas.

Pese a que a Tod Browning se le ha llegado a considerar «el Edgar Poe del cine» (Gubern, 1981: 319), en nuestra opinión la carrera de Whale fue en conjunto muy superior. Sin embargo, dos películas de Browning quedarán como pioneras de lo mejor del género de terror y también serán objeto de múltiples secuelas. Nos referimos a la ya citada *Drácula,* de 1931, y a *Freaks (La parada de los monstruos,* 1932). Mu-

Bela Lugosi en su interpretación del conde Drácula.

cho menos ambiciosa que la versión de Murnau —*Nosferatu, Ein Symphonie des Grauens (Nosferatu, el vampiro,* 1922)—, el Drácula creado por Browning se basaba fundamentalmente en la versión teatral precedente, lo que produjo que en el guión escrito por Garret Fort se detecte una sobrecarga de diálogos. Browning, que había trabajado en varias ocasiones con Lon Chaney, no pudo contar —como hubiera deseado— con este actor para interpretar al famoso conde de los Cárpatos. Su muerte le obligó a elegir a Bela Lugosi, lo que a la postre resultó todo un acierto. Anterior en el tiempo al *Frankestein* ya comentado, *Drácula* resulta visualmente mucho más impresionante que la película de Whale, sin embargo, es mucho más pobre en la utilización del sonido, desaprovechando muchos momentos de tensión dramática en los que no existe un correlato en la banda sonora. Sólo existen en la película de Browning un par de grandes aciertos sonoros: nos referimos a la voz suave, melodiosa y penetrante de Bela Lugosi, quien compone en este aspecto un conde muy eficaz, sobre todo cuando —a diferencia de Max Schreck, el Nosferatu de la versión muda— puede invocar a los lobos (que aúllan en la noche) con un acento reverberante casi de ultratumba: «Escuchadlos... son los hijos de la noche... escuchad la música que interpretan...»; y también a la genial utilización teatral de las ágiles réplicas en los diálogos.

La parada de los monstruos es, en nuestra opinión, muy superior y mucho más madura que esta todavía ingenua y temprana versión de *Drácula*. Al parecer, tras los éxitos de ésta y de la ya comentada *El hombre y el monstruo*, Irving Thalberg pidió a Browning que pensara en algo aún mucho más terrorífico. El resultado fue *La parada de los monstruos*, una auténtica pesadilla sobre el enfrentamiento entre la «normalidad» y la «anormalidad», entre la belleza y la fealdad; una historia sobre el mundo del circo que relata las vicisitudes de una artista del trapecio, casada por dinero con un enano, que planea asesinarle en colaboración con su amante, el forzudo, pero que —descubierta por los «anormales»— es mutilada salvajemente y convertida en patética gallina. En esta especie de averno plagado de monstruosidades («bobos», mujeres barbudas, hombres sin miembros, etc.), Browning es capaz de mostrar las mejores emociones humanas y una franca simpatía ante el cerrado mundo de la deformidad. La apuesta del director es por el grupo de los «anormales» a los que hace aparecer mucho más humanos y «normales» que los bellos y los no deformes. Pese a su calidad, la película no fue entendida por sus productores, que añadieron un prólogo con innecesarias disculpas; al final, el mejor filme de Browning fue prohibido y sus copias desaparecieron hasta los años sesenta, momento en que se recuperó y pudo verse en los circuitos europeos.

Como antes señalábamos, el género del terror no fue el único beneficiado por la llegada del sonido. Tanto la comedia como el policíaco quedaron extraordinariamente potenciados, mientras el musical cinematográfico aparecería con toda la fuerza que la banda sonora le ofrecía. Ernst Lubitsch sería uno de los artífices de esta reinvención fílmica del musical de Broadway. La figura de este genial director de origen alemán, que llegó a Estados Unidos, junto con Pola Negri, diez años antes que el resto de sus compatriotas exiliados por la llegada de Hitler al poder, desborda los límites de este capítulo. Sin embargo, es necesario dedicarle unas pocas líneas en su importante faceta de pionero del sonido, en la que destaca en un género, la opereta o comedia musical, que no tendrá, sin embargo, mucha continuidad en el resto de su importante carrera.

Desde el advenimiento del sonoro, Hollywood se lanzó con locura a aprovechar sus posibilidades para el género musical. Fueron muchas las revistas de Broadway que se rodaban incluso sin guión previo, aprovechando galas o filmaciones de números teatrales: entre ellas, *The Show of Shows (¡Arriba el telón!,* 1929), elaborada por la Warner; *Hollywood Revue of 1929,* de la MGM, o *Paramount on Parade (Galas de la Paramount,* 1930). Incluso la Universal, que se adapta tan mal al primer sonoro —si exceptuamos sus filmes de terror—, confecciona su monumental *Broadway* (1929), rodada en un inmenso decorado «art-

Jeannette MacDonald y Maurice Chevalier en *El desfile del amor,* primer filme sonoro de Lubitsch.

decó», con multitud de coristas, palcos y orquestas, que representaba al Club Paradise, en cuyos camerinos, y entre bastidores, se desarrollará la trama. Otros intentos resultaron más provechosos: *Melodía de Broadway* (1929), de Harry H. Beaumont, que obtuvo el oscar a la mejor película de la temporada 1928-29; *Hearts in Dixie* (1929), un filme de Paul Sloane que aprovecha la popularidad del «spirituals» negro; o *Sunny Side Up* (1929), una romántica historia musical sobre un chico de Long Island que se enamora de una chica pobre del East Side, dirigida por David Butler. Pero sin ninguna duda fue Lubitsch quien dará el espaldarazo definitivo a este género con sus tres chispeantes primeras películas sonoras.

The Love Parade (El desfile del amor, 1929) es una especie de versión musical de *La fierecilla domada* que se convierte en una dura sátira sobre las viejas monarquías europeas y que fue interpretada por Jeannette MacDonald y Maurice Chevalier. Las populares melodías de Victor Schertzinger, las marchas militares y los valses utilizados como banda sonora fueron tatareados por millones de espectadores que salían muy satisfechos de las salas. La sofisticación del guión de Ernest Vajda y Guy Bolton unida a la imaginación visual y a la ironía del genial Lubitsch configuraron una excelente película. Pero también es necesario destacar algunos de los «toques» sonoros del director: por ejemplo, los cañones que suenan durante la noche de bodas y los fútiles esfuerzos por silenciarlos; el perro guardián que ladra «musicalmente» al mismo tiempo que el coro entona una canción sentimental añorando París; y los momentos en los que Chevalier cuenta chistes verdes y su voz queda hundida en un susurro confidencial, o se apaga al cerrarse una puerta. Aunque el mayor acierto de Lubitsch es, en nuestra opinión, su despreocupación por la supremacía del diálogo; esto es, su descubrimiento de que en muchas ocasiones las mejores secuencias pueden llegar a ser aquellas en las que la imagen y su banda sonora no necesiten de palabras de apoyo.

Su segunda película, *Montecarlo (Montecarlo,* 1930), voló a una altura similar a la primera, tanto en sus aspectos visuales como auditivos; de ella, el crítico Kenneth White llegó a decir lo siguiente: «En *Montecarlo,* los sonidos y la música desempeñan para el oído la misma función que la imagen para los ojos; de esa forma se obtiene un anchura y una profundidad auditivas que ningún otro arte representativo sería capaz de lograr» (Weinberg, 1980: 142). En este caso, además,

Jeannette MacDonald y Jack Buchanan en *Montecarlo* (Ernst Lubitsch, 1930).

Lubitsch saca mucha punta irónica a todos los diálogos: «Es rico... riquísimo. ¡No tiene otra cosa que no sea dinero!» Pero quizá el hallazgo sonoro más importante de esta película sea el haber grabado sonidos naturales de un tren traqueteando en la vía y usarlos para que se vayan fundiendo con la famosa canción «Beyond the Blue Horizon», que canta Jeannette MacDonald, sincronizando su música con los movimientos del tren en el que viaja y con los de los campesinos que trabajan en el prado. El éxito de crítica y público se repetirá con esta película y con la siguiente: *The Smiling Lieutenant (El teniente seductor,* 1932), aún más chispeante y divertida, si cabe, que los dos anteriores del director berlinés. Pese a estos tres grandes aciertos, que la Paramount y Adolph Zukor acogieron con satisfacción por haber colocado a ese Estudio en los primeros puestos en la carrera del sonido, Lubitsch arriesgará mucho en su siguiente proyecto: una película sobre la guerra en 1932, justo en el momento en el que el público comienza a sentirse hastiado del género bélico, después de haber visto casi cien

Claudette Colbert y Maurice Chevalier en *El teniente seductor* (Ernst Lubitsch, 1932).

filmes de este tipo en 1931. Se trata de *Broken Lullaby (Remordimiento,* 1932), un filme que tiene uno de los comienzos más espeluznantemente antibelicista de toda la historia del cine y en el que el sonido tiene una importancia vital. Se trata de la recreación del día de la victoria y de su correspondiente desfile y misa castrense: con toda su sabiduría visual y sonora, el magnífico director vienés se limita a fundir el tañido de las campanas con los cañones y los gritos horrorizados de las víctimas hospitalizadas; poco después, los primeros planos de las botas, los sables y las condecoraciones de los generales victoriosos se acompañan con los cánticos de la iglesia.

El cine sonoro fue uno de los grandes vencedores de la Gran Depresión gracias al lujo y a la magia de las revistas musicales, pero también fue el notario de «las más realistas melodías urbanas» de esa época: los disparos, los rugidos de los motores, los chirridos de las ruedas al derrapar, las sirenas de la policía, las músicas de los más selectos «clubs» y las —a veces— poco melodiosas gramáticas «chelis». Jack

Warner y el joven y temerario Darryl F. Zanuck supieron sacar partido a un género que abarataba los decorados al sustituir la suntuosidad por el realismo, que no necesitaba bellísimos rostros para fabricar estrellas y que se convertía en un popularísimo cine social y de denuncia solapada. El ingenuo y maniqueo policíaco del periodo mudo se convierte con las películas de la Warner en un cine lleno de héroes feos, ambiguos y con multitud de aristas. Junto con directores como Wellman o LeRoy y actores de la talla de Robinson, Cagney o Muni, uno de los grandes artífices de esta renovación del «filme de gángster» será Howard Hawks, cuya amplia y variada carrera es imposible analizar aquí con detalle. Aunque ya desde su primera película con sonido *The Dawn Patrol (La escuadrilla del amanecer)* demostró una soltura con los diálogos que todos los productores querían imitar: «...porque Ford y yo siempre decíamos "hablan demasiado" y cortábamos el diálogo en cada escena que hacíamos», relata el propio Hawks a uno de sus entrevistadores (McBride, 1988: 35). La preocupación de este director

Paul Muni en *Scarface* (Howard Hawks, 1932).

por los diálogos es digna de todo elogio y no desapareció nunca, según narra Robin Wood, pues incluso en 1955, en *Land of the Pharaons (Tierra de faraones)*, Hawks sigue preocupado por su verosimilitud, hasta el punto de solicitar que esa película no figurase en sus retrospectivas porque seguía sin saber «cómo hablaba un faraón» (Wood, 1982: 179).

La sombría *Nigth Nurse (Enfermeras de noche*, 1931), protagonizada por Barbara Stanwyck; *Tiger Shark (Pasto de tiburones*, 1932), ambientada en los muelles de San Diego, con un pletórico Edward G. Robinson; o *The Crowd Roars (Avidez de tragedia*, 1931), con James Cagney y Ann Dvorak, son algunas muestras de ese temprano cine sonoro de Hawks. Sin embargo, el mayor éxito lo obtendría con dos míticas películas para las cuales se asesoró hablando con el mismísimo Capone: *The Criminal Code (Código criminal*, 1931) y con *Scarface: Shame of a Nation (Scarface, el terror del hampa*, 1932). La primera de ellas, con un espléndido Boris Karloff como el barbero-preso de confianza, popularizaría el género del «drama carcelario» y contiene una secuencia espeluznante: la del asesinato del chivato que ha transgredido el código, un crimen que comete el personaje de Karloff con sus utensilios de barbería. Por su parte, la famosa *Scarface* es una película excepcionalmente feroz aunque contenga pocas referencias al contexto social de los delicuentes. El Tony Camonte que compone Paul Muni (descubierto por Hawks en un teatro judío de la calle 39 de Nueva York y que según los productores «no daba el tipo por bajito») es más cobarde, ingenuo y cordial que otras representaciones del mítico Capone y muere acribillado, en una versión, y colgado de una soga, en otras, por exigencias de la Hays Office, que retuvo dos años la exhibición y obligó a cambiar el final y a rodar algunas secuencias añadidas. Dos comentarios nos arrojan mucha luz sobre la importancia de *Scarface*, quizá la película más famosa de este género. El de su coproductor, el millonario Hughes: «Es el filme de gángsteres que acabará con todos los filmes de gángsteres», y el de su director y también coproductor, Hawks: «*Scarface* es mi película favorita, incluso hoy, porque la hicimos completamente solos Hughes y yo» (McBride, 1988: 54).

Por su parte, William Wellman, que tenía una sólida reputación por el ya citado oscar a su filme de 1928, *Alas*, y que también desarrollaría una importante carrera, realizó varias películas de este género en la primera etapa del sonido. Las dos más interesantes fueron *China-*

town Nigths (La frontera de la muerte, 1929) y *The Public Enemy (El enemigo público,* 1931). La primera de ellas es todavía una película muy inmadura en los aspectos sonoros. Interpretada por Wallace Beery, en el papel de Chuck Riley, combina las secuencias estáticas llenas de diálogos (las conversaciones de Chuck con Joan en el apartamento) con otras sorprendentemente dinámicas y con muchos movimientos de cámara, e incluso con algún ejemplo de sonido en fuera de campo: cuando se desarrolla la discusión entre los protagonistas y, tras el portazo, Joan suplica desde fuera de la habitación sin que la cámara salga con ella.

Pero la importancia y la madurez de *El enemigo público* ensombreció a otras muchas películas de este género, aunque Wellman pensara que «lo que la convirtió en un éxito se resume en una palabra: Cagney» *(Gran historia ilustrada del cine,* 1984: 195). Paradójicamente, Ja-

El enemigo público (W. Wellman, 1931).

mes Cagney obtuvo el papel en *El enemigo público* cuando ya se había rodado una buena parte del filme: al parecer, estaba previsto que Edward Wood interpretara al protagonista y Cagney a su compinche, pero la actuación del más tarde famosísimo actor llevó a Wellman a cambiar los papeles de los dos intérpretes. Quizá forzada por el código Hays, una advertencia escrita, durante los títulos de crédito, intenta suavizar la dureza de la historia pidiendo al público que no glorifique la figura del gángster protagonista. Curiosamente, los primeros minutos del filme de Wellman son prácticamente un documental mudo del ambiente urbano de principios de siglo; pero inmediatamente, la película se torna sonora para relatar la historia de los primeros pasos de los golfillos que se convertirán en delincuentes: el abuso de los sonidos de los disparos y la presencia de unas sirenas de fábrica casi «soviéticas» indican, en cualquier caso, la enfatización sonora del filme. Y, enseguida, asistiremos a los mejores momentos de la película: Cagney y Wood curioseando en el ataúd de su amigo, la muerte del compinche de Cagney ametrallado por la policía con el tableteo de las armas ahogado por el ruido de una descarga de carbón... La memorable secuencia de la discusión de Cagney con Mae Clark ha quedado como paradigma de la ingenua dureza de los gángsteres: cuando su novia le pregunta «¿Es que has encontrado a alguien que te guste más...?»; la respuesta del «fuera de la ley» no admite dudas: le restriega el pomelo del desayuno en las narices. Wellman llenó el filme de tintes melodramáticos: la discusión entre hermanos con la entrañable figura de la madre de árbitro, que se funde a una «maternal» secuencia del protagonista con Jean Harlow, en la que ésta le confiesa melosa: «... Tomy, podría amarte hasta la muerte»; o la imagen final de Tomy, que se tambalea sobre el quicio de la puerta para morir a los pies de su madre.

Más descarnada y sórdida que *El enemigo público* y casi tan famosa como ella es *Little Caesar* (*Hampa dorada*, 1931), interpretada por Edward G. Robinson y dirigida por otro de los grandes de este género: Mervyn LeRoy. Basada en una novela del que luego sería uno de los más importantes guionistas de Hollywood, William Riley Burnett, *Hampa dorada* cuenta una historia de guerra entre bandas rivales y la ascensión de Rico, una especie de «Macbeth» del mundo mafioso, que bien podría representar al mítico Capone. Las diferencias entre la novela y el filme son importantes en dos aspectos: en el filme se remarca más la ambigua actitud homosexual entre Rico y su antigua pareja de baile (Douglas Fairbanks Jr.) pero, al contrario que en la novela, Rico es atrapado por el detective irlandés y muere acribillado, tras vivir sus últimos días en una lúgubre pensión. Robinson se convertirá también en el protagonista de la siguiente película sonora de LeRoy: *Five Star Final (Sed de escándalo,* 1931), un duro alegato contra la corrupción periodística. En este caso, el antihéroe es un periodista sin escrúpulos que no duda en desenterrar un viejo escándalo y arrastrar a un hombre honrado al suicidio con tal de ver cómo aumentan las ventas de su diario. La dureza de este curtido reportero se concentra en una de sus mejores réplicas: «Los ideales no sirven para remendar los pantalones», pero el arrepentimiento final vendrá curiosamente de la mano de un meloso Boris Karloff, que resucita su lejano pasado de «pastor de la iglesia» para luchar contra la corrupción y enmendar la plana a su jefe.

Pero quizá la más famosa de las películas de LeRoy y, por supuesto, la más madura de esta época y la que mejor soporta el paso del tiempo sería la ya citada *Soy un fugitivo* interpretada por Paul Muni. Un duro alegato que denuncia las inhumanas condiciones de los presidios de Georgia, basado en la auténtica historia de Robert E. Burns, condenado a una cuerda de presidiarios por un error judicial, que juzgó con excesiva severidad su inocente participación en un delito de robo. El filme de LeRoy resulta de un realismo descarnado que, aún hoy día, puede parecer excesivamente dramático, sobre todo en su apabullante final. Es muy importante la madurez sonora de *Soy un fugitivo*: basta analizar el dramático uso del sonido en las secuencias de la cuerda de presos o algunas excelentes réplicas escritas por sus guionistas (H. J. Green, B. Holmes y S. Gibney), como la impávida y contundente respuesta («¡Robo!») a la —quizá ingenua— pregunta «¿De qué vives?».

Cualquier rápido repaso a un periodo de la historia del cine lleva aparejado el riesgo de dejar muchos nombres en el tintero. En unos casos porque pertenecen a un género tan extenso e importante que requeriría un tratamiento que excede el espacio que se le puede dedicar aquí; nos referimos, por ejemplo, a la comedia: cuyos cambios del mudo («burlesque» y «slapstick») a la complejidad del sonoro fueron demasiado amplios para analizarlos en pocas líneas. Por ello han quedado fuera de nuestro estudio nombres de la talla de Chaplin —y los problemas de utilización del sonido tan serios como su *Luces de la ciudad* (1931)—; los comienzos de la fulgurante carrera de los hermanos Marx; o las interesantes primeras comedias sonoras de Frank Capra, desde el anodino talkie *The Donovan Affaire (La sortija que mata*, 1929) hasta *Ladies of Leisure (Mujeres ligeras*, 1929), *The Platinum Blonde (La jaula de oro*, 1931), *Forbidden (Amor prohibido*, 1932) o *American Madness (Locura del dólar*, 1932). En otros casos, porque las carreras de los directores cuyos nombres hemos omitido se iniciaron en ámbitos geográficos distintos a los de este capítulo: por ejemplo, Josef von Sternberg, quien debe ser considerado como un pionero europeo del sonido, pues su primer filme sonoro fue el espléndido *Der blaue Engel (El ángel azul*, 1930), aunque su posterior carrera se desarrollase en Estados Unidos.

Sin embargo, la mayor injusticia se comete en estos casos con aquellos directores que, pese a su importancia en los comienzos del sonoro, son olvidados en muchas ocasiones para ceder espacio a los que la historia ha convertido en inmortales. Como homenaje a estos directores y técnicos anónimos, nos permitiremos acabar citando a uno de los grandes talentos pioneros que se perdió como director al convertirse en guionista por no saber aceptar el sistema: nos referimos a Rowland Brown, quien dirigió para la Fox la excelente *Quick Millions (Dinero fácil*, 1931), en la que Spencer Tracy interpreta un papel muy poco habitual en su carrera, un durísimo y violento camionero convertido en chantajista. Sirva este nombre para representar, junto a los realizadores analizados en este capítulo, a aquellos pioneros que —como dice uno de los biógrafos de Lubitsch— «probaron que los mejores elementos del cine mudo y del cine sonoro podían fundirse para dar un todo homogéneo y perfecto, sin que nada de "aquella magia negra" se perdiera en la transición» (Weinberg, 1980: 134).

El modo de producción en Hollywood durante la transición del mudo al sonoro

JANET STAIGER

El modo de producción en Hollywood, durante la transición al sonido sincronizado por sistemas mecánicos, era excepcionalmente estable. Ello era debido a ciertos principios organizativos que se habían formalizado en el pasado para realizar películas muy condicionadas por las rutinas de producción y costes controlados. El sistema organizativo también permitía variaciones, sobre todo si una compañía creía que merecía la pena desviarse de las estrategias establecidas. Todo ello ayudó a generar beneficios económicos ya que, de manera individual y colectiva, las compañías procuraron mantener las películas hollywoodienses en el primer lugar del consumo americano y mundial dentro de las actividades de ocio. La primera sección de este artículo trata de los principios generales que fundamentaron el modo de producción en Hollywood. La segunda sección abarca el desarrollo de la rutina productiva hasta finales de los años veinte. Una tercera sección examina la respuesta del modo de producción a la llegada de la tecnología del sonoro, y la última sección analiza los cambios en las estructuras de gestión que existían durante el final de la transición al sonoro.

Principios generales que fundamentaron el modo de producción en Hollywood durante la transición al sonoro

Aunque lo acostumbrado haya sido describir la producción cinematográfica en Hollywood como una tensión entre convención e innovación, es importante comprender de qué manera las motivaciones económicas clásicas de las empresas fortalecieron este proceso estético. Dentro de un sistema económico capitalista existían dos necesidades, la primera estandarizar el proceso de producción para poder controlar los costes, regulando y haciendo pronosticable la fuerza de trabajo y el rendimiento de la compañía, y la segunda diferenciar el producto; hacer que el cliente piense que está comprando algo nuevo, novedoso o especial conduce al consumo repetido de artículos que aún tengan una fórmula genérica como base. De esta manera, el sistema económico en sí estimula la fidelidad a ciertas características básicas del producto *y premia los cambios creativos* siempre que las desviaciones no se alejen demasiado de la fórmula y sean de éxito en el mercado.

A mediados de los años veinte, el cine clásico de Hollywood había logrado un conjunto de prácticas significantes que produjeron grandes beneficios, tanto en el mercado estadounidense como en el extranjero. David Bordwell y Kristin Thompson han detallado el desarrollo y las razones básicas de aquellas prácticas narrativas normativas (Bordwell *et al.*, 1985). En pocas palabras, una buena narración presentaba una historia causal bastante lineal y cronológica, siendo aceptables algunos *flash-backs*, con un clímax y desenlace rápidos. El clímax podía intensificarse utilizando situaciones límite y, por otra parte, unos cuantos temas recurrentes, colocados con destreza, daban coherencia al hilo narrativo. Se empleaban a menudo tramas secundarias para apoyar el argumento general. Casi todas las narraciones incluían un romance heterosexual como relato principal o como trama secundaria. La causalidad se alimentaba a través de los personajes. La motivación de los personajes explicaba por qué ocurrían las cosas, y los personajes se centraban en la búsqueda de una meta. La causalidad dominaba el espacio y el tiempo; es decir, el seguimiento de la trama o argumento lineal era más importante que examinar el espacio, o el mantenimiento de cualquier noción realista del tiempo. Por lo tanto, algunas indicaciones sobre la orientación espacial y temporal eran factores importantes. La mayor parte del trabajo narrativo de cámara y de montaje se hacía para cerciorarse de que el comportamiento de los personajes estuviera claro, y para que el espectador tuviera sensación del dónde y cuándo estaban ocurriendo los acontecimientos. Es decir, las necesidades del argumento estaban por encima de las preocupaciones por el realismo o la estética.

Más allá de las convenciones básicas de producto, existían algunas fórmulas genéricas. De vez en cuando éstas deformaban el sistema narrativo estándar. Por ejemplo, el espectáculo, según muchos autores, detenía en ocasiones el desarrollo narrativo: el intercalar una actuación musical dentro de una historia, podría hacer que la acción llegara a pararse por completo. La comedia también infringía el sistema estándar. Una escena de manotazos, o una serie de chistes visuales no se adhieren a la progresión directa de un argumento, ni a las normas para conseguir algún tipo de verosimilitud. El melodrama acentúa las emociones y los intercambios entre personajes, en vez de concentrarse en trazar el camino recto hacia la resolución de algún importante rompecabezas hermenéutico. De hecho, cada género presenta ciertas desviaciones del sistema básico, pero cada género también facilita la diferenciación del producto en este nivel secundario. Las fórmulas existentes en los géneros son fórmulas estándares por derecho propio, pero son innovaciones del sistema más amplio.

Desde otro punto de vista, las películas también variaban a un nivel más imperceptible. Desde sus inicios, Hollywood había encontrado que ciertos aspectos del producto eran de posible interés para el consumidor. La publicidad había marcado ciertas áreas potenciales de atracción y apelaba a las inclinaciones personales del aficionado: las estrellas o los autores, una puesta en escena espectacular, efectos emocionales procedentes de ciertas fórmulas genéricas, temáticas anteriormente vedadas, etc.

Esta tendencia a reproducir y, a la vez, desviarse del sistema normativo requería un modo de producción flexible. El modo de producción debía de asegurar que al menos las convenciones narrativas básicas se producirían, para así conseguir una narrativa mínimamente aceptable. Además el modo debía dejar suficiente margen para que cada historia fuera única en sí misma. El modo de producción en

Hollywood pudo lograr estas metas debido al empleo de una particular forma de división de trabajo, algo que, en algunos de sus aspectos, era similar a una cadena de montaje, pero muy distinto a ella en otras. Se puso en marcha un sistema de gestión cuyos puestos de trabajo eran cuidadosamente definidos. Los trabajadores que encajaban dentro de este sistema recibieron directrices sobre las convenciones narrativas estándar, tanto de la productora como de sus organizaciones gremiales. El discurso de la industria cinematográfica sobre lo que podía constituir una buena película, y dónde y de qué manera los trabajadores debían ser innovadores, era extraordinariamente repetitivo. De hecho, las compañías también animaban a los trabajadores a especializarse (a pesar de que la especialización tendía a reducir el conocimiento del trabajador de otros aspectos de la industria). Se valoraba a los trabajadores que encajaban dentro de la ordenación en serie del proceso laboral, que elaboraban un producto normativo, y a aquellos que pudieran ocasionalmente aportar algún tipo de «mejora». Así que quedaba en beneficio del trabajador ceñirse tanto al producto como a las convenciones de producción, y a lo que se podrían llamar las innovaciones convencionales.

Un aspecto particularmente importante del modo de producción fue el uso de planes elaborados en papel que permitiesen un mejor seguimiento de las tareas que había que realizar. Puesto que el producto se hacía en secuencia —abarcando bloques del proceso de trabajo, por un orden metódico—, era necesaria la colaboración entre especialistas. Uno de los sistemas empleados para controlar la tarea de cada trabajador era confeccionar proyectos. En el caso del cine, el proyecto más importante era el guión. Al llegar los años diez, el guión no era simplemente un argumento escrito escena por escena. Era un guión de «continuidad» o de rodaje. Cada escena se descomponía en tomas específicas e incluía todas las señales de causalidad, espacio y tiempo. Adicionalmente, puesto que el rodaje resultaba más económico si no se respetaba el orden cronológico, los desgloses de la localización, atrezzo y miembros del reparto también formaban parte del guión de rodaje. Este «sendero de papel» servía para asegurarse de que tanto la calidad media como las desviaciones de la norma de la película encajarían dentro de la escala general de lo que la dirección pronosticaba como un buen producto. Por supuesto que los proyectos eran planes de trabajo, y en consecuencia se podían contemplar variaciones sobre el plan inicial, o incluso a veces el proyecto no estaba totalmente acabado en el momento de iniciar el rodaje. Aunque esto podía suceder, puesto que los trabajadores conocían las fórmulas de trabajo, podían improvisar y aun así ceñirse aceptablemente a las normas.

Las consecuencias de este modo de producción tuvo ciertos efectos. Puesto que el modo se basaba en la satisfacción de unas supuestas exigencias del espectador, la plantilla de trabajo se esforzaba en reducir la desviación del mismo. Desde los inicios los fabricantes de películas reconocieron que existían diferencias entre sus consumidores. La edad y el sexo eran factores obvios. Uno de los sellos distintivos del sistema, hasta finales de los años cuarenta, era creer que para conseguir los mejores resultados había que satisfacer a toda la población. Existían dos estrategias para conseguir este fin. Una de ellas era construir un ambiente de impresiones múltiples sobre la experiencia de acudir al cine. Al llegar los años veinte, incluso los cines más pequeños exhibían no sólo un largometraje, sino también cortos, noticiarios y dibujos animados. De esta manera los niños y los adultos podían encontrar alguna parte del programa a su gusto.

En segundo lugar, la mayoría de las películas eran híbridas. Las películas hechas en Hollywood explotaban la querencia del sistema por las tramas secundarias, para mezclar géneros o añadir romances heterosexuales a los filmes cuya fuerza genérica fuera a gustar más a los hombres. La industria daba por sentado que las mujeres querían ver una historia de amor, una suposición que fue repetidamente confirmada por los análisis de audiencia realizados por los expertos de marketing.

Un efecto adicional del modo de producción fue propiciar breves momentos de coherencia «interna» entre las películas elaboradas, los ciclos y los estilos de los estudios. Por un lado, puesto que el producto se planificaba únicamente por años, el éxito en un momento dado de ciertos rasgos específicos del producto provocaría la repetición del mismo por parte de los productores: éxitos espectaculares de taquilla generaron clones que aparecían en forma de ciclos. Por otro, las compañías acostumbraban a especializarse en los activos que tuviesen a mano en un momento dado. Las estrellas estaban contratadas a largo plazo, así que el estudio produjo una serie de historias que aprovechaban estos contratos. Los activos podían también incluir platós con sus decorados o personal fijo especializado en escribir o producir ciertos

113

géneros. Así se crearon los estilos de los estudios que podían durar un cierto número de años.

Otro efecto resultante del modo de producción fue la creación de jerarquías de trabajadores y de cambios de oficio para garantizar condiciones laborales compatibles con los deseos individuales. El modo de producción no sólo estaba articulado sobre una férrea división del trabajo, sino que estaba estructurado para que unos trabajadores dirigiesen las labores de otros. Un trabajador podía ascender en el organigrama mejorando su nivel en las unidades de producción. Uno podía también aumentar su nivel laboral negociando mejores condiciones de trabajo, pero para poder hacerlo era necesario saber reproducir con éxito las convenciones del producto, o haber generado innovaciones aprobadas por la taquilla. Inmersa en el modo de producción estaba la idea de autoría, derivada de las nociones humanísticas del siglo XIX acerca de la creatividad. Pero fomentar el trabajo «de autor» era algo beneficioso para el modo de producción, puesto que los trabajadores que tenían éxito en el campo creativo estaban, a su vez, satisfaciendo la necesidad de diferenciación del producto. La idea de la autoría se afirmó gracias a la insaciable demanda que tenía el modo de producción hollywoodiense por la novedad. No se reprimía la creatividad en Hollywood, a no ser que fuera un tipo de creatividad que no proporcionara beneficios. Los empleados que llegaron a ser autores podían intentar negociar un aumento de salario o ciertos privilegios (por ejemplo, el derecho a producir una película, escoger en qué películas aparecerían como actor, o realizar el montaje final).

En conjunto, al llegar el momento de la transición al sonoro, el modo de producción en Hollywood era extremadamente racional —al menos desde un punto de vista de la economía capitalista.

RUTINAS DE PRODUCCIÓN

Preproducción

A mediados de los años veinte, la estructura típica de organización de los grandes estudios tales como Universal, Paramount, MGM, Fox o Warner Bros. incluía una serie de «oficiales» de primera fila con una persona como «jefe del estudio». Ésta, generalmente, manejaba el flujo de producción, contratación de personal, asignación de tareas, y actuaba como mediador de conflictos si fuera necesario. Por debajo de ella operaba una plantilla administrativa encargada de garantizar la ejecución eficiente y ordenada de sus decisiones. El jefe de estudio, asimismo, era responsable de los jefes de producción de las películas.

En la primavera, los principales ejecutivos de la compañía, incluidos los involucrados en la distribución e exhibición, se reunían para coordinar la planificación de la temporada, que comenzaba en otoño. A partir de estas reuniones, los ejecutivos intentaban calcular qué clase de argumentos, y qué estrellas, tenían más probabilidades de conseguir un éxito de taquilla durante el año siguiente. También tomaban en consideración los materiales y la plantilla de trabajo disponible en ese momento. En el caso de las grandes compañías, con suficiente poder para exigir que los exhibidores comprasen películas por lotes, y a ciegas, los cálculos y predicciones eran modificados por consideraciones acerca de los costes—lo que la compañía tenía previsto como los ingresos anuales para la próxima temporada. Así, dependiendo del número de películas que la productora prometía suministrar a los exhibidores, los jefes de estudio repartirían un presupuesto financiero para cubrir la operación de aquel año. El personal de distribución se encargaba de la venta anticipada del producto de la compañía; este proceso garantizaba casi por completo que el presupuesto entraría dentro de los ingresos previstos. Además, dado que el negocio era relativamente previsible, las compañías principales establecieron líneas de crédito con los bancos más importantes, sobre todo a partir del momento en que salieron a cotizar en bolsa a principios de los años veinte. Así pues, la fuente financiera de los recursos, el proceso presupuestario y la noción general de lo que se podría producir, encajaban dentro de una rutina de producción.

Incluso en los años veinte, las compañías tenían la idea de un bloque de producto y una normativa ideológica de «equilibrio» para la producción de la temporada. Algunas películas de prestigio se presupuestaron en cientos de miles de dólares. Estas películas se exhibían inicialmente en sesiones especiales ambulantes, antes del estreno. Un grupo aún mayor de películas eran productos de precio medio, hechas con actores y actrices conocidos. Un tercer grupo de películas se realizaba a bajo coste para llenar el cupo del suministro a los distribuidores, además de caber dentro del presupuesto anual proyectado.

Distribuido por estos bloques, había un conjunto de géneros y argumentos de supuesto interés para la amplia gama de espectadores que los productores creían tener como su audiencia. A finales de los años veinte, las compañías habían realizado sondeos de opinión, habían contratado psicoanalistas para estudiar la dirección de las preferencias y practicaban algunos análisis del mercado. Sin embargo, la sabiduría proporcionada por el sentido común apuntaba a que el público era veleidoso. Lo que funcionó en el pasado no podía ser garantía para el año siguiente. De ahí que la práctica de compensar riesgos, cubriendo una gama de opciones, se consideraba como la decisión más prudente a la hora de planear la temporada siguiente.

A la vez se fijaba la cuantía aproximada por temporada de cortos, noticiarios y dibujos animados, productos fílmicos suplementarios que los exhibidores esperaban recibir para completar las sesiones. Las compañías principales a menudo proporcionaban éstos como parte de su paquete total para el exhibidor; a veces, productores independientes como Hal Roach Studios organizaron contratos de distribución con compañías integradas verticalmente, para canalizar sus productos a través de importantes intercambios, de mayor rendimiento y, en consecuencia, más lucrativos.

El desglose de costes de un largometraje típico sería aproximadamente: el 35 por ciento para gastos laborales; el 37 por ciento para materiales (incluyendo el precio de una historia); el 8 por ciento para alquileres y transporte, y el 20 por ciento de gastos indirectos (Halsey, 1927: 179).

Este sistema de presupuestos y organización de la gestión difería en las empresas más pequeñas, como, por ejemplo, en las compañías individuales que proporcionaban películas a las compañías de distribución United Artists o First National. En su caso tuvieron que conseguir financiación a base de negociar película por película. Estos independientes (así llamados porque no estaban relacionados legalmente con las firmas que poseían una determinada integración vertical) tenían que cumplir para sus productos las mismas normas y valores que las «majors». Además, para atraer inversores —empresarios individuales o bancos—, los independientes normalmente tenían que demostrar que poseían un equipo de producción con una trayectoria probada, un argumento y un reparto que se ajustase a los estándares de la práctica fílmica de Hollywood, alguna clase de contrato de distribución y puntos de venta razonablemente seguros.

La producción independiente estaba bastante extendida en los años veinte, debido a la demanda de producto por parte de los exhibidores. Pero, como ocurrió en años posteriores, las compañías tenían pocos activos fijos y la financiación impedía que la mayoría de ellas pudiesen competir con las compañías grandes para obtener sitio en los mejores lugares de estreno. Más bien estaban relegadas a cines de reposición o incluso a la distribución extranjera. En consecuencia, el dinero disponible para los independientes estaba limitado debido a que era menos factible que pudiesen generar importantes beneficios. Sólo si la compañía tenía en su plantilla algún talento especialmente llamativo —un director conocido o una estrella famosa—, podía conseguir el tipo de financiación que le permitiese hacer películas de igual prestigio o nivel que las de las «majors». Esta diferencia se percibía en la película, y en consecuencia mantenía las películas independientes a un nivel secundario.

Las compañías independientes tenían acceso a los mismos servicios y tecnología que las majors. El negocio de alquiler de platós y equipos floreció durante este periodo. Una compañía, United Studios, incluso mantenía un equipo de gestión para uso de los independientes, incluidos ayudantes de producción, directores de reparto, directores técnicos, directores de localización y personal auxiliar (Landy, 1922: 7-8, 42).

Tanto para las compañías principales como para los independientes, la siguiente tarea más importante, después, e incluso antes de conseguir financiación, era hacerse con una historia que rodar. A mediados de los años diez, la mayoría de las empresas evitaba la compra de guiones presentados directamente por escritores independientes a causa de su insegura situación legal. En su lugar, las compañías utilizaban dos fuentes de suministro. Una de ellas era comprar historias para su posterior adaptación cinematográfica. Esto podría abarcar material de ficción como de otro tipo, ya que los cineastas pronto se dieron cuenta de que los relatos «reales» eran comerciales. A principios de los años veinte, compañías como la Famous Players-Lasky tenían hasta veinte lectores —en todos los idiomas— buscando buenos materiales para comprar. La segunda fuente era el material original proporcionado por escritores o agentes, responsables de cerciorarse de la legalidad del material, o también procedente de los empleados en plantilla. Durante la primera década de la producción cinematográfica, las compañías habían contratado personas para crear historias para el cine; al llegar los años veinte, cada una de las «majors» tenía ya una plantilla fija de escritores.

Dentro del equipo de escritores existía la especialización. El guión se utilizaba como proyecto de la película. Los guiones tenían una fórmula muy precisa, no sólo para ceñirse a una buena narración, sino también para ayudar a garantizar que la producción fuera económica durante el rodaje. A mediados de los años diez, cada compañía seguía un procedimiento estandarizado con respecto al guión, que desglosaba el argumento en «secuencias» —que eran realmente planos individuales. De esta manera, si la secuencia comprendía un intercambio entre varios individuos se especificaría un plano general de situación, plano de dos personajes en cuadro, planos cortos, diálogo y cualquier efecto o comportamiento especial. Esto era el guión de «continuidad» o de rodaje. La razón de ser de todo este papeleo era garantizar la fidelidad a las normas de una buena narración, además de lograr que el espectador se pudiera situar con respecto al espacio y al tiempo, seguir la causalidad del hilo narrativo, interpretar las emociones y motivaciones de los personajes centrales y disfrutar del espectáculo de la trama. Es más, este tipo de guión cumplía dos importantes funciones económicas: una era evitar los errores de continuidad y la otra era la posibilidad de variar el orden de rodaje y así aprovechar las configuraciones más efectivas de personal y actores. El desglose de un argumento en guión de rodaje fue un trabajo esencial, que requería bastante pericia. Por lo tanto, sólo se encargaba esta tarea a unos escritores determinados.

Aparte de los escritores que componían argumentos originales, adaptaban material adquirido a terceros o preparaban guiones de rodaje, algunos especialistas desempeñaban otras tareas de escritura. Los humoristas trabajaban sobre las comedias. Algunos particularmente expertos en la composición de intertítulos —como Anita Loos— obtuvieron un sitio en la plantilla de escritores.

Una vez que un escritor había convertido un argumento en guión de rodaje, se pasaba a la fase de preproducción. Los jefes de producción y los ayudantes de realización empezaban por detallar la secuencia de planos más eficaz y por crear otros listados para la ejecución del rodaje en sí. Estos listados contenían los personajes y el reparto, localizaciones de interior y exterior y atrezzo. Los registros se repasaban luego para calcular los costes inminentes. Si el análisis sugería que la película sobrepasaría el presupuesto, se tomaban medidas de reducción y recorte antes de dar comienzo al rodaje. Relaciones de platós con decorados específicos estaban habitualmente disponibles, incluso para las compañías competidoras, ya que la ambientación de decorados y la filmación podían engañar a los consumidores, haciéndoles creer que el decorado era original. En 1930, por ejemplo, Warner Bros. anunció que tenía disponible un fuerte de hormigón, una calle de Nueva Inglaterra, un pueblo francés, un plató de Coney Island, una calle de la zona norte de Nueva York, un barco de época del año 1750, un andén del metro de Nueva York, y muchos otros decorados, por si alguna compañía estuviera interesada en alquilar sus servicios (Pitkin y Marston, 1930: 274-79).

Una vez que los guiones de rodaje y listados paralelos se hubiesen aprobado por parte del jefe de estudio y de la unidad administrativa, los departamentos individuales empezarían por preparar su parte del trabajo. La construcción del plató, la fabricación de atrezzo, la confección de vestuario, la selección del reparto, documentación y maquillaje, constituían departamentos autónomos en las grandes compañías, en los que trabajaban cientos de personas, y cuyas labores se aplicaban simultáneamente a varias películas. Los jefes de dichas áreas eran expertos en sus campos de especialización. Según los casos, los jefes de área llegaban a delegar en sus empleados el trabajo creativo o de responsabilidad. En otras ocasiones estaban más involucrados en la producción del día a día de su departamento, con otros miembros del personal y también realizando tareas administrativas. Dichos jefes de departamento y personal eran a menudo mujeres, sobre todo en las áreas laborales consideradas como típicamente femeninas—vestuario, diseño, ambientación de decorados, escritura y documentación.

Otros procedimientos eran ya rutinarios a principios de los años veinte con miras al control de costes, por medio de la meticulosa predicción de lo que sucedería durante la fase de producción. Los directores técnicos debían de estar seguros de que no existían anacronismos en los decorados. A veces se elaboraban maquetas de los decorados complicados, para que los directores pudiesen visualizar, de antemano, los ángulos de cámara posibles en relación a la colocación de los actores y extras. La iluminación también se planificaba, sobre todo si la escena requería algo más elaborado que unas imágenes generales de alta intensidad, o si un techo estuviera visible en el plano. Adicionalmente, los efectos especiales que creaban ilusión de un decorado o localización se coordinaban con la dirección de arte.

Producción

Aunque el productor principal y el personal ejecutivo controlaban el trabajo de preproducción y posproducción su estatuto cambiaba durante el rodaje. La razón era que durante el rodaje el director debía asegurar la mejor puesta en escena y el mejor material para montar. Una vez que las cámaras comenzaban a rodar, los ejecutivos generalmente se retiraban, a no ser que los costes comenzasen a exceder de forma preocupante el presupuesto estimado.

El grado de presencia que el director tenía en la preproducción dependía de si había tenido suficientes éxitos para forzar dicha participación. Los directores más poderosos estaban involucrados en la escritura de los guiones de rodaje y selección de reparto, localización y decorados. Los directores con menos poder en los grandes estudios recibían el encargo de trabajar tan sólo uno o dos días antes del comienzo del rodaje. Durante los años veinte, un cierto número de mujeres fueron directoras de películas, especializándose a menudo en géneros cinematográficos supuestamente dirigidos a un público femenino.

A pesar de las variaciones de implicación durante la preproducción, una vez en el plató el director encabezaba el equipo de operadores, secretarios de rodaje, reparto y el conjunto del equipo de rodaje. Se desarrollaron vías de comunicación y jerarquía que llegaron a transformarse en rutinas, con reglas no escritas sobre quién podía dirigirse a quién y cuándo lo podía hacer.

Todos los directores se ciñeron a los desgloses de «continuidad» o de rodaje a partir de las cuales las escenas se rodaban por un orden diferente al de la trama final. También en este campo, si tenían suficiente poder, los directores podían conseguir bastante margen, y apartarse del guión de rodaje que se había preparado, incluso cuando trabajaban a partir de una sinopsis. De todas formas, la mayoría de los individuos no sólo siguieron los guiones, sino que también los encontraron útiles a la hora de entregar el metraje que eventualmente debería mantener el raccord en la sala de montaje.

La mano derecha del director era el ayudante de dirección, un puesto de trabajo establecido, entre el año trece y el año quince, y sistematizado, allá por el año veinte, hasta ser tal como lo conocemos en la actualidad. Aunque ahora algunas mujeres actúan como ayudantes de dirección, durante este periodo el trabajo se destinaba, de manera uniforme, a los hombres. Las tareas del ayudante de dirección comienzan durante la fase de preproducción, con la realización de comprobaciones iniciales de las localizaciones. El ayudante de dirección tenía la responsabilidad oficial de planificar el orden del rodaje, y de asegurarse, el día del rodaje, de que todo estuviera a punto, y luego organizar las operaciones efectuando los planes de rodaje del día siguiente. Las únicas tareas de dirección que se les permitía realizar a los ayudantes durante un rodaje eran las de fijar el rumbo y comportamiento de los extras o las masas durante una escena. El ayudante de dirección vigilaba todos las pruebas de rodaje, incluso ordenando la repetición de alguna toma si fuera necesario. Este puesto era quizá uno de los trabajos más delicados en el plató: el ayudante de dirección servía como enlace entre el director y el resto del equipo. Saber tratar a las personas profesionalmente era uno de los requisitos principales del trabajo.

El equipo de fotografía también era totalmente masculino. Procedían de diferentes oficios, existentes durante los inicios de la industria cinematográfica, pero al llegar al año 1920, cualquier operador nuevo era un aprendiz, que había subido jerárquicamente de segundo ayudante de cámara a primer ayudante.

Los ayudantes eran responsables de la carga y descarga de la película de la cámara, de dibujar líneas de tiza para indicar la profundidad de campo y de preparar la claqueta que se colocaba ante la cámara al comienzo de cada escena. Recibían órdenes del primer cámara para, a su vez, transmitirlas al laboratorio. A principios de los años veinte, el trabajo de los ayudantes se había dividido en dos puestos de trabajo: el segundo cámara y el ayudante. El segundo cámara rodaba un segundo negativo que supuestamente duplicaba, en lo posible, el campo visual del primer negativo; este segundo negativo se montaba de tal manera que fuera igual que el primero, y se enviaba al extranjero para tirar copias para su comercialización a través de distribuidores extranjeros. A partir de 1929, un número típico de copias para un estreno en Estados Unidos era de 200; las aproximadamente 140 copias para la distribución extranjera procedían del segundo negativo («Report of the Progress Committee», 1929: 80).

En los años 1920, el primer operador de cámara daba la vuelta a la manivela de la cámara —no era ninguna tarea baladí ya que a menudo se rodaba a diferentes velocidades, para crear efectos de movimiento acelerado o ralentizado cuando la película se proyectara a velocidad normal. Además, el operador de cámara, en colaboración con el director, también podía escoger las lentes y ángulos necesarios para el plano. Supervisaba, sobre todo, el ajuste de los focos y equipos por parte de la plantilla de iluminación, de tal manera que, llegado el momento, se pudiera plasmar la imagen deseada. El primer operador de cámara estaba también a cargo de los efectos especiales que se hacían utilizando la tecnología de la cámara, tales como los fundidos y viñetas.

Aunque las compañías suministraban las cámaras básicas, casi todos los operadores chapuceaban con sus accesorios para transformarlos en equipos únicos, que llegarían a ser valores añadidos al prestigio que tuviesen en su oficio. Gasas, cajas de máscaras, «diafragmas» etc., eran la propiedad privada común de los operadores más destacados. La plantilla de empleados en un estudio era cuantiosa: en 1922 el estudio de Famous Players-Lasky era propietario de veintiséis cámaras y empleaba cuarenta operadores de cámara —nueve primeros operadores, ocho segundos operadores y doce ayudantes— (Riddle, 1922: 9-10).

El rodaje seguía una rutina. El director repasaba las secuencias que había que rodar con los actores, ensayando hasta que toda la acción estuviese preparada. En este momento, el reparto se retiraría del plató mientras que la plantilla de operadores, equipo de iluminación, y ambientadores de decorados preparaban la puesta en escena. Durante las pruebas de iluminación se colocaban sustitutos de los actores principales. Luego los actores volvían, se revisaban todos los equipos y el director pedía permiso para empezar con la orden de «luces», «cámara», «acción» (Milne, 1922: 171). Si la toma era buena no era necesario repetir. Los scripts apuntaban el racord, para tener constancia en el momento de igualar la acción en planos adyacentes.

Alas (William Wellman, 1927).

El orden de las secuencias rodadas dependía de dos factores importantes: la disponibilidad de exteriores y de decorados y la planificación que aprovechase al máximo las horas de trabajo de los actores. Como resultado se programaba «el decorado grande» o las secuencias más peligrosas al final de la producción. Una secuencia complicada o extravagante también podía necesitar múltiples cámaras (sin contar el segundo negativo para la distribución extranjera). En las escenas de guerra de *Alas* (1927), William Wellman recuerda haber utilizado «docenas de cámaras. Para la secuencia principal desplegamos una serie de cámaras paralelas, y tuvimos sin trípode veintiocho cámaras Eyemos de 35 mm» (Brownlow, 1968: 176). Tal extravagancia sólo podía ser permitida en casos de secuencias que justificaban tales gastos de personal y equipos. En los años veinte, un largometraje de unas cinco bobinas, con un presupuesto medio, tendría un plan de rodaje de unas cuatro a seis semanas (Wright, 1922: 173).

Posproducción

Después de que los negativos y positivos se revelaran, los miembros del equipo de dirección y producción seleccionaban las tomas para el montaje. El equipo de montaje, a menudo con miembros femeninos, ensamblaban premontajes de la película a partir del guión anotado y revisado durante el rodaje, y de las notas facilitadas por los ayudantes de dirección, cámaras y scripts. Los directores tenían la opción de trabajar sobre la copia final o incluso supervisar a un montador. Los intertítulos, que se rodaban aparte e incluso volvían a escribirse después de finalizar el rodaje, se incluían en el filme en este punto del proceso.

Las decisiones finales sobre el teñido o matizado de la película se tomarían durante la posproducción. También la música se «preparaba» en este momento. Partituras musicales, que utilizaban temas estándar o familiares, empezaron a distribuirse a los exhibidores a partir del año diez. A veces se escribieron arreglos musicales originales para las películas de prestigio sincronizando sus partituras, con los cambios de secuencia en la película. A mediados de los años diez algunas compañías ofrecían preestrenos de sus películas en cines de localidades previamente elegidas. Los cambios de montaje, o incluso la repetición de algunas tomas, se hacían antes de montar el negativo. También se adoptaban las medidas de censura durante esta parte del proceso.

Durante todo el proceso, pero particularmente durante la posproducción, se iba desarrollando la estrategia de comercialización de la película. A mediados de los años diez comenzaron a suministrarse comunicados de prensa y material publicitario a los exhibidores, o directamente a los medios de comunicación. Las complejas estrategias utilizadas para dirigirse a audiencias diversas, supuestamente interesadas en la películas, se producían, a veces, por medio de publicidad aparentemente contradictoria. Una de las prácticas de la industria, a finales de los años diez, era presentar trailers cortos, versiones rodadas de próximos estrenos. Las estrategias de explotación ofrecían consejos en las publicaciones gremiales sobre cómo incrementar el interés del consumidor, en una película en particular, o sobre la asistencia al cine, en general. Todo un dispositivo de tácticas —técnicas publicitarias, lanzamientos comerciales, carteleras, artículos propagandísticos en los diarios— eran sugeridos para ayudar a los exhibidores a atraer clientes. En conjunto, en ningún momento se dejaba que alguna parte del proceso siguiera su propio rumbo; las compañías de Hollywood intentaron controlar cada momento del proceso de la producción cinematográfica.

LAS RESPUESTAS DEL SISTEMA A LA LLEGADA DEL SONORO

Históricamente los cambios tecnológicos en la industria cinematográfica estadounidense fueron el resultado de tres causas: 1) una innovación que produciría algunos ahorros de tiempo o materiales, en suma, dinero; 2) un medio para obtener la diferenciación de un producto, y 3) una consecuencia de arraigadas ideologías sobre el progreso de la tecnología (normalmente relacionadas con nociones de «realismo», o con los placeres del espectador con los efectos especiales, tales como los fantásticos). En el caso de la llegada del sonido sincronizado, la causa principal fue el segundo punto enumerado. Tal como Douglas Gomery (1985) ha señalado, tanto Fox como Warner Bros. partían de estrategias comerciales cuando incorporaron la tecnología del sonido en sus producciones, con esperanzas de que dicha tecnología proporcionaría una ventaja competitiva para sus empresas.

Como suele ocurrir durante un cambio tecnológico, los costes de la puesta en práctica se tuvieron que sopesar, contrastándolos no sólo con los costes directos que generaría la tecnología en sí, sino también con los posibles conflictos con patentes rivales. Un cambio requería un ajuste, tanto de producto como de convenciones de producción. Como resultado, no todas las propuestas de cambio tecnológico tuvieron éxito; sus deficiencias, en el campo económico o ideológico, eran demasiado grandes para justificar la modificación del modo de producción, y de las fórmulas cinematográficas existentes. Pero en el caso del sonido sincronizado mecánicamente, el momento propicio de su introducción (un momento de actividad febril en la economía estadounidense de finales de los años veinte) y su fulgurante éxito en los cines produjo la súbita reacción de la industria. Al llegar el año 1929, los principales estudios estaban anunciando que sus compañías darían por terminada la producción de películas mudas. Su habilidad, a la hora de realizar tan rápido cambio, tuvo que ver, en parte, con la flexibilidad del modo de producción existente, además de la capacidad de los estudios para adaptar la tecnología a sus operativos.

Uno de los medios utilizados para facilitar la transición fue la cooperación por medio de asociaciones entre compañías. La Academy of Motion Pictures Arts and Sciences llevó a cabo una serie de sesiones de debate y formación. La primera se celebró para los escritores el 2 de mayo de 1928, y fue dirigida por Roy Pomeroy, técnico de sonido de Paramount Famous Lasky Corporation. El grupo se centró en la escritura de guiones para películas sonoras. Los encuentros posteriores se celebraron para los técnicos, directores y actores (Franklin, 1930: 224). Para el año 1930, la Society of Motion Picture Engineers informó que sólo un cinco por ciento de las películas de Hollywood eran mudas (Kellogg, 1955). Incluso las empresas independientes tuvieron acceso a la tecnología del sonoro, pudiendo alquilar los mismos equipos Western Electric que poseían las majors (Dowling, 1929). Al principio parecía que el sonoro pudiera producir la constricción de la producción independiente. Pero se recuperó enseguida cuando en 1931, como resultado de la depresión, las empresas principales redujeron su producción y los exhibidores incorporaron el programa doble en las sesiones para atraer a los espectadores. Hacían falta más películas. Según un estudio realizado por el *Motion Picture Herald*, en 1931 veintidós empresas independientes proyectaban producir 192 largometrajes, 247 cortometrajes y ocho seriales, durante la temporada 1931-32 («Independents To Do 192 Features», 1931: 24). Aunque todavía económicamente marginados, la producción independiente continuó durante las siguientes décadas, empleando, a la vez, la misma tecnología y las misma convenciones que las utilizadas por las grandes compañías integradas verticalmente.

Preproducción

La preproducción de películas sonoras requería algunas variaciones iniciales en la dirección de la planificación financiera anual, y en las nociones sobre lo que sería un producto de prestigio. De hecho, el sonoro y sus innovaciones, tales como «enteramente hablado» («all-talking») o «enteramente cantado» («all-singing») servían para aumentar

El ratón Mickey en su primer filme sonoro, *Steamboat Willie* (1928).

el prestigio, así que los costes suplementarios previstos, necesarios a la hora de hacer una película de alto nivel, ahora se trasladaban al apartado de la tecnología sonora. La tendencia era sonorizar en primer lugar aquellas películas que tuvieran mejores perspectivas comerciales; más tarde se sonorizaron las películas con presupuestos más modestos. Los cortometrajes fueron de los primeros en sonorizarse, como atestigua el éxito de dibujos animados como *Steamboat Willie* (1928) de Disney. Las primeras modificaciones relevantes en el sistema llegaron con las tareas relacionadas con los guiones, no tanto en términos del origen de un guión, porque Hollywood ya había realizado adaptaciones de novelas y obras de teatro, sino que ahora sería necesario ampliar los diálogos. En las películas mudas, los intertítulos expresaban motivaciones de personaje, pero las películas sonoras, con su nueva estética exigían conversaciones completas. Hollywood había utilizado repetidamente la estrategia de contratar a aquellos que consideraba como especialistas en el campo literario por dos razones. Una era la idea de que unos expertos serían capaces de realizar una tarea con especial esmero, y, otra por añadidura, la compañía podía dar publicidad a este hecho como medio de señalar la aparente calidad del producto. Así que las empresas se dirigieron al lugar que consideraban como el punto cardinal del arte de hacer diálogos: Broadway. Según un portavoz de la época:

> Los productores se fijaron en las obras de teatro por dos razones: creyeron que sólo aquellos familiarizados con el teatro y sus ramificaciones podrían adaptar sonido a la pantomima de la pantalla muda [...]. En segundo lugar, la emergencia que creó la demanda de películas habladas obligó a las compañías a buscar material en el que no fuera preciso gastar mucho tiempo en la preparación de tramas para la pantalla (Ortman, 1935: 82).

Hollywood no sólo expolió obras de teatro y autores, sino también a los actores y directores de Broadway. Según Murray Ross, el número estimado de actores que partieron hacia la costa oeste entre 1928 y 1929, fue de 1.200 personas (Ross, 1941: 30).

También cambiaron las prácticas relacionadas con la escritura del guión. Para comenzar, las prácticas más relajadas, asociadas a la comedia, y a otros géneros que se prestaban a la improvisación, podían soportar, sólo hasta cierto punto, tal espontaneidad de escritura. La com-

Charles Chaplin en *El gran dictador* (1940)

pañía de Harold Lloyd anunció a finales de 1928 que ya no pensaba seguir construyendo su argumento mientras lo rodaba, sino que tendría un guión completo a mano antes del rodaje («News Nuggets», 1928: 7). Incluso Charlie Chaplin optó por un guión de rodaje para *The Great Dictator (El gran dictador,* 1940) (Lyons, 1972: 239). Por otra parte, el registro sonoro hacía más rígido el sentido de una escena. Ya no sería tan sencillo reescribir los guiones, intertítulos, después del rodaje; aunque la fase de escritura posterior no se eliminó totalmente como contingencia (Lane, 1936). Doblar nuevos diálogos o añadir intertítulos aclaratorios, o incluso colocar una narración en off durante la fase de posproducción, recordaba un poco la libertad asociada al proceso de escritura para el cine mudo. Pero tales prácticas tenían sus desventajas más allá de los costes directos. Por un lado, la idea de sincronizar el sonido con los movimientos labiales a efectos de realismo —sólida convención en Estados Unidos, en comparación con otros industrias cinematográficas como la italiana— redujo la flexibilidad a la hora de reemplazar diálogos. Se podían doblar diálogos *solamente si* el actor o la actriz no estaban de cara a la cámara, o si el diálogo era aproximadamente de la misma extensión. Aun así, se consideraba como una medida de emergencia para salvar la secuencia.

La segunda desventaja de la escritura posterior era que se desviaba de la convención narrativa de Hollywood, según la cual la secuencia dramática debería ser autosuficiente; la información debería venir de los personajes, en la medida que fuera posible. Los intertítulos al principio de la película, o incluso en fases de transición, podían ser indicativos de espacio y tiempo. Los comentarios escritos más extensos al principio de las películas eran permitidos según las reglas de la narración, Pero, una vez que una trama en sí hubiera comenzado, la utilización de intertítulos para explicar los vacíos se consideraba más o menos una chapuza. Por ejemplo, un cronista, al escribir sobre el cine sonoro, apunta los problemas de cambiar de los intertítulos a las películas habladas:

> El título editorial [un intertítulo que proporcionaba el comentario inicial] tenía demasiados usos valiosos como para ser abandonado simplemente porque en el cuerpo de la película se habla literalmente. La oportunidad de poder susurrar, por así decirlo, al oído del espectador, ofreciéndole justamente la expresión adecuada con la que describir y

recordar su momento de éxtasis, tiene abundantes posibilidades [...]. Pero existe una función del título editorial más viril; y es su ayuda entre capítulos o secuencias de acción, punteando intervalos de tiempo [...]. [En el teatro], el tiempo y el espacio, el nombre e identidades de los personajes y mucho más, se «hacen comprender» hoy día por medio de la acción en sí, conforme va avanzando. En cuanto a eso, las películas habladas están siguiendo el ejemplo del teatro. Tienden a prescindir por completo de la información descriptiva escrita, una vez comenzada la obra (Krows, 1931: 434-35.)

Así pues, el diálogo debería estar bien preparado para que casi toda la información sobre la trama llegara a través de los personajes. Aunque el comentario se transformaría en una estrategia narrativa durante la transición al sonoro, se utilizaba pocas veces —en parte debido a las dificultades tecnológicas y a la idea en cuanto a la reproducción de un drama «realista».

Finalmente, el guión de rodaje tan minuciosamente desglosado, requería una pequeña revisión. Era difícil prever cuándo un cambio de plano sería más ventajoso, dependiendo de cómo un actor estuviera interpretando un diálogo. Por eso, el intentar calcular los planos del guión, totalmente de antemano, llegó a ser un despilfarro. Preferiblemente se cambiaban los guiones de rodaje para permitir la existencia de una secuencia de diálogo por sí sola. Puesto que las convenciones de la planificación del rodaje estaban tan asumidas por los trabajadores, no eran necesarias unas rígidas estipulaciones de planos específicos. Todo el mundo conocía la fórmula. Además, debido a las exigencias tecnológicas de sincronizar el sonido para que los cortes en la banda sonora no llamasen la atención, era muy útil rodar primero un plano general —la totalidad de la secuencia del diálogo en continuo. Luego el equipo volvería y tomaría planos de dos personajes en cuadro y primeros planos. Así, pues, la necesidad de un plano general dominó y cambió el formato del guión. Este nuevo formato se empezó a difundir en el año 1930 (Franklin, 1930: 232). Los guiones seguían siendo necesarios, e incluso eran aún más útiles, a la hora de realizar las funciones ejecutivas de predicción de costes y de preparar los desgloses de los recursos materiales.

La manera de contrarrestar las diferencias de idioma, para la distribución extranjera de la película, se decidían también durante la fase de elaboración del guión. A partir de 1930, se empleaban tres soluciones: «(a) subtítulos en la pantalla en el idioma adecuado como aclaración del diálogo en inglés; (b) doblaje; (c) producir la película en el idioma apropiado» (North/Golden, 1930: 757). La primera solución parecía, por aquellas fechas, la menos ventajosa debido a la cantidad de diálogo que debía de traducirse. Existía una preferencia por el doblaje y por la producción de versiones extranjeras, así que se hizo necesario preparar guiones en otros idiomas. De cualquier forma, el resto de los cálculos anteriores a la producción se conservaban, puesto que las firmas consideraban que el asunto de la traducción sólo afectaba al idioma y no a la cultura o a las costumbres.

Producción

La producción de películas sonoras experimentó varios cambios que perdurarían. Sin embargo, otros fueron temporales. Nadie estaba muy seguro, al principio, de qué, exactamente, produciría el mejor producto, o un producto que conectara con las convenciones que supuestamente estaban detrás del éxito de las películas de la era muda. Aunque algunas estrategias adoptadas resultaron del impacto de la llegada de numerosos trabajadores, procedentes de Broadway y de la radio, habituados a otras convenciones de la producción, otras fueron resultado de la aplicación virgen de la tecnología. Finalmente, algunas de ellas fueron consecuencia de los cambios estéticos fraguados por el sonido sincronizado y sus ideologías.

Aunque durante la era muda los directores ensayaban con el reparto de forma rutinaria antes de comenzar el rodaje, el modelo de práctica teatral trajo consigo una tendencia inicial de repasar la obra entera, por orden de sucesión, varias veces. Este procedimiento finalmente no llegó a ser una práctica habitual, puesto que añadía jornadas de trabajo al calendario laboral y a los costes, y en principio no mejoraba las actuaciones, sobre todo porque todavía se rodaban las películas sin seguir el orden de la trama. También, durante los primeros años, un ensayo de una secuencia justo antes del rodaje se haría para realizar una prueba de sonido. Esto se llamaba un ensayo de play-back, pero conforme aumentaba la capacidad para prever los efectos de la nueva tecnología, también se dejó de practicar el ensayo de play-back (Franklin, 1930: 232). (Este ensayo en play-back es diferente de los sistemas de play-back que unen el diálogo y la música, descritas más abajo.)

Asimismo una estrategia efímera fue el asignar dos directores a cada película, uno que supervisaba la acción y el otro el diálogo. Aunque los maestros de diálogos llegaron a ser habituales, los campos de autoridad de dos directores eran difíciles de definir, y la antigua práctica de un único responsable del proceso de producción fue restablecida.

La llegada del sonoro produjo obviamente cambios; por ejemplo, se tuvo que eliminar el oficio de aquellos encargados de girar manualmente la manivela de la cámara. Debido a la necesidad de igualar la imagen con el sonido, se estableció una velocidad de rodaje estándar, por medio de motores eléctricos que aseguraban económicamente la sincronización de la cámara con los equipos de grabación sonora. Los sistemas de ajuste sincrónico de la copia de imagen y de las bandas de sonido ya estaban instalados al llegar el año 1930.

La motorización del equipo requería la insonorización de las cá-

Playback en los estudios Paramount.

maras, un problema que provocó algunas soluciones a corto plazo bastante curiosas, como instalar la maquinaria dentro de una cabina o envolverla con unas mantas. De todas maneras, el problema de amortiguar el sonido se resolvió rápidamente, realizando ajustes dentro de las cámaras y de sus carcasas (Stull, 1929). Bell & Howell anunció en el año 1929 que había introducido engranajes de fibra, sustituyendo el bronce de los rodamientos, ajustando las correas y remontando el mecanismo tensor para reducir el ruido de la cámara («Report of the Progress Committee», 1929: 71). También se rediseñaron los mecanismos de la Mitchell, cámara muy popular en los años treinta, eliminando los cojinetes donde fuera posible, cambiando una correas de muelle metálico por unos de tela y sustituyendo los engranajes de metal por unos de baquelita («Taking the Click out of Cameras», 1929: 18). En el año 1930, compañías como Metro-Goldwyn-Mayer ya funcionaban con cámaras insonorizadas móviles, sobre carriles, y micrófonos armados en jirafas para poder seguir la acción (Pitkin y Marston, 1930: 22 y 193).

El cambio más duradero fue la restructuración del personal y de las jerarquías establecidas en los equipos cinematográficos. Es sabido que los problemas de registrar el sonido en los rodajes provocó el efecto de filmar cada secuencia con la técnica de la multicámara. Una cámara tomaría el plano de conjunto —cubriendo la totalidad del campo de acción—, mientras que otras se encargaban de rodar los planos medio y primeros planos. Así, cuando los montadores tuviesen que reconstruir el racord, todas las partes encajaban, puesto que procedían de la misma representación de la puesta en escena. El famoso operador Karl Struss, lo describió en 1929:

> La distancia focal que iba a emplear cada cámara se decidía [por adelantado], y se hacían apuntes de lo que se esperaba exactamente de cada operador. Los cuatro operadores estaban presentes durante los últimos ensayos, así que podían seguir, en sus visores, la acción de la historia en su totalidad mientras avanzaba. La acción era más bien continua, y las escenas ocupaban una media de 90 a 120 metros cada una. Cada vez que el lugar o la acción pedían un cambio, se planificaban nuevos emplazamientos de cámara (Struss, 1929: 477).

Para coordinar las cámaras individuales, el primer operador trabajaba como supervisor, delegando a los operadores secundarios la responsabilidad del funcionamiento de la cámara. De esta manera se creó el papel de operador jefe (Blanchard, 1943: 212) que tenía la responsabilidad de iluminar y, junto con el director, escoger los ángulos de cámara y los objetivos. El cámara «operativo» maniobraba la cámara, mientras que el primer ayudante controlaba el foco; se ocupaba del mantenimiento de la cámara; efectuaba pruebas, reveladas a mano, en el lugar de rodaje, y confeccionaba informes de cámara. El segundo ayudante cargaba los cartuchos de película; llevaba la claqueta (que ahora incluía un claqueta sonora, para la sincronización de imagen y sonido), y era ayudante en general (Arnold, 1937: 156-60).

El procedimiento de rodar la secuencia por medio de un plano de conjunto con el sistema de multicámaras no se mantuvo, sin embargo, como una práctica ideal por razones económicas y estéticas. Por un lado, tan pronto como el montaje de sonido se podía efectuar sin ruidos perceptibles, la secuencia de plano de conjunto tenía ya poca razón de ser. Era cara. Había que repetir si los actores se equivocaban con el diálogo o si el director no estaba satisfecho con la interpretación. Por añadidura el sistema multicámara generaba amplios costes de las partidas presupuestarias de personal, equipos y materia prima —todos los operadores tenían ayudantes—; muchas cámaras estaban ocupadas cada película, y cada escena costaba cantidades increíbles de negativo virgen.

Por otra parte, la escena filmada con multicámaras disminuyó ligeramente la iluminación necesaria, característica que el estilo clásico de Hollywood había asumido como parte de sus convenciones de producto. De hecho, el rodar de esta manera impedía la realización de una iluminación especial para cada tipo de plano. En otras palabras, un plano de conjunto exigía un tipo de iluminación general o incluso una configuración especial de iluminación; pero, sin embargo, esa configuración perjudicaba los primeros planos. Éstos, por su parte, tanto de hombres como de mujeres, eran áreas de especialidad para los operadores de cámara. El resaltar un cuerpo del fondo por medio de iluminación de tres puntos o de halo; la utilización de gasas o manipulación de efectos de imagen, para suavizar los rasgos o esconder defectos, eran sellos distintivos de «grandes» artesanos. Artículo tras artículo en la prensa profesional, detallaban cómo algunos operadores se las apañaban para resaltar los ojos de una estrella, o crear un efecto considerado como bello, según los baremos estéticos de los géneros.

El uso de cámaras móviles para el rodaje de *Amanecer* revolucionó el mundo de la producción técnica.

Finalmente, los cineastas querían reestablecer las prácticas de la cámara móvil de finales de los años veinte. Las cámaras insonorizadas se podían transformar fácilmente en cámaras móviles. En una fecha tan temprana como 1929, algunos operadores montaron cámaras sobre bases giratorias sobre ruedas (Stull, 1933). De todas maneras, el espacio disponible para tales movimientos era limitado cuando las cámaras múltiples se encontraban en caminos adyacentes o conflictivos. La vuelta a las prácticas de la cámara móvil, de finales de la era muda, favorecía la disminución de cámaras en el plató.

Se cambió al sistema de una cámara, que fue habitual después de la transición, a finales del año 1931. Por ejemplo, un comentarista del *Journal of Motion Picture Engineers* describe el orden de rodaje para conseguir los mejores resultados sonoros:

Es costumbre de algunos directores fotografiar primero un «plano de conjunto» abarcando la totalidad del decorado y la acción. Para esto se utilizan una o dos cámaras, colocando el micrófono adecuadamente para aquella toma. Una segunda serie de planos se hacen con dos o tres cámaras, con una cámara fotografiando un plano medio, y los otros primeros planos de los individuos. En este último caso el micrófono se coloca acorde con la calidad de primer plano que se quiera conseguir (Harcus, 1931: 807).

La vuelta al uso de una única cámara y, por lo tanto, la diferenciación de iluminación para los planos generales y primeros planos, no produjo un retorno al manejo de la cámara por parte del operador jefe. Se quedó como director de fotografía, con un número de personal a su mando.

Otro cambio duradero fue la introducción de un nuevo equipo en la fase de producción —el equipo de sonido, que habría de coordinar las actividades con el equipo de imagen. Los primeros técnicos de sonido procedían de tres oficios: operadores o ingenieros de radio, técnicos procedentes de la grabación fonográfica e ingenieros procedentes de las compañías eléctricas o telefónicas. Se ha dicho que en aquellos años el 80 por ciento de los primeros técnicos de sonido cinematográficos procedían de otras industrias (Dreher, 1931: 340-41). Los objetivos técnicos de estos oficios de procedencia no encajaban necesariamente con el imagen en movimiento ni tenían especiales concordancias entre ellos. Lo que era considerado cine de calidad estaba reñido con las nociones de la fidelidad científica. Por ejemplo, garantizar que un diálogo de una secuencia fuera audible podría entrar en conflicto con la habilidad normal de oír personajes en una situación en particular. El «realismo», tal como lo definían los ingenieros, y las nociones científicas de reproducción de lo que una persona podía realmente oír en una situación ideal, tenían que ceder ante las demandas de «verosimilitud» de Hollywood —gestos hacia lo real que todavía premiaban necesidades narrativas, como transmitir la información de la trama a través de las voces y palabras de los personajes (Lastra).

Los nuevos expertos del sonido debían ceñirse a las normas estéticas del cine de Hollywood, y se adaptaron con facilidad a las estrategias de organización y de situación de las tareas que heredaron del operador de cámara. Un individuo era nombrado jefe de grabación sonora, con subordinados delegados para llevar a cabo la colocación de micrófonos y el movimiento de la jirafa durante el rodaje en sí. Otros individuos (el técnico de mezclas y el grabador jefe) actuaban como supervisores de los equipos de grabación, comprobando que los niveles de audio fueran apropiados y que la tecnología no tuviera averías (Levinson, 1937: 173-98).

Se discutió entre los profesionales del sonido en torno a la mejor colocación de los distintos aparatos de grabación de sonido —adyacente al plató o en una posición centralizada. Cada compañía escogió emplazamientos diferentes. La movilidad de los equipos se convirtió muy rápidamente en un requisito imprescindible. Al llegar 1929, las películas se rodaban en exteriores empleándose unidades portátiles. Una película producida en los mares del sur tenía una unidad de amplificación que pesaba sólo diez kilos y funcionaba con baterías («Report of the Progress Committee», 1929: 75).

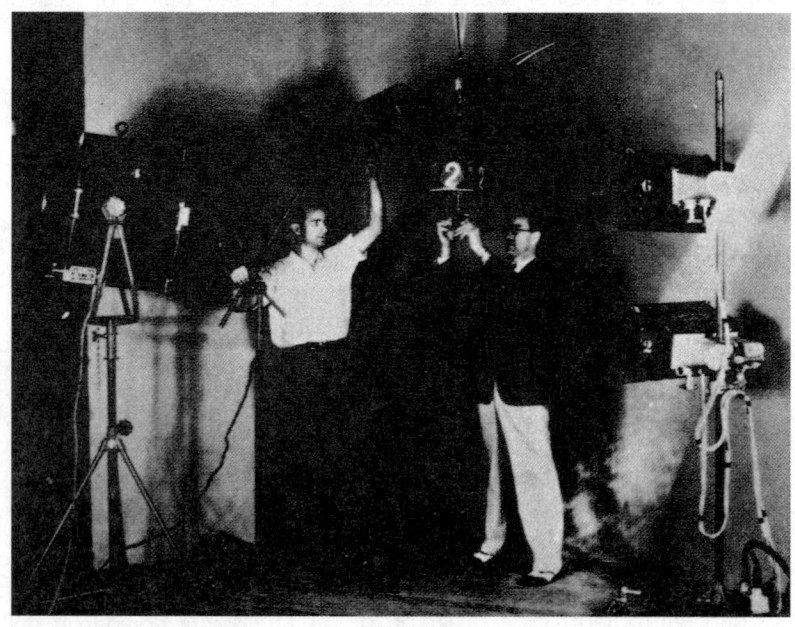

Experimentos de sonido en los estudios Paramount.

Por último, no fue posible, al principio, mezclar las pistas de sonido. Así, tener tanto el diálogo como la música ocurriendo simultáneamente era técnicamente difícil a causa, en parte, de las diferentes necesidades de grabación. Durante un tiempo, la solución era grabar la música y luego reproducirla durante el rodaje de la secuencia (Altman, 1985: 46). Más tarde, las mezclas se hicieron ya en posproducción.

Posproducción

El sonido sincronizado afectó a las prácticas de posproducción, reduciendo la participación de parte del personal de producción. Las películas habladas exigían un procesamiento estandarizado, incluyendo la numeración lateral de la película, eliminando así algunas de las opciones técnicas que habían permitido que los operadores pudiesen manipular el metraje. Además, puesto que el sonido sincronizado precisaba del trabajo algo tedioso de igualar las bandas de sonido e imagen, la duración de la fase de montaje aumentó. Se redujo la participación de los directores en la fase de montaje final, puesto que por el ritmo de producción lo más habitual era que ya estuviesen trabajando en la siguiente producción en el tiempo en que se montaba el anterior. Los directores todavía participaban de la selección de tomas, durante la proyección diaria de material rodado, y podían trabajar en el montaje final si tenían tiempo (Pivar, 1932).

Una desventaja de la nueva tecnología fue la eliminación de la opción de teñir las películas. Los productos químicos empleados para teñir el positivo hacían reacción con las radiaciones que se utilizaban en los registros sonoros (Jones, 1929: 199). Puesto que se estaban examinando de una forma generalizada otros métodos de coloración, esta pérdida pasó fácilmente desapercibida.

Después de conseguir la mezcla de pistas, la creación de la música volvió a su puesto tradicional. A no ser que las películas fuesen musicales, la música se preparaba después del montaje final. Una vez que se hubiera compuesto la música, original o adaptada, los músicos la interpretarían mientras que se proyectaba la película, grabando así la pista. La única excepción sería un número musical o de baile en donde la pista se grabaría primero, para luego ser interpretado por el reparto (Brown, 1937).

Estreno de *Anna Christie*, primer filme sonoro de Greta Garbo.

Si se piensa con generosidad sobre quiénes estaban implicados en el modo de producción del cine de Hollywood, sería justo incluir, durante la era muda, a los músicos locales que transformaron las partituras en espectáculo auditivo. El sonido sincronizado trasladó aquella labor musical a la copia final, pero cientos de personas perdieron sus trabajos en los días en que llegó la depresión económica. Según las estadísticas de trabajo, en Estados Unidos hubo una pérdida masiva de puestos laborales en el sector del cine, aunque los conciertos, salas de variedades y los cines de primera fila siguieron empleando músicos (U.S. Labor Statistics Bureau, 1931: 262).

Otro cambio en la posproducción ocurrió en el control de la publicidad. Warner[, finalmente, se decidió por la producción de trailers en la propia empresa en aquel momento, argumentando que era rentable producirlos ellos mismos. Estos trailers «destacaban el diálogo y la música para atraer a los clientes», lo que significó la creación de un nuevo departamento en el estudio (Lewis, 1933: 246; Lewis, 1930: 448). Asimismo, Warner había adquirido recientemente su propia red de cines, haciendo que la empresa matriz se interesara especialmente por los beneficios que la venta de localidades en salas rendían al conjunto de la compañía. Por último, los acuerdos de alquiler por porcentaje, condiciones características de los productos de estreno a finales de los años veinte, también llamaban más la atención de los estudios hacia el dinero real que entraba en sus cajas.

UN CAMBIO EN LA ESTRUCTURA DE GESTIÓN DEL MODO DE PRODUCCIÓN

A la hora de reflexionar sobre la transición al sonoro es necesario distinguir entre los efectos que hubo en el modo de producción a principios de los años treinta, debido a la llegada del sonido sincronizado mecánicamente, y aquéllos relacionados con el impacto de la depresión. Tal como he expuesto en páginas anteriores, los acontecimientos tecnológicos produjeron varias alteraciones en las rutinas de producción. Sin embargo, Hollywood había establecido un sistema jerárquico de división de trabajo que podía abarcar no sólo la producción rápida y eficiente de un producto de fórmulas pre-escritas, sino que también estimulaba la novedad y las variaciones, como parte integrante de su funcionamiento sistemático. Hollywood no sólo se permitía la posibilidad de aceptar desviaciones, por necesidades económicas, sino que los precisaba para generar beneficios.

La tecnología del sonoro produjo uno de los retos más sustanciales al modo de producción. Sin embargo, la flexibilidad del sistema de producción hollywoodiense, que ya había permitido una serie de prácticas de trabajo para resguardarse de los efectos de la individualidad, apenas se puso a prueba con la introducción del sonoro. Ocurrieron algunas variaciones, pero eran relativamente menores: añadir un nuevo equipo de técnicos de sonido al proceso de trabajo, revisar formatos de guión para ampliar a los directores la posibilidad de tomar decisiones en el plató, creando otro nivel jerárquico en el equipo de fotografía. Estos cambios se lograron con algunos enfrentamientos. Fue necesario algún que otro esfuerzo para acostumbrar a los técnicos de sonido, procedentes de otras industrias, a las convenciones de las películas de Hollywood. Pero la convención del modo de producción: «profesionalismo» y «ciencia» al servicio del producto, facilitaron un ajuste relativamente fluido. Los ingenieros de la imagen en movimiento poseían una forma de trabajo práctico que igualaba la que tenían los ingenieros de la radio y del teléfono. A pesar de las disputas de los inicios sobre lo que constituía el sonido de calidad, sólo se necesitó un par de años para que todos los profesionales encontrasen una base para la estética del sonido que funcionase durante los años 1930 y 1940 (Lastra).

Por lo tanto, creo que los cambios en la rutina de la fabricación de películas fueron menores. Sí ocurrieron otros cambios durante los años de la «transición» entre 1928 y 1932; fundamentalmente los referidos a la organización de gestión. De cualquier forma, estos cambios deben entenderse tanto como una respuesta a la depresión general como a la misma incorporación de la tecnología del sonido. A partir de mediados de los años 1910, la estructura ejecutiva era jerárquica, con un solo individuo tomando la mayoría de las decisiones diarias en una fábrica-estudio en la que se llegaban a rodar anualmente de treinta a cincuenta películas. Como ya he mencionado, el sistema de Hollywood aceptó la idea de autoría, que unos individuos, a la cabeza de una jerarquía de trabajo, podían ser los principales motores de la película final. D. W. Griffith pudo no sólo intentar crear la impresión de que era responsable de la producción del estudio Biograph durante su estancia allí, sino que nadie de la industria desafió en serio la idea de su «autoría», excepto para reclamar reconocimiento por algunos inventos que Griffith publicó como suyos. La noción de que las películas serían menos de fórmula pre-escrita y más innovadoras si algunos individuos eran totalmente responsables del guión, dirección y

The Desert Song (1929).

montaje de la película impregnaba los discursos de la industria. La desventaja de dejar que esto ocurriera en realidad era, sin embargo, que hubiera sido tremendamente costoso, además de exponer la planificación de producción y distribución al fracaso de las compañías, que hacían sus presupuestos anuales sobre el estreno rutinario de un producto.

La depresión en Estados Unidos tardó en castigar la industria del cine, en parte porque su profundidad pasó desapercibida al principio. Además, la nueva tecnología seguramente amortiguó el impacto durante un tiempo. La recaudación de la taquilla, sin embargo, comenzó a menguar y luego a disminuir durante la temporada de mediados del año 1930. Los datos facilitados por *Standard Trade and Securities* muestran un declive en la recaudación de unos 1.100 millones de dólares en 1929 y primeros de 1930 bajando hasta 800 millones de dólares en 1931, y continuando el descenso hasta 625 millones en 1932

(«Theatres and Motion Pictures», 1935: Th-45-46). Una industria como la del cine norteamericano al ver estas cifras debió de calcular dos cosas: uno, que las compañías necesitaban recortar gastos de explotación, y dos, que la demanda del público debía ser estimulada con un producto más atractivo.

A finales de 1931, Columbia, RKO Pictures-RKO Pathe, Fox y Paramount presentaron un nuevo sistema de gestión, descrito en los periódicos profesionales como «sistema de producción por unidades» («Columbia adopts unit production», 1931: 17). Este término había estado flotando por el ambiente hollywoodiense durante varios años, como eufemismo para describir la práctica de dejar a los directores funcionar como productores dentro de una compañía, de una manera más o menos independiente del supervisor central. De hecho unos pocos directores y algunos otros empleados en los años 1920 pudieron alcanzar tan privilegiados acuerdos.

De todas maneras, el sistema de unidades, tal como se instituyó en las principales compañías, no fue, sin embargo, un giro en la organización de la producción. Más bien, la unidad de producción era una división de tareas basada, asimismo, en la jerarquización de la estructura de gestión. Estas compañías delegaban los poderes de decisión diarios del «productor central» (jefe de estudio o supervisor de la compañía) en varios productores asociados que funcionaban con más autonomía que en el pasado. Estos productores asociados se encargaban de dirigir una parte del producto de la compañía, dentro de una serie de metas establecidas por los oficiales de primera fila. Además, igual que en la mayoría de los puestos de trabajo en la industria del cine, a los productores asociados se les asignaban tareas según aptitudes demostradas por éxitos anteriores, y según las necesidades de cada compañía en relación al estilo de cada estudio. Si observamos las listas de las películas realizadas por varios productores asociados de los años 1930 y 1940, saltan a la vista las concordancias entre sus encargos y las imágenes de varias compañías. Se puede decir que el sistema de unidad de productor diversificaba las decisiones rutinarias entre cuatro o diez individuos dependiendo de la compañía. De esta manera, la compañía seguía manteniendo el control sobre la regularidad de la producción, al mismo tiempo que aumentaba la «autoría» implicada en las tomas de decisión de alto nivel. Algunos de los productores asociados también eran directores, pero en la mayoría de los casos eran administradores que regulaban el producto, tal como había hecho el productor central durante las últimas dos décadas.

La depresión fue, seguramente, la causa principal de este desplazamiento de dirección, porque lo que el nuevo sistema permitió fue tanto la continuación del anterior sistema —el rigor de la dirección rutinaria dentro de una compañía grande— como la introducción de la apariencia y posibilidades de «autoría» de estos productores asociados. Pero es importante reconocer que la introducción del sonido sincronizado mecánicamente también había intensificado el proceso de trabajo y las demandas de economía. Que un solo individuo manejase las tomas de decisiones rutinarias de treinta a cincuenta películas hubiera sido posible durante la era muda; en el periodo sonoro, con las necesidades económicas totalmente en juego en 1931, era más efectivo dejar que el jefe de estudio trabajara sobre proyectos a largo plazo y que los productores asociados siguiesen la —muy conocida— rutina de hacer películas en Hollywood.

En suma, Hollywood resistió con facilidad la transición al sonoro, porque su modo de producción estaba inicialmente construido para absorber tales cambios. Estimulaba la introducción de innovaciones al mismo tiempo que empleaba fórmulas estándar para mantener la continuidad del producto y de los procesos de producción. Hubo cambios, sí, pero estaban dentro de los límites de la lógica de los modos de producción capitalistas. A partir del año 1932, Hollywood estaba preparado para producir, durante tres décadas más, un producto de «estudio» en un sistema de trabajo jerárquico de división de trabajo.

La transición del mudo al sonoro en Europa

PEDRO SANTOS

El fin de la década de los «felices años 20» trajo el mayor terremoto en el mundo cinematográfico de su hasta entonces joven historia. Cuando apenas había transcurrido un cuarto de siglo desde las primeras exhibiciones cinematográficas, este medio, técnicamente silente, comienza a hablar, a reproducir sonidos sincrónicamente. Y como no podía ser menos, el avance técnico, la sonorización de las películas, conllevará cambios de todo tipo: inicial teatralización argumental, actores y directores sustituidos, nuevos técnicos, etc. Pero sobre todo se implantará un modelo de mercado que prácticamente permanecerá inalterable hasta finales del siglo XX. Estados Unidos contra Europa o la expansión audiovisual americana frente a la resistencia europea.

La implantación del cine sonoro en Europa conlleva la guerra audiovisual entre Estados Unidos y Europa, y, como más tarde pasará, esta guerra —entre patentes americanas y europeas— se desarrolla por el control de la industria cinematográfica en Europa. Lo que de entrada ya da la victoria a Estados Unidos es no poner en duda su propio mercado interno y ni tan siquiera sus áreas de influencia, como Latinoamérica por ejemplo. Por todo ello antes de que la competición técnica y comercial alcanzara su más alto nivel, Europa tiró la toalla, valga el símil deportivo.

En 1930, el 22 de julio, hubo un primer intento de firmar la paz. Ese día las compañías Tobis Klangfilm, RCA y Western Electric firmaron en París el primer compromiso de acuerdo para repartirse la implantación del sonido cinematográfico en todo el mundo; pero este acuerdo conocido como «Paris Agreement», sistemáticamente incumplido por las partes, dejó de tener valor oficialmente dos años más tarde, en 1932, y los nuevos intentos pacificadores fracasaron sucesivamente.

La invención del sonoro es una invención con retraso: desde los primeros intentos de sincronismo al cine sonoro pasan treinta años, más o menos, sucediéndose las anécdotas, apócrifas en su mayoría, sobre la paternidad del sonoro.

Lo único cierto es que la Warner Bros. es la pionera en explotar un sistema tosco y de duración efímera, el Vitaphone de Western Electric, considerándose inicialmente con más atención que el de la RCA, que fue el que prevaleció.

La guerra comercial tiene como protagonistas, por un lado, al consorcio alemán Tobis Klangfilm y, por otro, al americano de General Electric, Western Electric y MPPA. El origen de esta guerra es consecuencia del lanzamiento al mercado de un invento alemán: el Tri-Ergon. Menor influencia tendría el desarrollado por los ingenieros daneses Petersen y Poulsen, presentado y patentado en Francia.

Este primer paso alemán en el campo de la sincronización sonora no nace de la nada, está avalado por una tecnología al margen de la cinematográfica: la radiofónica, y todas las investigaciones y ensayos que llevarán al registro mecánico del sonido y su conservación y reproducción a través del disco, al ser ésta un búsqueda tendente a recoger los sonidos sobre otro soporte, transmitirlo a otro sistema, paralelamente al sistema telefónico.

La parte teórica estaba ya resuelta en el siglo XIX gracias a la construcción de diversos conversores capaces de transformar impulsos sonoros en eléctricos (el micrófono, 1876), eléctricos en luminosos (el galvanómetro, 1882), luminosos en eléctricos (la célula fotoeléctrica, 1873) o impulsos eléctricos en sonido (receptor telefónico, 1876; altavoz electrostático, 1879).

La reutilización de estas técnicas tiene un desarrollo práctico (micrófono, teléfono, galvanómetro) junto a su comercialización.

La fabricación en serie, unida a la experiencia en la transmisión sonora-telefónica, concluye con las columnas sonoras de intensidad variable de 1930, derivadas del aparato que Ruhmer y posteriormente Simon inventaron en 1900, el fotografófono: un micrófono transforma el sonido en señal eléctrica y un arco voltaico convierte la señal eléctrica en luminosa, impresionando una película sensible.

En los primeros años del siglo XX se suceden diversas tentativas de sincronización sonora, pero será en 1906 cuando aparezca, gracias a Lauste, el primer sistema de sincronización sonora sobre película cinematográfica.

Posteriormente Lauste sustituirá la regulación de la intensidad lumínica mediante la luz de válvulas, siendo posible variar la intensidad lumínica y consiguiendo un campo magnético variable presentando su sistema en Gran Bretaña y en Estados Unidos en 1911; pero la guerra de 1914 impedirá, técnicamente, su desarrollo.

Pese a todas las investigaciones teóricas y prácticas que arropan la difusión de los inventos sonoros, sorprenden los hallazgos puramente empíricos, incluso en contra de sus inventores teóricos «naturales».

Marconi y sus discípulos señalan la invención de la radio como un ejemplo de la aplicación errónea, pero exitosa, de sus investigaciones.

En las dos primeras décadas del siglo XX asistimos a la síntesis, conflictiva muchas veces, del inventor manual e inspirado del siglo XIX junto a la potencia teórica físico-matemática, y económica, de los ya grandes laboratorios de investigación científica y tecnológica.

Y es en esta época donde nace el cine sonoro con sus múltiples padres y padrinos europeos y americanos, inspirados y poderosos, comerciales y genialoides.

Si los locales de exhibición deben adaptarse a las nuevas circunstancias, acústica aceptable y reducción del espacio destinado a escenario al no ser necesarias las orquestas que acompañan la proyección, los estudios se remozan insonorizando todo el edificio, convirtiéndose en una gran caja blindada con telas y cortinas colgando por todo el edificio, intentando que ningún ruido no deseado se «cuele» en el estudio.

El cine sonoro se impone en Europa por la sencilla razón de que su gran competidor, Estados Unidos, empieza a comercializarlo.

Cuando Francia lanzaba las campanas al vuelo por el futuro impacto de «la más impresionante realización fílmica», *Napoléon* (*Napoléon*, Abel Gance, 1927), llegan noticias preocupantes del otro lado del océano.

Los talkies, esos filmes sincronizados, triunfan. En Norteamérica el cine mudo prácticamente ha desaparecido.

Napoleón (Abel Gance, 1927).

La guerra de patentes sonoras se prolongará durante los años 1928-1931 y los contendientes serán esencialmente el gran trust americano Western Electric (con el sistema Movietone) y el alemán Tobis Klangfilm (con Tri-Ergon) en enconada pelea por la supremacía del mercado europeo.

Francia intentará no perder mercado y con el sistema Gaumont-Petersen-Poulsen acaparará la producción francesa y residualmente una parte de los países cercanos, como, por ejemplo, España.

España y la implantación del cine sonoro

En 1926 se ofrecen las primeras exhibiciones de sistemas de cine sonoro en España, siendo en el Teatro Lírico de Valencia, el 2 de mayo de ese mismo año, donde el cineasta Armand Guerra presenta el sistema sonoro de los daneses Petersen y Poulsen que, perfeccionado y comercializado, se denominará Gaumont-Petersen-Poulsen.

El primer film sonoro exhibido (en régimen de explotación comercial y sin discos) fue *Innocents in Paris (Inocentes en París*, Richard Wallace, 1928) con el sistema de la Western Electric, de sonido fotográfico sobre película, y se estrenó el 29 de septiembre de 1929, en el cine Coliseum de Barcelona. En 1932 la Western tenía instalados cien equipos sonoros en España.

En ese mismo año de 1929, a pesar de la clara hegemonía norteamericana y superada tecnológicamente la etapa de sincronización con discos, aparecerán en el mercado español varios procedimientos, sería mucho mejor decir sistemas, autóctonos. Por ejemplo, Antonio Graciani con su sistema Melosión sonorizó *El cantor de jazz*.

A finales del 29, el ingeniero Ricardo M. Urgoiti puso a punto su propio sistema, Filmófono, mediante discos gramófonos sincrónicos con dos platos giratorios y potenciómetros independientes para el control del volumen, lo que permitía los fundidos sonoros o el añadido de ruidos o música. *Fútbol, amor y toros* (Florián Rey, 1929) sería la primera película sonorizada con este sistema.

En 1928 y 1929, cuando el sonoro no se ha implantado en España, se producen cincuenta y ocho películas. En este último año (en junio) se estrena *El cantor de jazz* en versión muda. Y durante mucho tiempo, los locales de exhibición, creyendo que sería una moda pasajera, se resisten a instalar los costosos equipamientos sonoros, la presencia de los talkies hunden la producción cinematográfica. Si en el bienio 1928-29 se ruedan casi 60 películas, la producción será en 1930 de tan sólo cuatro largometrajes, uno de ellos sonoro, y la nueva década no comienza mucho mejor: en los tres años siguientes, 1931-33, se rodarán 20 películas, teniendo en cuenta que se sonorizan en otros países, principalmente Francia.

Paradójicamente las primeras películas sonoras españolas son mudas, sonorizadas posteriormente en Francia: *Zalacaín el aventurero* (Francisco Camacho, 1929), *La aldea maldita* (Florián Rey, 1929).

El caso español ilustra claramente los problemas de las patentes sonoras europeas, sobre todo en aquellos países en los que o bien no disfrutaban de patentes viables propias, o no tenían una industria cinematográfica desarrollada; es decir, toda Europa salvo Francia, Alemania, Unión Soviética y Gran Bretaña.

En el camino intermedio estarían los países nórdicos, debido a la coparticipación del sistema Gaumont-Lauren-Poulsen, ya que estos dos inventores eran daneses. No es casualidad que ya a finales

La aldea maldita de Florián Rey (1929).

Der Schuss in Tonfilmatelier (1930) de Alfred Zeisler.

de 1929 se estrene el primer filme sonoro sueco: *La melodía de la felicidad*.

Los Países Bajos, debido a la participación de técnicos de esta nacionalidad en el otro gran sistema europeo, Tri-Ergon de la Tobis alemana, se incorporará a la cabeza de los primeros filmes sonoros europeos.

La entonces recién creada Unión Soviética estará al margen de los devaneos europeos. Su industria ya es lo suficientemente fuerte para adquirir, y reformar a su gusto, cualquier patente sonora mundial, teniendo en cuenta además que en los años veinte y treinta no había suscrito el convenio internacional de propiedad intelectual por lo que se adueñaba sin gastos de cualquier invento que colaborara a «la unificación de los pueblos por la cultura o a elevar el nivel cultural de los ciudadanos de la Unión Soviética». No obstante, dada la magnitud y las diferentes naciones de este país, hasta 1935 se seguirán produciendo filmes mudos. Y aunque se salga del ámbito geográfico que nos hemos marcado, la produción sonora no se impone en Japón hasta 1936. En España, por ejemplo, el año clave para la consolidación del sonoro será 1933.

Aunque Gran Bretaña no comercializará inventos propios, su política de alianzas con los americanos y luego con Gaumont, y excepcionalmente con la Tobis, la harán estar en primera línea tanto en equipamiento de salas sonoras como en producción de filmes. Será el primer país europeo que, gracias a la afinidad idiomática, es invadido por los talkies, y donde se importen las patentes americanas. *Blackmail (La muchacha de Londres*, Alfred Hitchcock, 1929) con sistema Photophone de la RCA será el primer caso. Durante poco tiempo convivirán con inventos autóctonos, bajo patentes artesanales de origen radifónico, los tres sistemas americanos (Movietone, Photophone, Vitaphone) con los dos europeos (Tri-Ergon Tobis, Gaumont-Petersen-Poulsen).

Anny Ondra en *La muchacha de Londres*.

Ediphon, la Iglesia católica en escena

La Iglesia católica consideró muy pronto el cine como un gran medio para la difusión ideológica.

Para protegerse comenzó, desde el nacimiento del cine, a promover la censura cinematográfica en todos aquellos países en los que su influencia era destacada, no olvidando utilizar la naciente imagen en movimiento como instrumento al servicio de los valores religiosos y morales.

Dando un paso adelante funda en 1932, con la bendición expresa del papa Pío XI: «Augustus Pontifex hoc gratum habuit atque huiusmodi coeptis iam dehinc felicissima...», la empresa Ediphon destinada a la elaboración de filmes sonoros bajo patente y dirección del religioso Heinrich Köneman. Este físico y abad alemán (nacido en 1888) contribuyó, con la colaboración económica del multimillonario holandés B. J. Branninkmeyer, a la puesta a punto del primer sistema europeo de cine sonoro con banda óptica, el ya citado Tri-Ergon que Tobis comercializará desde Alemania a partir del año 1926.

El Vaticano, con intención de europeizar su empresa y tener el control de los futuros filmes sonoros por ella producidos, registrará la sociedad Ediphon fuera de Roma, en Amsterdam.

Desde Amsterdam intentará, al principio con un relativo éxito, producir, doblar y comercializar películas que se ajusten a los criterios de la moral católica. Pero cuatro años más tarde, en 1936, el propio Vaticano abandonará la idea de una política cinematográfica de la Iglesia católica, y el entonces papa Pío XII en su encíclica *Vigigilanti cura* no considera la posibilidad de producciones cinematográficas católicas.

La conclusión que se puede sacar de la implantación de patentes en Europa es que el viejo continente fue más europeo que nunca, multidividido, guerreando con todo tipo de patentes y sus múltiples variantes y adaptaciones.

Inglaterra se inició con el sistema Photophone, pero adaptó el sistema Gaumont (Gaumont-Acoustic) y el de Western Electric (bajo los nombres de: British-International-WE, Universal-WE, British D.-WE, Fox Movietone...).

Italia asitirá a la implantación simultánea de los originales Movietone, Gaumont, Tobis, Vitaphone, es decir, todos los que aparecieron por la península.

Francia con su sistema Gaumont intentó resistir a la penetración de los otros sistemas, pero ni tan siquiera pudo con el alemán Tobis.

Como hemos recalcado, la historia de las patentes del cine sonoro en Europa, y su implantación, determinó esencialmente el panorama audiovisual.

El público en el periodo de transición del cine mudo al sonoro en Europa

JOAN M. MINGUET BATLLORI

Parece obvio que, en la secuencia de elementos que configuran el dispositivo cinematográfico, el público es el eslabón fundamental, imprescindible. El virtual engranaje de tal dispositivo requiere cumplir de una manera o de otra con aquella máxima que postula que el máximo objetivo del director de un film es llenar una sala vacía. No en vano, si la creación literaria o el arte plástico permiten e incluso, en algunas opciones estéticas, obligan al trabajo aislado y a la contemplación reducida, el cine no tiene más posibilidad de existir, más razón de ser, que en una proyección pública. Sin público, el cine parece condenado a la nada. O a poco más.

Y, sin embargo, a pesar de su relevancia, los estudios sobre el público en la historiografía son escasos, cuando no inexistentes. Bien es cierto que el público aparece mencionado en infinidad de ocasiones y con una reiteración a menudo importuna en la literatura sobre cine. Pero, en la mayoría de ocasiones, se utiliza una acepción vasta y displicente del concepto, que entiende el público como un grupo no estructurado y enormemente cambiante de personas que acuden a los locales de proyección y sufragan el coste de producción, distribución y exhibición de los filmes. El público queda reducido, de esta manera, a un parámetro de menor envergadura, la audiencia, de competencia claramente industrial y economicista. Este parámetro oculta, por otra parte, consideraciones de raíz sociológica sobre la recepción del cine en unas geografías y en unas épocas determinadas. El problema reside en que el control de taquilla, mecanismo que proporciona los datos fundamentales a partir de los cuales extraer la audiencia real conseguida por cualquier filme, y, a partir de aquí, extrapolar conclusiones de aceptación de un determinado tipo de cine en una dirección o en otra, no se implanta en Europa, y de forma rudimentaria, hasta bastantes años después de terminada la segunda guerra mundial. En consecuencia, sin esos datos, las apreciaciones sobre los gustos del público se fundamentan en la acumulación de informaciones parciales y, a menudo, fragmentarias.

En este sentido, conocemos pocos datos objetivos sobre las preferencias del público europeo durante el periodo mudo, más allá de la atracción que ejercían algunas de las «estrellas» del cine norteamericano en las pantallas del viejo continente. Charles Chaplin, como ejemplo paradigmático, convirtió a su personaje «Charlot» en un foco de atracción continua tanto para críticos e intelectuales como para el público en general. Algunas encuestas de principios de los años veinte lo atestiguan. También pueden aventurarse las preferencias endogámicas de los espectadores de ciertos países por sus respectivas cinematografías nacionales en la época silente. A estas alturas, algunas investigaciones han centrado su interés en el sector de la exhibición durante el periodo mudo en grandes ciudades o en pequeñas regiones europeas. De ellas podemos extraer algunos datos, no directamente sobre los gustos del público, pero al menos podemos obtener una aproximación sobre el origen de los filmes que se distribuían y se exhibían en algunos territorios de la Europa de las primeras décadas del siglo XX.

En realidad, a pesar de su trascendencia como último destinatario del producto fílmico, el aparato cinematográfico ha colocado siempre al conjunto de espectadores que constituyen el público en una situación de pasividad permanente. Ha existido desde sus albores un claro dirigismo por parte de la industria cinematográfica y, en general, por parte de todas las industrias audiovisuales, hacia el público. De tal forma que los espectadores se han tenido que someter recurrentemente a los dictados del sector productivo y, más allá, a los de los sistemas culturales institucionales o hegemónicos. Ese mecanismo de imposición o, si se prefiere, de encauzamiento del gusto por parte de la industria es, por otro lado, lógico. La atomización, dispersión y heterogeneidad del público cinematográfico mundial obliga a la industria a prever —o a incitar— las preferencias de los espectadores y, en este sentido, la oferta es indiscriminada, sin responder a demandas concretas. Ante esto, el único resorte o actitud que le queda a los espectadores ante los ofrecimientos de esa industria consiste en propiciar bajas cotas de audiencia, si así lo consideran oportuno sus sectores mayoritarios, lo que dará lugar, sin duda, a nuevas ofertas del sector productivo, con el mismo carácter unilateral, y a la espera del consiguiente «feed-back» o retorno por parte de los espectadores. A lo largo de la historia del cine, y a pesar de lo aparentemente aleatorio de la operación, se han dado múltiples coincidencias entre la oferta lanzada por los sectores industriales y la respuesta que se ha originado en el público. En muchas ocasiones, las previsiones comerciales se han cumplido y, de esta forma, la historiografía cinematográfica ha trazado una senda por la que transitan de manera absorbente aquellos filmes, aquellas corrientes o aquellos géneros que han gozado de la aquiescencia, cuando no de la aprobación, cuando no del fervor del público. Y, sin embargo, en todos los casos, los espectadores se han limitado, a lo largo de los años, a sancionar con un aplauso, con la parte alícuota que les correspondía, en forma de entrada para un cine, aquello que se les ofrecía sin previa demanda. O, escrito de otra forma, el público no ha podido abandonar nunca su estado de pasividad inicial en el proceso tecnológico y artístico que supone la producción de un filme.

Esta pasividad, esta inactividad del público cinematográfico se evidencia de una forma ejemplar durante el periodo de transición del mudo al sonoro. A pesar de que la información con que cuenta el historiador sobre la respuesta del público ante la nueva era de la historia del cine viene casi siempre por fuentes indirectas, se puede afirmar con rotundidad que en la decisión de revolucionar mediante la incorporación del sonido y de la palabra la industria cinematográfica, en lo tecnológico, y el lenguaje del filme, en lo artístico, el público no fue en absoluto protagonista. Más aún, podríamos hablar de una de las mayores imposiciones o conminaciones recibidas por los receptores de los medios de comunicación de masas en sus años de existencia. Y, tal vez, de la de mayores repercusiones en el ámbito específico de lo cinematográfico. En el caso de Europa, la imposición fue de doble recorrido. En primer lugar, los industriales europeos se vieron impelidos o, mejor, forzados a someterse al nuevo mercado creado y dictado desde los Estados Unidos de América. En segundo lugar, y como consecuencia directa, el público tuvo que adaptarse, no sin ciertas deficiencias, sobre las que volveré inmediatamente, a las decisiones de los empresarios de sus respectivos países.

Aun si haberlo solicitado, pues, el público, en este caso el público europeo, sintió una enorme curiosidad por el nuevo fenómeno acústico y visual. Como en tantas otras ocasiones de la historia del cine, anteriores y posteriores a la incorporación del sonido, los espectadores, atentos a las ofertas lanzadas por la industria, acudieron a comprobar el alcance del invento. Y, en consecuencia, dispuestos, aunque sólo fuera instintivamente, a convalidarlo o a penarlo de cara al futuro. La curiosidad de aquel incipiente público de los albores del sonoro parece sensata y lógica si nos atenemos a los radicales cambios que vivía la sociedad de aquella época. Durante la década de los años veinte y, más aún, entre 1924 y 1929, la sociedad occidental se vio inmersa en un proceso de prosperidad económica exultante. En ese periodo, el capitalismo se internacionaliza y fecunda una serie de nuevas industrias que se convierten, al mismo tiempo, en nuevos fenómenos de gran implantación social. Con origen en Estados Unidos, pero con una difusión rápida y que impregna buena parte de Europa, la fabricación seriada de automóviles, por ejemplo, tiene repercusiones trascendentes en lo económico y en lo social. También el nacimiento y rápida inserción de la radio a escala internacional adquiere una relevancia de peso. Por supuesto, el «cinematógrafo» no le va a la zaga. La industria cinematográfica se consolida como una de las más importantes en el sector de los negocios en Europa durante la década de los años veinte. Gian Piero Brunetta (1991) señala que en 1924, en Italia, el volumen de dinero generado por el cine representaba cerca del cuarenta por ciento del gasto nacional, lo que vendría a certificar la fastuosa ascensión del llamado «séptimo arte» como un espectáculo predominantemente popular. En Italia, como en el resto de Europa, la industria cinematográfica se había convertido en uno de los puntales del comercio.

En esta situación, los cinco años anteriores a la depresión económica de 1929 son de una prosperidad sustantiva en Estados Unidos, más que en ningún otro lugar. Durante ese lustro, el poderío económico norteamericano se cimenta y se expande, y, en el terreno cinematográfico, se produce la invención, la súbita eclosión y la rapidísima implantación del sonoro entre 1927 y 1929. Es decir, el sonoro se introduce en pleno auge de la época de prosperidad que, como señalan Palmer y Colton (1980: 543), «algunos pensaban que duraría indefinidamente, que se había descubierto el secreto de la opulencia humana y del progreso, y que la ciencia y la invención estaban, al fin, haciendo realidad las esperanzas de los siglos». Cuando en octubre de 1929 se produce la bancarrota en la bolsa de Nueva York y la depresión económica se propaga con inusitada aceleración al resto del mundo, el sonoro está mayoritariamente implantado en Estados Unidos, pero en Europa la industria cinematográfica recibe al mismo tiempo, en íntima conexión, los dos fenómenos: la crisis monetaria y la necesidad de adecuar todo su entramado de producción y de exhibición a la recién creada sonoridad. La exigencia de esta adecuación, la de dotar a sus sistemas industriales de nuevos aparatos y de nueva tecnología, coincide con exactitud y choca, por tanto, con el apogeo de la crisis económica. En efecto, entre 1929 y 1932, el sector productivo mundial, y con él el europeo, desciende en cerca de un setenta por ciento. En este contexto, la sonorización del dispositivo cinematográfico europeo se convirtió en un reto desproporcionado. Por todo ello, no parece demasiado aventurado afirmar, con toda la cautela necesaria, que la llegada del sonoro fue, desde la perspectiva europea, una imposición de la industria norteamericana. Una imposición, además, absolutamente inoportuna. El entramado industrial europeo tomó la decisión norteamericana de impulsar el sonoro como una exigencia que entrañaba grandes dificultades para su cumplimiento. Obviamente, el sector que recibió en última instancia las secuelas de esta imposición fue la concurrencia de los cines de la Europa más tradicional. Y, ello, por distintos motivos que analizaré más adelante.

EL SONORO, UNA NUEVA EXPERIENCIA AUDIOVISUAL

Se ha apuntado en numerosas ocasiones que para el público la irrupción del sonoro no fue nada traumática porque estaba habituado a que las proyecciones de cine mudo fueran amenizadas con distintos elementos sonoros, como el acompañamiento pianístico, la intervención de pequeñas o grandes orquestas, el papel de los explicadores o las más inusuales experiencias de teatralización o dialogización de los filmes mudos proyectados en una pantalla. Y todo ello sin mencionar las propias experiencias de protosonoridad en el cine, como las realizadas muy prematuramente por la Gaumont, a través de su Cronophone, o el sistema Phonofilm de Lee De Forest por citar algunas. Según esta hipótesis, el público se habría adaptado con facilidad al cine sonoro por haber asistido con anterioridad, e ininterrumpidamente, como señala Roger Icart (1988b: 19-25), a la aparición de sucesivas tentativas de sonorización del cine. Sin embargo, la plausibilidad de tal teoría es, según mi opinión, algo lejana. Sobre todo porque, como ha apuntado Román Gubern (1993: 8), con el sonoro cambia el ritual del espectador en la sala de proyecciones, que elimina los comentarios en voz alta y está sumamente atento tanto a lo que ve como a lo que escucha. No en vano, el sonido, que hasta entonces era algo ajeno a la proyección fílmica, como la música interpretada *in situ* por una orquesta, se convertía ahora en un sonido diegético, estrechamente vinculado al propio desarrollo de la proyección. Parece lógico, por tanto, que esta nueva situación capta la atención del espectador con mucha mayor singularidad que la que habían podido proporcionar los experimentos paleosonoros anteriores. Y que, en consecuencia, se produjera una variación sustantiva en la actitud del público.

Más plausible parece conjugar la curiosidad despertada en el público por el cine sonoro con la implantación en los años anteriores a su «estreno» de otro fenómeno sonoro por excelencia: la radio. En efecto, durante los años veinte, como ya he mencionado, se produce la difusión de lo que por aquel entonces se denominaba telefonía sin hilos (TSH), una difusión muy rápida, si no repentina. En 1922 se inaugura la emisora de la BBC (British Broadcasting Corporation) en Londres, un año más tarde se constituye Radio París y en 1924 se funda Radio Barcelona. Esas emisoras, y otras muchas en todos los países, consiguieron crear, mediante sus emisiones regulares, una atención creciente por el medio radiofónico, por un nuevo medio de comunicación en el que la sonoridad era su especificidad máxima. A finales de 1930, la radiodifusión es un fenómeno extendido. Más aún, la adquisición de aparatos receptores parece ser una actitud más o menos generalizada, y demostrativa de la aceptación y fortuna obtenida por el nuevo medio. Así pues, la predisposición del público hacia el cine sonoro parece más arraigada en esa fulgurante aparición y absorción de la radio en los hogares europeos que en las experiencias paleosonoras que los locales de exhibición cinematográfica hubieran podido alojar en años anteriores. Con el inmediato precedente del auge radiofónico, el público europeo sintió una inicial expectación por el cine sonoro. Pero, esta expectación quedó cercenada ante las dificultades con que se encontró. Como queda apuntado, el público sufrió directamente la descompensación existente entre la probable demanda de cine sonoro que hubiera realizado tras sus primeras experiencias como espectador y la escasísima oferta que el dispositivo cinematográfico europeo era capaz de ofrecerle. Así, un efecto inmediato de la implantación del sonoro en Estados Unidos, y de su posterior imposición, primaria o secundaria, al resto del mundo, es el descenso repentino y agudo en la realización de filmes por parte de la industria europea. Y, más aún, la casi nula producción de filmes sonoros autóctonos. Francia, por ejemplo, en 1929 sólo es capaz de realizar ocho filmes parcialmente sonoros y cantados de entre los 94 que la producción francesa lanza al mercado. (El descenso global de la producción es, pues, notable.) Bien es cierto que, con suma rapidez, las industrias cinematográficas de cada país intentaron restablecerse y acomodarse a las nuevas circunstancias. De una forma especial, la alemana que, a través de la compañía Tobis, se preocupó, no solamente de abastecer el territorio germánico, sino de competir con las patentes y con las ofertas norteamericanas en distintos ámbitos. Ya en mayo de 1930, una circular de la compañía señalaba que se estaban realizando cincuenta y ocho versiones extranjeras de filmes alemanes destinados a la exportación, es decir, a suplir la falta de producción propia en la mayoría de industrias. La Tobis preparaba veintinueve filmes para el mercado francés, ocho para el inglés, dos para el sueco, una para los mercados italiano, español, polaco, húngaro y checo, y catorce versiones internacionales, esto es, simplemente musicales. En Italia, también los estudios Cinès-Pittaluga, inaugurados igualmente en mayo de 1930, se preocuparon de la producción para el consumo interno del país y del rodaje de versiones múltiples, en italiano, francés y alemán (Icart, 1988a: 63-77). La transición al sonoro fue todavía más lenta en otros países. En la Unión Soviética, por ejemplo, su precariedad industrial y su singularidad ideológica, entre otras cosas, motivaron una incrustación tardía del sonoro en el dispositivo cinematográfico. Todavía en 1935 se producían importanes películas sin sonido, películas que el público soviético recibía, según parece, sin ningún tipo de disgusto (Leyda, 1965: 356-357). En España, hasta el año 1932, con la creación de los Estudios Orphea en Barcelona, no se iniciará la producción autóctona y en territorio propio. (Antes, el cine español se había rodado en estudios alemanes o franceses, fundamentalmente.) Aquel año se producen seis filmes y en 1933 se producen diecisiete. La cifra va aumentando con cierta regularidad, pero este incremento se ve cercenado por el estallido de la guerra civil. En conjunto, parece evidente que la oferta que el público europeo recibía de cine autóctono era sumamente deficitaria.

Los mayores problemas con los que se encontró el público en los primeros años del sonoro fueron, sin embargo, en el sector de la exhibición. Es decir, la dificultad radicaba no tanto en los pocos filmes que se ofrecían al espectador como en las condiciones en que se producía ese ofrecimiento. Se tiene constancia de que el primer factor que tuvieron que superar las primeras proyecciones sonoras en las distintas capitales europeas fueron las propias irregularidades técnicas, o anomalías en la proyección. A causa de las dificultades para dotar a las salas de proyección con los artilugios técnicos precisos con los que reproducir el sonido, las primeras sesiones sonoras que se programaron en diversas ciudades originaron proyecciones claramente defectuosas, con ruidos persistentes y molestos, cuando no resultaron ser absolutamente silentes, a pesar de que la publicidad había anunciado lo contrario.

En cierta medida, en los albores de las proyecciones cinematográficas sonoras, el público se encontró con unos problemas similares a los que habían encontrado los espectadores de finales del siglo XIX o del naciente siglo XX con las primeras proyecciones de cine. En aquel periodo, cuando el cine era aún un desconocido y el público acudía con curiosidad y expectación a comprobar su funcionamiento, la oscilación y la vibración de las imágenes que se proyectaban sobre la pantalla, a causa de la imperfección en los aparatos reproductores, originó serias dificultades en los empresarios. El problema de la visión defectuosa en las salas cinematográficas primitivas, a causa de la oscilación provocada por los rudimentarios métodos de proyección, fue causa de quejas por parte del público que se intentaron solucionar con diligencia. Esos defectos también fueron objeto de atención en sectores médicos e intelectuales, que se oponían a la apabullante intromisión del espectáculo cinematográfico en los mecanismos de distribución de ocio de aquella época. La reverberación, se afirmaba entonces, perjudicaba la vista y convertía el cine en un espectáculo «objetivamente» enfermizo. En los primeros tiempos de la implantación del cine, su principal elemento nocivo había sido, pues, visual. En claro paralelismo, durante los primeros escarceos del sonoro, el principal elemento nocivo del cine era auditivo. En ambos casos, el primer perjudicado resultaba ser el público. Esas imperfecciones en las proyecciones sonoras ocasionaron, sin duda, un primer retraimiento ante la nueva forma de expresión. Los operadores que manipulaban los primeros proyectores sonoros se encontraron con problemas en ocasiones irresolubles. Cualquier deterioro en la cinta durante su proyección, por ejemplo, implicaba la desincronización del filme, a menos que el trozo deteriorado se reemplazase con un fragmento de celuloide opaco de igual longitud. Esta solución obligaba a un lógico tiempo de espera, y de desesperación. Las otras soluciones iban desde la proyección desincronizada hasta la proyección silente. Ni más ni menos. El público que acudía a la sala de proyecciones en busca de música y de diálogos, y solamente encontraba ruidos y distorsiones sonoras, o simplemente silencio, debía sentirse, sin duda, poco menos que estafado.

Roger Icart (1992) recoge algunos datos sobre la posición del público europeo frente a la irrupción del sonoro que pueden ser de utilidad. Sobre todo para documentar la idea de que, en un principio, y más allá de la curiosidad inicial que el nuevo método de proyección origina en la sociedad, el sonoro es objeto de un amplio rechazo por parte de los espectadores, a causa de sus notorias imperfecciones en sus primeros años de vida en Europa. Icart contrasta esos datos con unas equivalencias aproximadas con lo que pasaba en Estados Unidos. Según un sondeo publicado por el periódico *Los Angeles Times* en mayo de 1929 sobre la aceptación o rechazo del sonoro por parte del público de aquella zona, algo más de la mitad de los encuestados todavía se muestra partidaria del mudo frente al sonoro. Una cifra mucho más absoluta, un ochenta por ciento, se manifiesta en contra de la desaparición del cine mudo. Y, en general, unas mayorías restringidas no muestran ningún fervor por los filmes sincronizados y menos aún por los filmes dialogados, total o parcialmente.

La comparación no es ociosa puesto que, en 1929, en Estados Unidos la mayoría de las salas de proyección ya habían sido equipadas con los mecanismos de sonoridad pertinentes, y, en consecuencia, el cine sonoro no era solamente un futuro más o menos cercano, como ocurría en otros lugares, sino que se había convertido en una realidad incontestable. E imposible de modificar. En Europa, contrariamente, el abastecimiento de la maquinaria necesaria para sonorizar los locales de exhibición fue un proceso lento y repleto de litigios entre patentes. La competencia hegemónica entre la Western Electric y la RCA norteamericanas y la Tobis alemana se ve incrementada en pequeñas ciudades con la inclusión de otras marcas, a menudo de resultados deficitarios, y que convierten las proyecciones en algo contrario al supuesto entretenimiento que buscan los espectadores. En todo caso, si en Estados Unidos el cine mudo pasará muy pronto a convertirse en algo residual, casi testimonial para el público, en Europa la transformación sufre continuos desfases entre el sector de la producción, que zanja abruptamente la posibilidad de confeccionar algún producto que no sea sonoro, y los sectores de la distribución y de la exhibición, que continúan creando una fuerte demanda de filmes mudos para la enorme cantidad de salas que todavía no habían reciclado sus equipos. Parece que en 1930, en Inglaterra, sólo el diez por ciento de las más de tres mil salas existentes habían sonorizado sus instalaciones. En Francia, todavía en 1932 el paso a la explotación sonora no había sido resuelto del todo. Y en otros lugares, como en España, aún en 1935, un años antes de la rebelión militar fascista, la proporción de locales no modernizados, especialmente en pequeñas poblaciones o zonas rurales, es de una extraordinaria relevancia. Situación que no mejorará sensiblemente hasta los años cuarenta a causa del conflicto bélico y de la consiguiente suspensión traumática de muchos resortes industriales.

Si, ante la implantación indefectible del cine sonoro, hubo algunas reticencias por parte del público norteamericano, aunque éstas sean difíciles de cuantificar y de valorar en su justa proporción, no resulta nada extraño, pues, que en Europa las reticencias fueran de mayor consideración. En 1931, en la ciudad alemana de Darmstadt, se realizó un experimento: como complemento o como competencia a los locales que ya programaban regularmente filmes sonoros, un cine recuperó la proyección de filmes mudos con intertítulos y grandes orquestas. Según relata Icart, aquella sala de exhibición logró plenos semanales en contra de un acusado descenso de recaudación por parte de los locales sonorizados.

Puede resultar anecdótico, pero lo cierto es que con la recopilación atenta de pequeños datos e informaciones de procedencia geográfica diversa se compone un panorama resueltamente contrario a la implantación del sonido en el aparato cinematográfico europeo. A la falta de producción europea de filmes sonoros que he apuntado anteriormente, se añade o, en cierta manera, se antepone la carencia de una infraestructura adecuada y de calidad por parte de los exhibidores europeos. Bien es cierto que los empresarios de mayor envergadura buscaron los mecanismos más rápidos para atajar estos problemas. Y contrataron las patentes que daban mayor seguridad, a pesar de su elevado coste. Con todo, a pesar de los inconvenientes y de la imposición que representaba para ellos la inserción del sonoro, los exhibidores europeos debieron ser conscientes de que, como señala Peter Wollen (1980: 16), con el sonido podrían ahorrar los gastos originados por las orquestas o por los músicos que amenizaban las proyecciones silentes. Aunque sólo sea de forma tangencial, hay que reseñar que los músicos tuvieron pleno conocimiento de la situación que se les creaba con la llegada del sonoro. En muchas partes, los músicos de las salas de cine se unieron en agrupaciones sindicales para, con más fuerza, intentar frenar, si no detener, la inmediata futilidad de su oficio. No hay que evidenciar que sus protestas chocaron contra el avance, lento, pero imparable del nuevo fenómeno cinematográfico. Igual suerte corrieron los pequeños exhibidores, aquellos para los que la adquisición o el alquiler de los nuevos equipos significaba la bancarrota. Como ya he indicado, la necesidad de esta renovación vino acompañada, en Europa, de la agudización de la crisis monetaria y económica de 1929.

Los escollos para la plena aceptación del sonoro por parte del público se sucedían. O, mejor, se superponían. A los ya señalados hasta el momento hay que añadir, y no con poca repercusión, el problema idiomático en la Europa no angloparlante. La hegemonía de la producción norteamericana en los primeros años del sonoro se hizo notar en términos absolutos en los mercados europeos. Eso implicaba la distribución de una serie de filmes dialogados en inglés que una inmensa mayoría, rozando la unanimidad, de los espectadores del viejo continente no entendían. Gran Bretaña aparte, claro está. Ese problema de la lengua en las primeras proyecciones sonoras queda espléndidamente reflejado en una anécdota que reproduce Santos Zunzunegui (1985: 81) a raíz del estreno en el Teatro Buenos Aires de Bilbao, en noviembre de 1929, del filme *Noah's Ark (El arca de Noé*, 1929), de Michael Curtiz. En aquella proyección ocurrió algo que no es aventurado suponer que sucediera en muchos otros lugares: la proyección se realizaba con sonido original en inglés. En una secuencia determinada, un espectador prorrumpe en una «magnífica, grandiosa, inacabable carcajada» y el resto del público, soliviantado, recrimina tal conducta a su circunstancial compañero de sala. Pero, en realidad, ese espectador, al aparecer un solitario angloparlante que asistía a la proyección, había sido el único que había entendido el gag verbal que contenía aquella secuencia de la película de Curtiz. El resto, la crónica habla de tres mil asistentes, había oído sonidos, sonidos que com-

El arca de Noé (Michael Curtiz, 1929).

prendían o intuían que, en el ritual de la representación, provenían de los personajes que aparecían en la pantalla. Pero, en realidad, no había entendido nada de lo que allí se decía y, en consecuencia, el sonoro, para ellos, no dejaba de ser un claro retroceso respecto al cine del periodo mudo. En tono jocoso, el cronista que cita Santos Zunzunegui, acababa la descripción de la situación creada con esta frase: «A la segunda representación de *El arca de Noé*, muchos espectadores fueron al cine con diccionario».
En este caso, el conflicto no había acabado de manifestarse en toda su crudeza. Sólo con posterioridad, alguien había dado cuenta del problema con ciertos grados de humor y de sarcasmo. Sin embargo, en otros lugares el conflicto estalló, y de forma violenta. Juan B. Heinink y Dickson (1991: 20) reseña una noticia que, según parece, causó preocupación entre los empresarios que debían decidirse por instalar los equipos de proyección sonora: «Los espectadores destrozan un cine cuando se proyectaba una película hablada en inglés.» También es ampliamente conocida la anécdota que refiere las protestas que se oyeron en la sala parisina donde se estrenó el filme norteamericano *Lights of New York* (1928), de Brian Foy, reclamando que los actores hablasen en francés. Por su parte, Roger Icart relata unos graves desórdenes producidos en varios cines de Praga cuando, el 24 de septiembre de 1930, grupos de jóvenes nacionalistas checos irrumpieron en ellas, obligaron a detener las proyecciones, ya que éstas se estaban desarrollando en lengua alemana, y causaron destrozos de consideración. En efecto, en Checoslovaquia eran hegemónicos los sistemas industriales germánicos, a través de la Tobis Klangfilm, así como el cine alemán o proyectado en alemán era el de mayor difusión. No en vano, antes de la guerra de 1914 aquel territorio había formado parte del viejo imperio austro-húngaro. Con clara visión comercial, pocos meses después del altercado, la Paramount realizó en Joinville algunas versiones de sus filmes doblados al checo para conquistar aquel mercado.
En todo caso, esa nueva torre de Babel sirvió como argumento contundente en contra del cine sonoro. Un argumento empleado, en primer lugar, por muchos intelectuales. En efecto, los críticos, escritores e intelectuales formaban parte, obviamente, del público cinematográfico que asistió al paso del mudo al sonoro. Se trata, por supuesto, de una parte muy minoritaria del público, pero que tuvo el privilegio

de poder expresar sus opiniones y de hacerlas trascender con el paso de los años a través de la investigación hemerográfica. Mientras tanto, las opiniones del público común nos llegan mediatizadas a través de tópicos y de informaciones indirectas (pequeñas notas de prensa, cartas al director en algunos periódicos, noticias sobre los equipos en las salas de exhibición, etc.). Ese sector de público privilegiado, el intelectual, se mostró mayoritariamente contrario a la irrupción del sonoro. Al menos, antes de la aparición del fenómeno, cuando era poco más que una profecía que venía del otro lado del océano Atlántico, o en los primeros años de su implantación en Europa. En lo fundamental, esa contrariedad se concretaba en dos aspectos: lamentar que la madurez que había conseguido el lenguaje cinematográfico en su época silente se viera contrarrestada por un retorno a las fórmulas teatrales y, en segundo lugar, rechazar la pérdida irremisible de la universalidad de la imagen ante la disgregación que suponía el uso de las diversas lenguas del planeta. Hubo voces, y voces de peso, discordantes, pero parece que planeara un cierto repudio por el nuevo medio. Aclararé inmediatamente que, según mi opinión, esta impugnación del sonoro por parte del sector intelectual, o de buena parte de él, poco o nada tuvo que ver con las reticencias del público común ante el sonoro. En otras épocas de la historia del cine se ha demostrado que, mientras algunos sectores sociales hegemónicos lanzaban diatribas contra el cine, las capas populares hacían caso omiso de esos ataques y continuaban acudiendo a las salas de proyección con asiduidad.

Un segundo sector de público, también minoritario, pero con un marcado carácter institucional, fue el poder político. En el debate sobre el sonoro, su intervención no fue tanto para manifestarse a favor o en contra del nuevo modo de expresión cinematográfica como para solucionar los problemas creados con la invasión de las lenguas extranjeras en las pantallas de sus respectivos países. Una de las primeras medidas tomadas en esta línea fue la de Benito Mussolini, quien, en 1929, prohibió la proyección en Italia de películas que no estuviesen habladas en el idioma nacional, encomendando a Stefano Pittaluga la producción de películas sonoras y el doblaje al italiano de películas extranjeras, fundamentalmente francesas y norteamericanas. Pronto otros países recurren al dictado de normas proteccionistas orientadas a favorecer la reconstrucción de la industria cinematográfica autóctona en concordancia con el sonoro. En realidad, la cuestión del proteccionismo a las industrias nacionales tiene mucho que ver con el deseo institucional de adecuar el presunto fervor del público por el sonoro, fervor no definitivamente encauzado a causa de la deficiencias con las que habían encontrado los espectadores europeos, con la voluntad política de enraizar en los gustos del público sus propias cinematografías. En Francia, incluso en Inglaterra, donde no existía una confrontación idiomática directa con los filmes que provenían de Hollywood, se dictan medidas encaminadas a proteger y a revitalizar su cine. Sin duda, el sonoro era una oportunidad excelente para partir de cero, evitar el predominio en la distribución de filmes norteamericanos y conjugar al cine y al público de un mismo país. En otros lugares, no se supo, o no se pudo, iniciar un proceso de revitalización de los cines nacionales aprovechando el nacimiento del sonoro. La cinematografía española, por ejemplo, no fue capaz de servirse del cine hablado para lanzar claras estrategias industriales encaminadas a la conquista del mercado hispanoamericano.

En general, las medidas proteccionistas no pudieron más que paliar mínimamente el predominio del cine norteamericano en Europa. Las técnicas de doblaje se generalizan en casi todo el continente entre 1934 y 1935 y en años anteriores ya se habían dado experiencias positivas en este campo. Antes del doblaje o durante el proceso de su establecimiento, se extiende también la fórmula de la subtitulación de los filmes hablados en idiomas ajenos. Subtítulos que, en ocasiones, y por facilitar el trabajo en los laboratorios, incluso se convierten en intertítulos, lo que resulta una paradoja: recurrir a mecanismos narrativos del cine mudo en la época del sonoro. La subtitulación o la intertitulación tenía, por otra parte, un inconveniente clarísimo en la Europa de los primeros años treinta: el alto grado de analfabetismo de la población. Los espectadores, habituados a los intertítulos del postrer cine mudo, normalmente cada vez más ágiles, si no prácticamente inexistentes, se encontraban ahora con un alud de palabras escritas, de rótulos superpuestos que intentaban hacer las justas correspondencias respecto a lo que los actores decían en la pantalla. Con este mecanismo, un porcentaje altísimo de la concurrencia quedaba fuera de cualquier grado de comprensión del hilo argumental del filme. De ahí la aparición de las versiones internacionales, como la paradigmática *Trou dans le mur (Un hombre de suerte*, 1930), realizada en Joinville y de la que Michel Marie (1988: 15) reseña hasta trece versiones en distin-

Un hombre de suerte (René Barbéris, 1930).

tos idiomas. Las versiones múltiples se suceden, en Alemania, en Joinville, en el propio Hollywood, pero no dejan de ser soluciones temporales. El doblaje se convierte, así, y a pesar de los detractores con que se enfrenta ya desde su misma implantación, sobre todo en el sector intelectual, en la solución definitiva para que los territorios de habla distinta y sus espectadores puedan contemplarlos sin ningún problema.

Superado, o en vías de superación, el problema del idioma, con las normas de proteccionismo en vigencia y habiendo encontrado la industria de cada país los recortes de actuación adecuados (versiones múltiples, doblaje, producción propia...), el cine sonoro va introduciéndose progresivamente en los hábitos del público europeo. A ello también colaboran en grado sumo las estrategias de producción de las grandes compañías norteamericanas y las iniciativas industriales euro-

Bajo los techos de París (René Clair, 1930).

peas. Y la aceptación popular que obtienen filmes concretos, como el *Hallelujah! (¡Aleluya!,* 1929), de King Vidor; *Sous les tois de París (Bajo los techos de París,* 1930), de René Clair; los primeros filmes sonoros de Lubitsch; o, en Alemania, *Das Land ohne Frauen* (1929), de Carmine Gallone, primer filme con secuencias sonoras que, según las crónicas, el público aplaudía al contemplar al hierático Conrad Veidt añadir a su interpretación gesticulante, ruidos guturales y aullidos histéricos. También las primeras experiencias de dibujos animados sonoros que exporta la compañía de Walt Disney, con el filme *Skeleton dance (La danza macabra,* 1929) a la cabeza, obtienen una respuesta magnífica, que continuará con las siguientes entregas de sus *Silly Symphony.* Una respuesta paralela obtienen los episodios sonoros que protagonizan los personajes animados de la factoría de Max Fleischer: Betty Boop, primero, y Popeye, más tarde. Finalmente, una enorme repercusión popular obtiene en Europa el nacimiento de un género consustancial con el periodo sonoro: el musical. O, más específicamente, la revista musical. Efectivamente, los programas musicales que las productoras más importantes de Hollywood distribuyen por todo el mundo se convierten en Europa en un foco de atracción. No en vano, las *Galas de la Paramount,* la *Hollywood Revue* de la Metro, el *¡Arriba el telón!* de la Warner o las *Fox Movietone Follies* que llegan a las pantallas europeas a lo largo de los primeros años de los treinta son espectáculos fundamentalmente musicales, hasta el punto de que muchos de estos programas no requieren ni doblaje ni subtitulación.

Otro de los principales factores que sirvieron como acercamiento entre el cine sonoro y el público no provenía del cine de ficción, sino del cine documental, más concretamente de los noticiarios. Con una tendencia progresiva, la prensa filmada se convirtió en un reclamo para aquel espectador que, pudiéndose mostrar reacio al cine de ficción musicado o dialogado, acudiera a las salas de proyección en busca de noticias. Las mismas noticias que podía oír por la radio, si acaso sin el matiz de actualidad consustancial con lo radiofónico, pero con el añadido de unas imágenes que ilustraban tales noticias.

En 1931 la industria cinematográfica francesa disponía de siete noticiarios semanales: el Pathé-Journal, el France-Actualités de la Gaumont, Eclair-Journal, Actualités-Paramount, Fox-Movietone, Metrotone-News y Paris-Actualités. A los que cabría añadir los programas documentales «La Marche du Temps» y «Je vois tout», dirigidos por Paul de Roubaix, de enorme incidencia popular en su tiempo. Algunos de estos noticiarios, sobre todo los de procedencia norteamericana, también llegaban a otros lugares. En España, por ejemplo, no se producían noticiarios propios, pero la prensa filmada también tenía un enorme predicamento entre el público. Ángel Zúñiga rememora esa atracción por las noticias sonoras: «En este momento, en que el público se desazona ante la cantidad de diálogo ininteligible, por el esfuerzo sobrehumano de leer letreros superpuestos que lo traducen y ante el cansancio de oír las voces de todos los cantantes de ópera del mundo en el prólogo de "I Pagliacci", el noticiario realiza la mayor conquista» (Zúñiga, 1948: 384). También en la Unión Soviética, donde, como ya he señalado, tardó en sistematizarse el uso del sonoro, los noticiarios sirvieron como uno de los primeros factores de conocimiento. Así, el registro fílmico de la conmemoración oficial de la revolución soviética, llevada a cabo el 7 de noviembre en 1931 en Moscú, propició que, aquella misma noche, se exhibiera un noticiario sonoro en diez salas de la capital moscovita. En años sucesivos se producen algunos otros noticiarios, de carácter geográfico (expediciones a regiones árticas, documentales sobre los desiertos soviéticos) o propagandístico. En 1933 se inicia una serie de documentales sonoros bajo el título «Arte soviético» y, también por estas fechas, se reemprenden unas proyecciones al aire libre en las plazas de Moscú que se habían iniciado en época silente y que ahora eran parlantes o, cuanto menos, sonoras. Todo ello con un eco de sorpresa y aceptación por parte del público. En definitiva, la divulgación del sonoro encontró en los noticiarios un mecanismo de aceptación especial entre las capas más populares del público, hasta el punto de que en algunas ciudades importantes se habituaron salas especializadas en la proyección de noticiarios y documentales.

Hemos visto que, de cara a los espectadores, el recorrido seguido por el cine sonoro en Europa fue largo y lleno de obstáulos. En la época de transición del mudo al sonoro, Joseph Schenck, presidente de la compañía United Artists, afirmaba lo siguiente: «Las películas habladas no sobrevivirán. El público seguirá prefiriendo las cintas silenciosas. [...]. En las películas mudas, los intérpretes pueden demostrar su personalidad con sincera expresión, y es inútil buscar sinceridad a través de procedimientos mecánicos. En Europa no han tomado en serio las películas habladas; las consideran simplemente como una moda pasajera.» Las profecías del eminente industrial norteamericano pueden resultar incluso hilarantes hoy en día. Y, sin embargo, responden, en lo que respecta a Europa, a una sensación común, la de que el público europeo no aceptó el sonoro con entusiasmo. Lo cierto es que los espectadores del viejo continente no percibieron la llegada del sonoro como un hecho traumático, como una fractura. Pero tampoco pudieron disfrutarlo en toda su dimensión a causa de los escollos con que se fue topando: industriales, técnicos, idiomáticos... Muy probablemente, el público de entonces no fue consciente de las secuelas que la implantación del sonoro tendría en el cine como sistema narrativo, como sistema de enunciación. Pero parece lógico que fuera así. Quizá tenía razón Joseph Schenck: tal vez los espectadores europeos habían percibido, en alguna ocasión, el cine sonoro como una moda pasajera. ¿Qué otra cosa podían pensar ante aquel nuevo fenómeno industrial que se les presentaba repleto de imperfecciones y de anomalías?

Pioneros del sonido en Europa

JOSÉ LUIS CASTRO DE PAZ

Parece posible afirmar que ninguna práctica artística haya sufrido nunca una revolución técnica tan decisiva y en tan breve periodo de tiempo como el joven arte cinematográfico con la irrupción del sonido, tras el estreno de *El cantor de jazz* en octubre de 1927 —con todas las matizaciones que sin duda podrían hacerse a tan convencional aunque determinante fijación cronológica.

En el continente europeo —donde también se experimentaban desde mucho antes sistemas de sincronización imagen-sonido—, la situación de «generalizada revuelta» provocada por tal acontecimiento (modificación de las estructuras industriales, necesidad de fuertes inversiones para la renovación de las salas y su equipamiento sonoro, trastornos iniciales de recepción de un público ya habituado a una forma de espectáculo eminentemente visual, desconcierto de cineastas que habían alcanzado plena madurez trabajando en el periodo mudo (L'Herbier, Epstein, Gance...) iba a hacer del periodo 1928-1932/33, aproximadamente y según los países, uno de los más convulsos de la todavía reciente historia del cine.

Algunas cuestiones preliminares se hacen, obvio es, obligadas. ¿Por qué Europa considerada como un todo cuando habremos de referirnos, por ejemplo, a cinematografías tan diversas como la casi inexistente producción española, el primer cine sonoro soviético o los filmes alemanes de la UFA? Al iniciar así un recorrido por algunos de los textos fílmicos más destacados en la utilización del sonido en el ámbito de nuestro continente, la situación (heterogeneidad de lenguas, estilos, modos de producción, etc., junto a un vastísimo marco territorial) se torna, cuando menos, harto compleja. Se tratará entonces de intentar trazar horizontalmente un periodo breve desde el punto de vista temporal, pero en el que se entrecruzan factores —técnicos, industriales, estéticos— de todo tipo que afectan de forma diversa, aunque también con evidentes similitudes, a los diferentes Estados europeos.

La complejidad industrial del cine europeo en esos años traerá consigo, además, consecuencias decisivas para su análisis histórico. Así, el corpus de películas a los que habremos de dedicar nuestra atención es, incluso materialmente, mucho más heterogéneo que en otras parcelas de la historia del cine. La inmediata necesidad de adaptación a las nuevas circunstancias obliga a productoras, cineastas y exhibidores a soluciones de urgencia. Así, filmes cuyo rodaje se inicia sin sonido son «sorprendidos» en plena faena por el éxito imparable del nuevo medio —paradigmático sería aquí el caso de *La muchacha de Londres* (Gran Bretaña, 1929, Alfred Hitchcock), al que nos referiremos— con lo que vuelven a rodarse algunas secuencias con la nueva técnica o se sonorizan por sincronización otras ya rodadas, provocando híbridos tan extraños como necesitados de contextualizadores análisis. Filmes, entonces, mudos y sonorizados, pero también películas sonoras que, bien debido al retraso en la sonorización de gran número de salas o a una negativa respuesta del público, son distribuidas mudas. Múltiples y continuas experimentaciones técnicas y lingüísticas cuya repercusión en el texto final no deberá pasarnos desapercibida. Análisis de textos diferentes a partir de una misma base, distintas versiones en las que no tienen cabida —en ocasiones, sin ir más lejos, por la simple superposición temporal de su realización— los conceptos de original y copia (Cerdán, 1993).

Algo similar ocurre con las versiones de «un mismo filme» en varios idiomas. Una de las soluciones de urgencia que adopta la industria europea para afrontar el «problema sonoro» es el de superar las barreras lingüísticas —así como la precariedad técnica de algunos países y los problemas del control de patentes de los sistemas sonoros—. recurriendo a (co)producciones en varias lenguas, cuya existencia obliga a fijar la atención en textos muy similares —frecuentemente el mismo realizador y equipo técnico e idéntica planificación—, pero en los que varían los actores principales o los mismos se expresan en idiomas distintos, resultando que timbre y grano de la voz, gestualidad y movilidad del actor varían sustancialmente. La confrontación de las versiones alemana, inglesa y francesa de una de las primeras coproducciones europeas del sonoro, *Atlantic (Titanic,* E. A. Dupont, 1929), permite observar la radical diferencia de la versión alemana, protagonizada por Fritz Körtner, con respecto a las otras dos, por más que la historiografía tradicional se refiera en exclusiva al papel que Dupont hace desempeñar a los sonidos de las máquinas del barco y a los gritos de los tripulantes durante el naufragio sobre el que gira la trama argumental del filme. Del mismo modo, ¿es posible que se esté hablando del mismo filme cuando nos referimos a *Der blaue Engel* y a *The Blue Angel* (*El ángel azul*), ambos de 1930 y dirigidos por Josef von Sternberg, rodados al mismo tiempo y con los mismos actores? Sin duda al variar el idioma —y desaparecer la tan peculiar textura sonora de la lengua alemana, especialmente en la singular y arcaizante dicción de Emil Jannings— se modifica también el trabajo gestual y las posiciones de los actores, dando lugar a un tan diverso resultado visual y sonoro que, como se ha dicho, pareciese que «l'occhio del regista e della produzione fosse attento ai quoti e sopratutto ai diversi limiti del "comune senso del pudore" nei due paesi...» (*L'immagine acustica*, 1993: 38).

Por otro lado, la más temprana consideración europea del cine como arte, las complejas pero fascinantes relaciones de las vanguardias artísticas con el cinema y la consecuente mayor preocupación teórica —que obviamente había tratado de buscar su especificidad en las propias características de hipertrofia visual del cine mudo— con respecto a Estados Unidos hacen también de estos años un periodo especialmente problemático tanto para el análisis fílmico como para el estudio de la teoría del cine o de los modos de producción.

No es nueva —ni inútil— la comparación de la situación que ha de atravesar el cine en esos años con la del cine primitivo —de alguna forma, el cine nace ahora como medio de representación audiovisual— reavivando incluso algunas de las características de lo que Noël Burch ha llamado Modo de Representación Primitivo (Burch, 1985) o, todavía, con esa convulsa década de los años cincuenta en la televisión norteamericana, donde la emisión en directo de ficciones dramáticas da lugar a una puesta en escena radicalmente diversa de la imperante en el cine institucional. De hecho, aunque debido ahora a limitaciones de tipo técnico —la imposibilidad en los primeros años de un montaje analítico por la falta de movilidad de la cámara y la tiranía del micrófono en la grabación directa del sonido—, los cineastas se verán obligados a trabajar con una menor manipulación espacio/temporal (inevitable descenso del recurso a raccords y elipsis narrativas, por ejemplo) de la que el «modelo clásico» había logrado en los últimos años veinte —y que influía cada vez con más fuerza en Europa—, con resultados mediocres en muchas ocasiones, pero de enorme interés para historiadores y analistas.

No es extraño que, dada una situación tal de generalizada ansiedad industrial, limitaciones técnicas y búsquedas estéticas, se produzcan algunas aparentes paradojas históricas. Parece claro a tenor de lo dicho que, a pesar de la esencial inmutabilidad que David Bordwell postula para el modelo clásico a partir del concepto de «functional equivalents» —por el que determinados mecanismos serían históricamente sustituidos por otros sin que varíe la función desempeñada por éstos en el funcionamiento último del modelo (Bordwell, Staiger, Thompson, 1985: 243 y ss)—, los años de la transición desempeñan un papel más que ambiguo, actuando casi en sentido regresivo con respecto a la transparencia clásica (Altman, 1992b), al poner al descubierto a los ojos (y oídos) del espectador la dimensión de espectáculo artificial del cine por la «visibilidad» manifiesta de balbuceantes efectos sonoros o la brusca irrupción/desaparición de los ruidos y la música (Gandini, 1993). Diferentes «deseos de mejora» entran en conflicto en periodos de transición y ello no puede dejar de repercutir en el cine europeo a finales de una década —la de los años veinte— en la que los modelos nacionales de representación se ven más y más afectados por una influencia americana que habrá de mostrarse, poco después, imparable. Así, si en el curso de la década de los treinta las peculiaridades nacionales de las cinematografías europeas se verán fuertemente condicionadas por un modelo narrativo-transparente que, una vez superadas las limitaciones técnicas iniciales y descubierto y aplicado el enorme caudal que la voz sincrónica ofrecía para multiplicar la impresión de realidad y de «diégesis total», alcanzará su mayor grado de codificación y hegemonía, estos años de transición e inicios del sonoro son todavía capaces de ofrecer una «cierta identidad nacional» que habrá de quedar cada vez más relegada a experiencias aisladas, excepcionales y alejadas de la industria.

El caso alemán

La poderosa industria cinematográfica alemana, convertida de inmediato en centro de producción de filmes sonoros y con una intensa actividad en coproducciones multilingües, ofrecerá ejemplos altamente representativos tanto del desconcierto inicial como de tempranas y decisivas investigaciones sonoras.

Conocido es cómo Lotte H. Eisner, en su clásico *La pantalla demoniaca*, atribuye a la aparición del sonido el factor desencadenante de un ya iniciado decaimiento de los valores más característicos de la pantalla clásica alemana, cuya estilización veía incompatible con la llegada del filme hablado (Eisner, 1988: 216 y ss). Y es que, en un primer momento, no cabe duda de que el sonoro trae consigo una fuerte regresión estilística que afecta, en mayor o menor medida, a todos los países: planificación frontal del tipo teatralizante, escasez de movimientos de cámara, nula profundidad de campo, abusiva proliferación de diálogos... y todo ello habría de suponer un violento contraste con las experimentaciones del último cine mudo alemán que integraba —en ocasiones en textos de inusual riqueza significante— los más ágiles movimientos de cámara con novedosas formas narrativas y figurativas aun con una influencia cada vez más evidente del modelo americano.

Uno de los fenómenos más visibles del primer cine sonoro/hablado es la proliferación de un tipo de filme basado en una excesiva verbalización que relega el trabajo sobre los componentes visuales a un muy segundo plano —*Danton* (1930, Hans Behrend) podría servirnos de ejemplo aquí— y de un género musical que, siguiendo la estela hollywoodiense, comienza a producirse cual fabricación seriada y de forma especialmente llamativa en Alemania, donde los llamados *Musikfilme, Operetten y Musikerfilme* suponen el más alto porcentaje cuantitativo de la producción y, algunos de ellos, los primeros éxitos internacionales del cine sonoro europeo (*Die Drei von der Tankstelle [El trío de la bencina*, 1931, Wilhelm Thiele]; *Der Kongress tanzt [El congreso se divierte*, 1931, Erik Charrell]).

El trío de la bencina (Wilhelm Thiele, 1931).

No debe extrañar, después de todo, que fuese el sincronismo en general —y de la voz humana en particular—, tan utilizado por el «teatro filmado» y el musical, lo que provocase una desmedida fascinación inicial en el público, toda vez que el cine hablado/cantado en sincronía con la imagen suponía la gran novedad del momento, mientras que el simple acompañamiento musical, aunque interpretado en directo, era tan antiguo como el propio cinematógrafo. Ello no permite, sin embargo y a pesar de que de hecho la aparición del sonoro supuso en principio, con sus rudimentarios sistemas, un generalizado retroceso cualitativo con respecto a las a menudo excelentes interpretaciones musicales en directo (Heinink, 1993: 33), considerar asunto baladí la diferencia entre una interpretación «que acompañe» la proyección del filme y la música como material significante integrada, por el sistema que sea, en el texto fílmico, ya que sólo este último caso permite la formación de textos audiovisuales siempre iguales a sí mismos y no sujetos a eventualidades externas. En resumen, incluso en el caso de los más tempranos filmes sonoros europeos —el famoso *Melodie der Welt* (1929, Walter Ruttmann) en Alemania, pero también *Le Collier de la Reine* (Francia, 1929, Gaston Ravel) o *A Cottage on Dartmoor* (Gran Bretaña, 1929, Anthony Asquith)—, todos ellos «mudos» con sincronización posterior de música y algunos efectos sonoros, la participación plena de la música en el texto fílmico obliga a una variación sustancial de su estatuto (sólo ahora verdaderamente) audiovisual.

El citado filme de Walter Ruttmann merece consideración especial por tratarse de uno de las más tempranos intentos —contemporáneo de las primeras tentativas de Vertov o Pudovkin en la Unión Soviética— de incorporar el sonido a las consecuciones del montaje visual de las experiencias vanguardistas del mudo. *Melodie der Welt* parte de una concepción de montaje no alejada del reconocido *Berlin. Die Symphonie einer Grosstadt* (1927) para elaborar un «documental sinfónico» —a partir de tomas rodadas en distintos lugares del mundo, algunas reaprovechadas— en el que el montaje rítmico de las imágenes se enriquece con la banda sonora musical de Wolfgang Zeller, mientras los ruidos naturales eran restringidos a puntos concretos —«estimulos au-

El congreso se divierte (Erich Charrel, 1931).

ditivos extraordinarios»— y utilizados a menudo, además, sin una relación sincrónica/causal de tipo «realista».

Probablemente comprobando los limitados resultados de sus tentativas musicales —ya que realmente la pretendida síntesis musical imagen/sonido no era más que un realzamiento de una imagen todavía concebida «muda»—, Ruttmann recurrirá a la palabra y a la ficción, a partir de un guión de Pirandello, para su filme —de producción italiana— *Acciao* (1933), sencillo melodrama amoroso que narra la historia de un joven trabajador cuya novia lo abandona por su mejor amigo.

Pero aparte de tres o cuatro secuencias dialogadas de planificación simple y convencional o la puntual presencia de murmullos de fondo, las búsquedas de la banda sonora vuelven a centrarse fundamentalmente en la combinación rítmica y abstracta de música (partitura de Malipiero), ruidos e imágenes, en especial en las largas secuencias del trabajo en la fundición, donde el papel otorgado al sonido de las máquinas ocupa lugar preponderante. Así, al igual que raccords puramente visuales (movimiento de los caballitos de la feria/láminas de hierro incandescente), también la música y los ruidos mecánicos de la fundición crean insólitas vinculaciones sonoras con la imagen, extraños ritmos que ocupan, sin duda, el interés prioritario de la enunciación.

Con todo, siendo en general la voz humana el elemento omnipresente y dado que los condicionamientos técnicos debidos a la estrechez de la pista óptica no permitían un tratamiento de la banda de sonido sensorialmente complejo que hiciese posible una rica convivencia textual de las distintas potencialidades sonoras, el trabajo sobre los ruidos fue, incluso en Alemania —el país europeo más avanzado en técnicas de grabación—, extraordinariamente limitado. Unido todo ello a la nula valoración estética de los ruidos, tanto en la teoría como en la práctica fílmicas (Chion, 1993: 139), se comprende que únicamente en casos muy aislados como *Abschied* (1930, Robert Siodmak) —u otros ejemplos franceses en el haber de Renoir o Duvivier— adquieran auténtico rango significante (rumores callejeros y ruidos domésticos puntuando la acción, circunscrita a una vivienda, en el citado filme de Siodmak) y siempre a condición de una casi total desaparición de música extradiegética —uno de los rasgos más llamativos del primer cine hablado— imposible de conciliar, como no fuese por medio la presencia de los propios músicos tras el decorado, con las técnicas de grabación directa del sonido.

Es por ello que los cineastas de mayor talento creativo, se hayan visto obligados —aunque no hubiese deseo de reivindicación teórica alguna que apoyase sus experimentaciones, como sí ocurrirá en otros casos— a limitar el alcance de los diálogos o, en el polo opuesto y extremadamente inusual, darle una prioridad estructural excepcional (como veremos en *M, [M, el vampiro de Düsseldorf]* 1931, Fritz Lang) en aras de obtener una mayor libertad del trabajo de puesta en escena de la que permitía la grabación sincrónica de la voz.

Así, de entre la generalizada regresión en la cinematografía alemana con el inicio del sonoro y hasta la fractura definitiva que supone el advenimiento del nazismo sólo tres años después, algunos cineastas y algunos textos —y hemos de ceñirnos, por cuestiones de espacio, al largometraje, pese a que la mayor libertad experimentadora del corto ofreció en esos momentos de confusión un lugar donde realizar probaturas sonoras de gran interés (*XXI Mostra Internazionale del Cinema Libero*, 1992)— sobresalen fuertemente del marasmo dialogado y musical, formando una «etapa curiosa del cine, demasiado breve para ser estudiada, pero demasiado diferencial respecto a los últimos años del mudo para ser doblegada a cualquiera de las dos fechas que la circunscriben» (Sánchez-Biosca, 1990: 426). Se trata, paradójicamente, de filmes que incorporan la banda sonora —no el cansino recurso a la voz del más estandarizado musical— para trabajar dentro de unas premisas temáticas y de puesta en escena no alejadas del mejor cine mudo weimariano. Sánchez-Biosca denominó a estas experiencias manifestaciones «experimentalmente arcaizantes» (Sánchez-Biosca, 1990: 427) porque hacen convivir elementos en principio tan difíciles de compaginar como una investigación de las posibilidades expresivas del sonido y la pervivencia de algunas de las más definitorias características del cine mudo alemán (la temática del doble, lo demoniaco, lo siniestro, la tragedia social...).

Uno de los textos a que nos referimos es el ya citado *El ángel azul* (1930), dirigido por Sternberg en Alemania tras su primera etapa americana y producido para la UFA por Eric Pommer en la tradición de los más clásicos filmes weimarianos, adaptando la novela *Professor Unrat* de Heinrich Mann. Son hoy muy llamativos —un simple visionado permite comprobarlo— determinados resabios del montaje mudo, así como dudas y vacilaciones en la utilización del sonido (especialmente la ausencia de gradaciones de volumen y la brusca desaparición

El ángel azul (Josef von Sternberg, 1930).

del sonido cuando se cierra una puerta —efecto reiterado, por ejemplo, en cualquiera de las secuencias desarrolladas en el camerino de Lola-Lola) pero —es interesante destacarlo— se refieren más a una falta de dominio del «verosímil sonoro» que a las, por otra parte, muy rudimentarias condiciones técnicas del rodaje de la época, que el propio director se encargaría de relatar (Sternberg, 1970: 149-150). Sólo con el tiempo se irán controlando las matizaciones sonoras, cuya ausencia hace que el sonido se «autodesigne» para nuestro oído y deje al descubierto la artificialidad del sistema (Chion, 1993: 57).

Pero la gran innovación de *El ángel azul* es que la banda sonora no está concebida ni como elemento envolvente que multiplique la «impresión de realidad» —tal acabará siendo, como se sabe, su más codificada función en el modelo clásico— ni tampoco sujeto a un empobrecedor protagonismo de la relación sincrónica imagen/diálogo, sino que constituye un novedoso material significante que se incorpora a un montaje fuertemente metafórico que recoge en decorados, iluminación y «saturada» composición del encuadre algunos de los más característicos rasgos del modelo «expresionista». La utilización, por ejemplo, de reiterados sonidos de cacareos de gallinas o cantos de pájaros nos interesa no tanto por su función en ocasiones asincrónica-contrapuntística —término que ha generado discusiones teóricas frecuentemente estériles y una confusión generalizada por las numerosas acepciones que bajo él han pretendido englobarse— como por la recurrencia y la densidad simbólica que éstos llegan a alcanzar en el interior del discurso fílmico. Así, el cacareo contribuye en la secuencia inicial a describir el despertar de la ciudad (unas calles, de estudio, de innegable tradición expresionista), pero es también la señal de amor y dominio que, altanero, enarbola el orgulloso profesor Rath tras su boda con la chica. Transformado y degradado por el tiempo, el otrora orgulloso «kikiriki», se convertirá, en el trágico final del filme, en el grito delirante e inhumano del hombre que ha perdido hasta el último de sus atributos: la palabra (tal y como, por otra parte, sucedía al payaso que Rath parece sustituir, anunciando fatalmente el posterior destino del profesor). Densidad simbólica y economía narrativa se entretejen en una estructura dramática que halla en el sonido uno de sus más poderosos aliados.

De igual manera, si la película no pierde ocasión de recurrir a los números musicales, inevitables en buena parte de los primeros filmes sonoros alemanes y aquí revalorizados por la presencia y la voz de Marlene Dietrich, éstos nunca serán un simple pretexto para que el cinematógrafo pueda lucir sus recién estrenadas galas, sino que estarán plenamente integrados en la economía del texto, ligados a las etapas de la progresiva degradación del protagonista cuya consumación supone el cierre narrativo y simbólico del filme. Otro ejemplo nos ayudará en este punto. Previamente a su primera noche con Lola-Lola,

Rath asiste, desde el palco de «autoridades», a una actuación de la mujer en la que la puesta en escena —y la propia letra de la canción— anuncian premonitoriamente el trayecto vital que espera al (hasta ahora) honorable profesor. El director de la compañía, con redoble de tambor e iluminación directa, lo presenta al público, que se ríe burlonamente de su arrogante porte. Es el inicio de su caída. Lola retoma su interrumpida canción mirando hacia el hombre que, aturdido por la fascinadora belleza de La Mujer, no sabe «interpretarla». La cámara, que asciende hasta mostrarlo solo, en primer plano, señala el nacimiento de un deseo incontrolable, de igual manera que sucesivos números en el cabaret mostrarán la transformación de Rath de autoridad en payaso, de mirón en mirado, hasta su destrucción definitiva. La música, narrativamente justificada y creadora además de la tan peculiar atmósfera que se respira en *El ángel azul*, contribuye también a marcar el trayecto trágico del protagonista.

La importancia de *M, eine Stadt sucht einen Mörder, (M, el vampiro de Düsseldorf,* 1931), el ya citado primer filme sonoro de Fritz Lang, excede con mucho este anecdótico dato y se constituye como uno de los textos más complejos y ricos de la historia del cine, ocupando el sonido un lugar capital en su escritura fílmica. Relacionado también con el periodo mudo por la presencia de rasgos semánticos y estilísticos de la tradición clásica alemana, *M* presenta, sin embargo, una textura realista de tipo documental que recicla con singular sabiduría textual elementos provenientes del cine de «montaje», conjugado todo ello con una desbordante batería de recursos sonoros sorprendentemente modernos que han sido objeto, en las últimas décadas, de destacados análisis (Ropars, 1981; Burch, 1985; Sánchez-Biosca, 1990; Sánchez-Biosca, 1994). La palabra se convierte en *M* en verdadero elemento estructurador de su discurrir narrativo —hasta el extremo de que Michel Chion llega a señalar el absoluto protagonismo de la «palabra-texto» en el filme, contraponiéndolo a una «palabra-teatro» mucho más generalizada y convencional (Chion, 1993: 161-163)—, pero lo hace con tal funcionalidad y aparente sencillez que, en un primer visionado, no resulta especialmente llamativo.

Pero lo realmente sorprendente —y generador de sus variadas y cambiantes fórmulas narrativas— es que esta «palabra-texto» (voz fuera de campo y comentarios del narrador) no se sujeta aquí —como no lo hará tampoco en el siguiente filme de Lang *Das Testament des*

El vampiro de Düsseldorf (Fritz Lang, 1931).

Dr. Mabuse (El testamento del Dr. Mabuse, 1932) que lleva todavía más allá algunas de las investigaciones sonoras de Lang iniciadas en el filme que nos ocupa— a un determinado personaje y durante un tiempo concreto, sino que varía permanentemente, provocando un efecto de discontinuidad narrativa sin perder por ello la funcionalidad requerida. Magníficos ejemplos de lo dicho se observan en la parte denominada por Burch «la psicosis se extiende por la ciudad», caracterizada por una gran discontinuidad en personajes y situaciones sólidamente regida, sin embargo, por una utilización de la palabra en off como guía narrativa. Tras un plano detalle de la carta que escribe el asesino a la prensa, Lang corta a un primer plano del cartel policial anunciando la recompensa por su captura. La cámara, en travelling hacia atrás, muestra a la multitud que lo lee. De entre las múltiples voces, una parece destacarse, pero se trata ahora de una voz radiofónica y, otra vez por corte, pasamos al interior de un café, donde el mismo texto es leído ahora en un periódico (lo que da lugar al episodio de las acusaciones mutuas entre los contertulios). Todo un sistema de *rimas* —por utilizar la formalista expresión de Noël Burch— que nos informa nítidamente de la extensión imparable del terror en la ciudad.

Pero el mismo principio adoptará formulaciones más complejas. Así, las explicaciones del prefecto de policía al ministro del interior son «visualizadas» por medio de imágenes «documentales» de las actividades de los agentes en la incesante búsqueda del estrangulador, mientras es la voz en off del prefecto la que rige la evolución de las mismas, otorgando al sonido una eficaz función sintética y provocando al tiempo una provechosa ambigüedad narrativa. Este papel de la voz como unificador y dinamizador discursivo alcanza sus más altas cimas en la famosa secuencia de las entrevistas paralelas de la policía y los cabecillas del hampa, lográndose, a través del sonido, la activacion de un sistema de relaciones intersecuenciales por medio de constantes «superposiciones y encabalgamientos» que Lang había experimentado ya, mediante otras fórmulas, en sus filmes mudos. Las dos reuniones se alternan continuamente por montaje y las relaciones entre ambas se basan preferentemente en vínculos orales —aunque también gestuales o por medio del raccord en el movimiento— (un miembro del hampa comienza la frase: «Os pido...» que concluye, por montaje alterno, el jefe de policía: «...que me deis vuestra opinión...», por ejemplo). El espectador llega en ocasiones a confundir ambos lugares —a lo que contribuye el trabajo de sobria abstracción en iluminación, decoración y guardarropía—, por lo que tal fórmula acaba generando una falsa (y relativa) continuidad altamente rentable sin embargo, tanto narrativamente (la percepción de los saltos disminuye, paradójicamente, funcionando al modo clásico del raccord) como desde el punto de vista discursivo (la relación semántica de íntima afinidad entre los dos grupos).

Pero la riqueza de la banda sonora de *M*, en los mismos albores del nuevo medio, es tal que constituye inacabable campo abonado para historiadores y analistas preocupados por la definición estética del cine sonoro. El papel de los sonidos fuera de campo, por ejemplo, es fundamental desde la secuencia inaugural, donde, en el interior del complejo sistema de metáforas y metonimias movilizado por la enunciación (Sánchez-Biosca, 1994), el papel desempeñado por la voz de la señora Beckmann —variando incluso los niveles de «movilidad» de la voz en off con respecto al (lógico) alcance acústico del campo— es determinante y multiplica los sentidos del fragmento. El propio personaje de M, encarnado por Peter Lorre, debe al sonido y a la voz buena parte de su poder. De hecho, Lang buscará presentarnos al asesino por todos los medios posibles (el reiterado silbido por el que además será finalmente descubierto, su voz mientras habla a Elsie Beckmann...) antes de ofrecernos la posibilidad de acceder a su rostro, recurso este —acusmatización inicial de la voz y revelación diferida de su aspecto— generalizado posteriormente en filmes de misterio y suspense y que Lang llevaría hasta sus últimas consecuencias en su siguiente filme.

En un ámbito ya distinto, pero convencido asimismo de las posibilidades del cine sonoro en la plasmación fílmica de determinados ambientes, otro cineasta alemán de inexcusable referencia es el versátil G. W. Pabst. Tanto *Westfront 1918* (*Cuatro de Infantería*, 1930) como *Die Dreigroschenoper* (*La comedia de la vida*, 1931) o *Kameradschaft* (*Carbón*, 1931) merecen ser considerados destacados logros en este sentido aunque, dando prioridad al papel otorgado al sonido en el texto, dedicaremos al primero de ellos atención más relevante. *Cuatro de Infantería*, centrado en la durísima cotidianidad de cuatro soldados alemanes en los últimos compases de la primera guerra mundial, fue alabada por la crítica europea, desde su estreno en Berlín, por la «autenticidad y verismo documental» en la representación de los ho-

Cuatro de Infantería (G. W. Pabst, 1930).

rrores bélicos. Justa valoración en la que, veremos, no puede olvidarse el tratamiento otorgado a los ruidos de guerra, auténticos protagonistas de la banda sonora del filme.

Organizado en una serie de *tableaux* semiindependientes, distintos episodios (más o menos) protagonizados por los soldados que se nos presentan brevemente en la secuencia inicial (una de las más dialogadas y bastante convencional en su formulación visual, como corresponde a la época), no existe, sin embargo, narración en el sentido clásico —lineal, causal— del término: el único núcleo narrativo es aquí la propia guerra, mientras la enunciación centra toda su atención significante en aspectos satélites (catálisis) que dan verdadero espesor textual y conforman el sentido del filme (que incorpora, eso sí, consignas de tipo pacifista). El caos de la guerra, en fin, más que suceso militar concreto alguno. Pues bien, casi cualquier secuencia puede servirnos aquí. Dos soldados cantan, de noche, en las trincheras, una bella canción tradicional (plano de conjunto). Una panorámica hacia la derecha y ascendente parece responder al sonido off de los disparos y las bombas que anuncian el (re)inicio del combate. Los planos generales de las trincheras y los ensordecedores ruidos de las armas se confunden con los gritos de los soldados en un creciente caos de terror y muerte. La cámara, mientras tanto, en continuos travellings, atraviesa el espacio sin llegar a centrarse en personaje o suceso narrativo alguno.

Como podrá intuirse por lo ya dicho, el sonido es destacado protagonista a la hora de recrear esa atmósfera caótica de la guerra, con la muerte acechando siempre en las trincheras. Alternado con desasosegantes silencios, breves interludios que no hacen sino temer la irrupción aún más violenta de lo que ha de venir, el sonido alcanzará el paroxismo total en las secuencias finales, auténtica sinfonía de los sonidos del horror.

Realizada en 1931, *Carbón* está muy vinculada a la anterior tanto en su concepción narrativa —que toma ahora como punto de partida una catástrofe minera ocurrida en Westfalia a principios de siglo— como en una experimentación sonora centrada en la creación de una atmósfera densa y tensionada, trabajada otra vez de modo «documental» y realista. Pero nos interesa especialmente destacar algo que ya se intuía en *Cuatro de Infantería* —como éste, filme rodado en una única versión bilingüe franco-alemana, casi una excepción en la época—: el respeto por el idioma original de los personajes (mineros franceses y alemanes en una zona fronteriza), lo que, como es obvio, entrañaba, por razones de tipo técnico, una dificultad añadida a la comprensión de los diálogos —que Pabst intenta contrarrestar con una planificación lo más simple posible. Esta integración de la diferencia idiomática como elemento narrativo (de hecho es uno de los motivos de la dificultad de relación de los mineros hasta la reconciliación final) es uno de los aspectos menos valorados pero más interesantes de algunos otros destacados textos sonoros de los orígenes (tal es el caso, por

Carbón (G. W. Pabst), 1931.

La comedia de la vida (G. W. Pabst, 1931).

ejemplo, del filme suizo *Rapt* [1933, Dimitri Kirsanff] realizado en una estética cercana a las vanguardias de los veinte, incorporando «violentos» ejemplos de contrapunto sonoro y donde se utiliza con inteligencia el idioma propio de cada uno de los actores en un reparto de corte internacional).

También la importancia del idioma, considerada ahora desde otra perspectiva, es decisiva a la hora de diferenciar la versión alemana de *La comedia de la vida* (1931) de las simultáneamente rodadas inglesa o francesa —en la que, por ejemplo, Rudolf Forster es sustituido por Albert Préjeau en el papel de Mackie Messer. Si incluso en aquélla poco quedaba de la obra de Brecht en que está basada, al suavizar o incluso vulnerar abiertamente las concepciones formales del teatro brechtiano (Sánchez-Biosca, 1990: 412 y ss) —a las que, sin embargo, podrá aproximarse el espectador cinematográfico de comienzos del sonoro a través del único largometraje donde el autor tuvo un más o menos efectivo control sobre guión y realización: *Kühle Wampe oder Wem gehört die Welt* (1932, Slatan Dudow), uno de los textos más inclasifica-

Kühle Wampe (S. Dudow, 1932).

bles de la filmografía alemana del periodo por su militancia política, riquísima y dialéctica elaboración formal y un sorprendentemente audaz tratamiento de la banda sonora, reciclando referencias intertextuales e influencias directas con singular fortuna discursiva (Sánchez-Biosca, 1990: 441-447)—, manteniendo sólo los aspectos más superficiales del mucho más complejo concepto de «distanciamiento», al menos —y dado que muchos de sus intérpretes eran los mismos que el propio Brecht había dirigido en el estreno teatral berlinés— conserva en la interpretación de las canciones de Kurt Weill algo de la dicción y el tono sarcástico de la obra original, totalmente perdidos, sin embargo, en los otros dos filmes. Obviamente, es el origen argumental lo que convierte en destacable un texto en el cual el tratamiento sonoro no difiere en lo esencial del de otros musicales del periodo, aunque Pabst demuestra una vez más un sobrado dominio del medio, que le permite, con los condicionamientos del momento, recurrir alternativamente y con soltura al montaje corto o a un variado y ágil recurso a los movimientos de cámara.

No puede dejar de citarse finalmente, pese a pasar desapercibida habitualmente para los historiadores de los inicios del sonoro, la temprana contribución de C. T. Dreyer con su coproducción francoalemana *Vampyr/L'Étrange voyage de David Gray* (*La bruja vampiro*, 1932). Es sorprendente comprobar el poco interés con que la historiografía clásica (cf., por ejemplo, Sadoul, 1972: 212-213) se ha referido a este filme ejemplar, señalando un presunto anacronismo histórico que vendría motivado por el limitado protagonismo otorgado al sonido —lo que resultaba incomprensible, al parecer, después de *La Passion de Jeanne d'Arc* (*La pasión de Juana de Arco*, 1927) y su «aparente» necesidad de la palabra— en esta «simple historia de vampiros» de catastróficos resultados económicos. Sin embargo, bien al contrario, la más que cuidada banda sonora del filme —con partitura musical de Wolfgang Zeller, colaborador de Ruttmann en el ya citado *Melodie der Welt*— está plenamente integrada en un trabajo de escritura que investiga y deshace los mecanismos de la continuidad espacio-temporal del modelo narrativo-transparente (función transgresora y oscura de elipsis intersecuenciales y de raccords, continuo cambio del papel subjetivo/objetivo de la cámara...), renunciando a la puesta en escena de los núcleos narrativos, de los que únicamente vemos sus consecuencias. Pues bien, dentro del protagonismo adquirido por elementos no vinculados a la evolución de los acontecimientos narrativos, también la contribución sonora tendrá su lugar: el sonido de la campanilla que toca el hombre de la azada, el recurso a continuos ruidos y gemidos en off de los que siempre es eludida la causa y la importancia de la música en la creación de una pavorosa atmósfera requieren, en un texto de tamaña complejidad, un detenido análisis (Bordwell, 1981: 95-116; Burch, 1985: 92-100).

Francia: «reacciones» y coproducciones

Utilizando prioritariamente el sistema sonoro alemán Tobis —que abre casi de inmediato una compañía subsidiaria en París— y aprovechando un floreciente momento de la industria cinematográfica, el cine francés de los primeros años treinta se destacará por sus investigaciones —prácticas y teóricas— sobre el estatuto estético de lo que habría de ser (o no ser) el cine sonoro/hablado. Sin duda, en este contexto, la reacción de René Clair contra los (previsibles) excesos sincrónicos del primer cine hablado —que se intuían ya en los iniciales y rudimentarios intentos de efectos sonoros y diálogos sincronizados en filmes rodados mudos a partir del ya citado y pionero *Le Collier de la Reine* (1929, Gaston Ravel, del que recientemente se ha recuperado un pequeño fragmento de un rollo, tras considerarse perdido)— merece ser objeto de atención prioritaria. A nosotros nos corresponde aquí, mediante el análisis de su práctica fílmica, constatar la «militante» postura de Clair contra un cine en el que la palabra sincrónica pasaba a convertirse en elemento estructurador del filme en detrimento de los hallazgos visuales que caracterizaban el mejor cine mudo europeo.

No se pretendía negar que el sonoro era el futuro inexcusable del cinematógrafo, pero para Clair —con una destacada filmografía ligada a la vanguardia a sus espaldas— filme sonoro y filme hablado (término que asocia despectivamente a «teatro filmado») no son conceptos equivalentes. Se plantea en la práctica la búsqueda de un equilibrio entre imagen y sonido a la hora de resolver cada secuencia, aunque a la postre, tal «equilibrio» no consiste sino en limitar la palabra al mínimo, nunca más allá de la función que el mudo otorgaba al intertítulo: neutro, conciso y siempre supeditado a las imágenes. Surgen así, como confirmación fílmica de sus postulados teóricos, las más famosas películas sonoras de Clair y más influyentes, a su vez, en otras filmografías nacionales: *Bajo los techos de París* (1930), *Le Million (El millón*, 1931) y *A Nous, la Liberté! (¡Viva la Libertad!*, 1931).

Clair había colaborado en el guión original de *Prix de Beauté (Premio de Belleza*, 1930, Augusto Genina), rodada muda y postsincronizada en cuatro versiones con unos resultados bastante satisfactorios por la libertad que otorgaba a la cámara, imposible, como es sabido, en la grabación directa del sonido. Parecía lógico que —de igual forma que Jean Gremillon en *La Petite Lise* (1930)— se decantase por una eficaz combinación entre grabación directa y postsincronización que le permitiese, al menos en parte, liberar la cámara de la empobrecedora in-

Fotograma de *¡Viva la libertad!* (René Clair, 1931).

Un sombrero de paja de Italia (René Clair, 1927).

movilidad que la aquejaba. En este sentido, el inicio de *Bajo los techos de París* es una verdadera declaración de principios, con la cámara desplazándose constantemente sobre el gran decorado parisino de Meerson. Pero las intenciones programáticamente polémicas de Clair iban mucho más allá de la mera reducción cuantitativa de los diálogos y el mantenimiento, cuando menos parcial, de las posibilidades expresivas por él mismo alcanzadas en, por ejemplo, *Un Chapeau de palle d'Italie* (*Un sombrero de paja de Italia*, 1927). La palabra sincrónica debía ser combatida mediante todos los «artificios» necesarios para impedir su dominio sobre el texto audiovisual. Así, aunque los diálogos de su primer trabajo sonoro son ya de por sí escasos, la enunciación recurre a constantes y diversas fórmulas para «rarificar» y tornar extraña la presencia de la palabra (Chion, 1993: 166-168). Tales mecanismos incluían todo tipo de obstáculos sonoros que, si bien gozaban casi siempre de justificación diegética, eran con frecuencia visibles y gratuitos, ajenos por completo a las necesidades de la economía narrativa del texto. El plano sostenido de la conversación de la pareja protagonista, inaudible por la presencia de un cristal, o la larga secuencia en la sala de baile donde la cámara, en constante movimiento, permanece alejada de los personajes «impidiendo» oír los diálogos —recurso que Clair justificaba ingenuamente como un «tratamiento realista del sonido» (Boschi, 1992: 25)— junto a bruscas y abruptas sustituciones entre diálogos y música sin motivación aparente o el recurso inverso, privilegiando en exclusiva la voz y los ruidos mientras la imagen permanece totalmente oscurecida durante la pelea nocturna, acaban por provocar todo lo contrario a ese pretendido equilibrio audiovisual, experimentándose una sensación de vacío y extrañeza ante la palabra que, paradójicamente, llama constantemente la atención sobre ella misma.

Aunque *El millón* ofrece una cierta evolución gracias a una eficaz y variada combinación de pantomima muda y diálogos con una más engrasada inserción de todos los elementos sonoros —incluidos los buscados efectos de «contrapunto»— (Fischer, 1977), la actitud de Clair, como bien pronto habrían de poner de manifiesto historiadores y teóricos, fue, en cierta forma, «reaccionaria» y «elitista». Renunciando al enorme potencial «social» de la voz había construido, voluntariamente o no, un espectador ideal «universal and transhistorical» (Faulkner, 1994: 164), limitando además las todavía inexploradas posibilidades expresivas del filme hablado. En el extremo opuesto, el cine de Marcel Pagnol, tanto las primeras adaptaciones de sus obras, en las que ejerce control directo *(Marius* [1931, Alexander Korda], *Fanny* [1932, Marc Allegret]), como las dirigidas posteriormente por él mismo (a partir de *César,* 1936), basará buena parte de su gran interés en el tratamiento del grano de la voz y la veracidad realista de entonaciones, giros y acentos, cuyo «reconocimiento» es decisivo para la lectura ideal del texto, mientras la general inmovilidad de la cámara y el recurso al plano-contraplano constituyen los elementos visuales fundamentales de la puesta en escena. En Pagnol, como tan agudamente señaló Bazin, «el acento no constituye, efectivamente, [...] ni un accesorio pintoresco ni una nota de color local [...] sus héroes lo poseen como otros tienen la piel negra. El acento es la materia misma de su lenguaje, su realismo» (Bazin, 1990: 206).

Como en menor medida Julien Duvivier *(Poil de Carotte [Pelirrojo,* 1931], *La Tête d'un homme [La cabeza de un hombre,* 1933]), también Jean Renoir, tras su primer y limitado acercamiento experimental con *On purge bébé (La purga del bebé,* 1931), prestará particular atención al realismo sonoro y a la veracidad de los acentos en su siguiente filme *La Chienne (La golfa*, 1931), densificando incluso los conflictos sociales latentes en el texto por medio de la cuidada utilización de giros, expresiones y acentos concretos y ligados a clases sociales diferentes *(Marie,* 1980). El interés por el registro realista del sonido —no sólo de la voz humana—, grabado en directo, es uno de los logros más destacados por la historiografía al referirse a esta adaptación de la obra de Le Fouchardiere que presenta además, por vez primera de forma tan evidente, algunos de los rasgos más característicos del estilo de Renoir (profundidad de campo, complejos movimientos de cámara y repentinos cambios en el tono dramático, entre otros).

Aunque presenta algunos *«defectos»* sonoros propios de la época —como el desencaje producido entre un montaje de concepción todavía muda y un sonido que, indefectiblemente, señala un tiempo articulado linealmente en ciertas escenas corales (véase el banquete inicial)—, las búsquedas para la obtención de una auténtica atmósfera dramático-realista presiden, en *La golfa*, el trabajo sobre la banda de sonido: el fuerte ruido del canalillo durante la conversación amorosa de Legrand y Lulú, mientras ella susurra las palabras, enriqueciendo el sentido de la secuencia; la sutil y realista gradación (aumento-disminución) del volumen de sonido sin recurrir a procedimientos técnicos (potenciómetro)... Desde esta perspectiva, la secuencia del asesinato de la chica es una muestra ejemplar del trabajo sonoro de Renoir tanto en lo que se refiere a los aspectos citados como también al fundamental papel otorgado por la puesta en escena renoiriana al espacio fuera de campo, aspecto investigado desde el periodo mudo (Burch, 1970: 26-40) y ahora multiplicado en posibilidades gracias a la aportación sonora. La música callejera y el corro de curiosos focalizados al comienzo del fragmento mantendrán su sonido, en off, durante el resto de la secuencia. Su función rítmica —e irónica— es evidente, pero, más allá, la enunciación recurrirá más tarde a visualizar de nuevo el corro y la fuente musical para evitar mostrar —e impedir oír— el diálogo anterior y el asesinato mismo. Así, sin la carga teórico-polémica presente en los textos fílmicos de Clair, la labor de Renoir en el primer sonoro acaba por revelarse, sin embargo, mucho más interesante, complejizando algunos de sus estilemas y dando nueva forma a investigaciones anteriores.

Algunas célebres experiencias al margen de la gran industria —en-

PROGRAMME

PARIS-BESTIAUX
film de D. ABRIC et M. GOREI

UN FILM COMIQUE

Au Village
film de montage
de Leonid MOGUY

UN DESSIN ANIME SONORE

et

L'AGE D'OR
film parlant surréaliste
de Luis BUNUEL
Scénario de Luis BUNUEL & DALI

interprété par

GASTON MODOT
LYA LYS

Caridad de LABERDESQUE	Lionel SALEM
Max ERNST	Madame NOIZET
Liorens ARTRYAS	DUCHANGE

IBANEZ

Cartel del estreno mundial de *La edad de oro* (Luis Buñuel, 1930).

tre las que podría citarse a Jean Vigo, aunque su contribución desde el punto de vista que ahora nos ocupa sea menor— deben, también aquí, ser tenidas en cuenta. El tradicional lugar concedido por la historia del cine a *L'Âge d'Or (La edad de oro*, 1930, Luis Buñuel) como representante mayor de los postulados surrealistas —aunque recientes y atinados análisis hayan puesto en definitiva tela de juicio tal aseveración (Téllez, 1991: 149-167)— ha pasado por alto otros incontestables valores del filme, más allá de su simplicidad metafórica y simbólica. La banda sonora —una de las primeras grabadas en Francia con el sistema Tobis Klangfilm alternando secuencias mudas postsincronizadas y otras con sonido directo— ofrece —sin renunciar por ello, del mismo modo que Renoir, al uso del rótulo heredado del cine mudo— auténticos hallazgos sonoros contrapuntísticos, adelantando Buñuel algunas de las posibilidades del sonido tal y como se utilizaría con posterioridad: el sonido de los tambores, totalmente al margen del desarrollo de la diégesis, marca enunciativa que habría de perpetuarse en otros textos buñuelianos como rasgo definitorio de la escritura del cineasta; el ladrido de un perro que sobrecoge a la chica, oído más tarde en un lugar radicalmente alejado del primero, unificando a los amantes más allá del espacio físico; el perturbador sonido del cencerro de la vaca que, tras abandonar ésta la cama de la protagonista, se continúa como puntuación sonora de la secuencia siguiente o, incluso, el recurso al monólogo interior tras el repentino envejecimiento de los amantes en el jardín, tras la fiesta. El tratamiento sonoro, en un texto en el que se pone de manifiesto el legítimo deseo narrativo de Buñuel, no supone cortapisa alguna, sino que —por el contrario— multiplica los sentidos de un filme bastante más limitado, bien es cierto, si hemos de considerarlo en su riqueza textual global.

La aportación francesa, finalmente, tanto por medio de la coproducción como de la colaboración técnica sonora, debe destacarse por haber posibilitado la aparición de importantes filmes en el contexto de industrias cinematográficas nacionales muy poco desarrolladas y extremadamente frágiles en su estructura económica. En España, por ejemplo, donde la conversión sonora fue lenta y conflictiva, la sonorización de filmes mudos con tecnología y medios franceses (*La aldea maldita*, 1930, Florián Rey), la realización de películas sonoras en condiciones de extrema precariedad (*El misterio de la Puerta del Sol*, 1929, Francisco Elías) o las versiones españolas de filmes extranjeros, activi-

Fotograma de *La aldea maldita* (Florián Rey, 1930).

dad de corta pero fructífera vida, centran unos años de dolorosa transición (Pérez Perucha, 1992; Gubern, 1993). El caso de *La aldea maldita* merece, por tratarse la versión silente de una de las cimas —y auténtico título emblemático— del cine mudo español, especial atención. La crudeza del filme, un melodrama campesino no exento de denuncia social que trabaja fílmicamente sobre sus populares materiales de partida llevándolos a altos extremos de depuración formal y riqueza semántica, hace muy difícil su estreno en las salas comerciales españolas de 1930. Ante tal situación, Florián Rey decide arriesgarse y llevar a cabo, en los estudios Tobis de París, una versión sonora y hablada del mismo. Esta nueva versión —pues de eso se trata, ya que la «transformación» iba a exigir «buscar música y escribir diálogos, levantar algunos decorados, filmar nuevos planos, reorganizar secuencias, hacer viajar a París a algunos actores convenientemente previstos de vestuario y, en fin, hacer un nuevo montaje» (Pérez Perucha, 1992: 42)—, concluida a finales de agosto, se estrena en la capital francesa el 10 de octubre de 1930. El hallazgo de esta película, hoy perdida, permitiría sin duda analizar las transformaciones textuales motivadas por la aportación sonora al entramado significante del filme. De forma similar, *Tonka Sibenice* (1930, Karel Anton) pasa por ser la primera película sonora checoslovaca, aunque la sonorización de la misma se llevó a cabo en París, donde, por otra parte, se había formado su realizador. Asimismo, *Tara Dragostei/Roumanie, Terre d'amour*, producción Gaumont-Franco-Film-Aubert, dirigida por Camille de Morlhon en 1931, fue rodada muda en 1930 en Bucarest y sonorizada después en Francia en ambas versiones, aunque únicamente se conserva la versión rumana. Todo ello como se supondrá, ha contribuido tanto a dinamizar el devenir del primer cine sonoro europeo como a dificultar la historización del periodo, siempre a expensas de nuevos hallazgos e investigaciones en todo el continente *(L'immage acustica*, 1992).

ALFRED HITCHCOCK Y LOS ORÍGENES DEL SONORO EN GRAN BRETAÑA

Es curioso observar, desde la perspectiva actual, la creciente consideración histórica de las primeras obras sonoras británicas. Mientras estudios clásicos sobre el tema despachaban en algunas líneas los albores del cine sonoro en Inglaterra, donde apenas encontraban filmes dignos de consideración (cf., por ejemplo, *La revolution du parlant*, 1974), algunas de las más recientes y destacadas síntesis de la historia del cine mundial han invertido tal situación, dedicándole atención destacada y calificando en especial a *La muchacha de Londres*, (1929, Alfred Hitchcock) como «one of the most imaginative early sound films» (Thompson & Bordwell, 1994: 226). En efecto, si las primeras producciones sonoras británicas se consideran en general bastante mediocres —quizá podría destacarse también *Kitty* (1929, Victor Saville), melodrama originalmente mudo producido por la British International Pictures al que luego se añaden música, algunos efectos y un nuevo último rollo con sistema Photophone—, *La muchacha de Londres* muestra una decidida vocación de adecuar sus resoluciones fílmicas ante los condicionamientos de la cámara, a la vez que el sonido es tratado como un elemento más dentro de los recursos significantes con los que ha de trabajar el cineasta, sin ningún tipo de prejuicio, teórico o práctico, que limite de partida sus posibilidades.

El caso de *La muchacha de Londres*, es destacable, además, por diversos motivos. Dirigido por un joven Alfred Hitchcock que había cosechado ya algunos éxitos en la industria británica, la posterior carrera del cineasta —y fundamentalmente su filmografía americana— ha mantenido en un segundo plano el enorme interés de su cine mudo, claramente influido tanto por el modelo hollywoodiense como por los grandes filmes alemanes de Lang o Murnau. *La muchacha de Londres* se rueda mudo, pero al igual que le ocurrió a muchos otros filmes en 1929, se le pide a Hitchcock que incorpore un último rollo con diálogos, ante el avance imparable de los primeros «part-talkies». Sin embargo, intuyendo lo que iba a suceder e interesado desde muy pronto por el cine sonoro (Hitchcock, 1929), el director había ya ro-

Donald Calthrop, Anny Ondra y John Longden en una escena de *La muchacha de Londres* (Alfred Hitchcock, 1929).

dado buena parte de las tomas en los dos sistemas —sin utilizar la banda sonora—, con lo que añadió diálogos y efectos a muchas más secuencias de las que inicialmente se le habían requerido. Así, cuando la película se estrena en junio de 1929 como «the first full-length alltalkie film made in Great Britain», la publicidad no parece exagerada. Dos meses más tarde, para ser distribuida en salas aún no adaptadas al sonoro, se estrena una versión muda, lo que viene a complicar extraordinariamente el estudio «filológico» del asunto ya que, si la versión sonora utiliza determinadas secuencias mudas postsincronizadas, también la muda recurre a tomas sonoras y dialogadas, ahora cortadas por rótulos. El análisis comparado de la puesta en escena de ambos filmes —pues de dos textos fílmicos se trata—, demuestra sin embargo que si bien se resiente en parte el dominio ya alcanzado por el cineasta en el trabajo sobre el punto de vista, la utilización de elementos simbólicos y la «participación» del espectador en la acción por medio del montaje analítico, en otros casos la nueva planificación sonora aporta soluciones alternativas enriquecedoras —por ejemplo, acentuando en la secuencia previa a la violación de la protagonista el «voyeurismo» del fragmento (Barr, 1983; Cerdán, 1993). En general, pues, la versión sonora ofrece una fructuosa combinación de sonido directo y postsincronización, añadiendo diálogos en conversaciones de personajes de espaldas —sin necesidad de mostrar el movimiento de las bocas— y añadiendo aquí y allá efectos sonoros (ruidos, murmullos) y música, sin recurrir nunca al rótulo.

Quizá el experimento sonoro más arriesgado del filme —y parcialmente fallido—, por la gran novedad y dificultad que entrañaba, sea la famosa secuencia del «cuchillo del pan». Mientras desayuna la protagonista, que la noche anterior ha matado al pintor, una vecina charla animadamente sobre el crimen. La cámara se desplaza desde ésta hasta un primer plano de la chica, Alice, haciéndose progresivamente ininteligibles las palabras de la vecina, a excepción de «knife» (cuchillo, el arma homicida), mientras su rostro denota una creciente angustia. Esta utilización del «sonido subjetivo» —que, por así decirlo, equivale en lo sonoro a un plano detalle de punto de vista—, pone, sin embargo, al descubierto el propio proceso técnico, mostrando las diferencias entre atención auditiva y percepción visual (Chion, 1993: 170), pero supone un primer y decidido intento por parte de Hitchcock de hacer que el sonido supla determinadas funciones antes a cargo de una más fragmentada planificación y una mayor libertad de los movimientos del aparato (de hecho, esta secuencia constaba de cinco planos y un intertítulo en la versión muda). Otras investigaciones sobre las posibles aportaciones del sonido a la fluidez narrativa —raccords sonoros intersecuenciales por medio de gritos superpuestos, etc.— iniciadas en *La muchacha de Londres*, serían continuadas en su siguiente filme, *Murder* (1930), donde Hitchcock, además de iniciar el desarrollo de complejos planos-secuencia —que habrían de caracterizar más tarde algunos de sus más célebres filmes y aquí motivados en parte por las dificultades del montaje sonoro—, lucha contra las limitaciones técnicas que impedían, *a priori*, el recurso al monólogo interior: mientras Herbert Marshall se afeita ante el espejo, su voz grabada previamente al rodaje deja oír su monólogo, a la vez que una orquesta tras el decorado permite un uso —desacostumbrado en la época, como vimos— de música extradiegética.

ITALIA

La filmografía italiana tampoco se destacó especialmente a comienzos del sonoro. Ligada la mayor parte de la producción a la actividad de la compañía Cines que, con sus estudios romanos renovados y equipados con sistema RCA-Photophone, aspira a convertirse en un destacado centro cinematográfico internacional, con participación en numerosos proyectos multilingües, es su filme *Canzone d'Amore* (1930, dirigido por Gennaro Righelli en su versión italiana) el que goza de la etiqueta de «primer gran filme sonoro nacional».

Aunque suele destacarse el paso al sonoro de directores de prestigio durante el periodo mudo —caso, por ejemplo, de Mario Camerini— o las primeras realizaciones de otros cuya carrera alcanzará relevancia con posterioridad —Goffredo Alessandrini (*La segretaria privata*, 1931) o Alessandro Blasetti (*Terra Madre [Tierra Madre*, 1931])—, centraremos nuestra atención sobre un filme prácticamente desconocido hasta su reciente restauración por parte de la Cinemateca Nazionale: *La Stella del Cinema* (1930, Mario Almirante), protagonizada por la francesa Grazia del Rio y Elio Steiner y de gran interés tanto por su felices hallazgos en el uso del sonido como por la utilización de los problemas técnicos y artísticos en la realización de los primeros filmes sonoros en la productora Cines como soporte argumental, lo que lo convierte en un documento de primera mano sobre este capítulo de la historia del cine italiano: una especie de «texto publicitario» donde el propio estudio, sus trabajadores y los conflictivos comienzos del sonido son los auténticos protagonistas.

Un sencillo melodrama —la rápida ascensión de una aspirante a estrella cinematográfica y las dificultades que ello le ocasiona en la relación con su novio— que, al poner en escena la «materialidad» del trabajo fílmico y las condiciones de producción (con las vicisitudes de la grabación en directo del registro sonoro), adquiere un valor muy superior al de una superficial lectura argumental. La secuencia del «descubrimiento» por parte de Nerio de la supuesta relación de la chica con el director de la película que está rodando —la presencia de realizadores, actrices y actores interpretándose a sí mismos es otro de los alicientes del filme— es ejemplar en este sentido: el operador de sonido, en la cabina, muestra a su amigo Nerio cómo funciona el amplificador que recoge el sonido del plató. A la vez que, narrativamente, mediante el aparato sonoro el novio oirá el rumor de esa (falsa) relación, la cámara se desplaza en varios travellings-grúa sobre el decorado, «representando imágenes» de esos sonidos cuyo frágil estatuto diegético se ve sobrepasado por la mostración de las posibilidades de la incipiente tecnología sonora. Así, el filme, en esta y otras secuencias, presenta un continuo recurso a un fluido movimiento de cámara, una presencia de la música que juega hábilmente en el límite entre lo diegético y lo extradiegético, y, en otras ocasiones, un trabajo de montaje con cámara múltiple con perfecta calidad sonora.

El retraso soviético

Bastante aislada de las experiencias y sistemas sonoros de Europa Occidental, la transición del mudo al sonoro en la Unión Soviética supuso un proceso muy lento y sólo concluido hacia 1936 con el equipamiento de la práctica totalidad de las salas, aunque sus propios equipos sonoros (Tagefon y Shorifon) estaban ultimados desde 1929, año en el que comienzan a sonorizarse filmes mudos, práctica que habría de extenderse durante casi un lustro. De tal forma que, excepcionalmente, habrán de ser consideradas algunas películas —es el caso del *Alexander Nevsky* (1938) de Eisenstein—, cuyas fechas de producción no corresponderían ya en modo alguno en otros países al estudio que nos ocupa.

Sin embargo, como se sabe, bien pronto mostraron los cineastas soviéticos su preocupación teórica por las posibles repercusiones del «invento americano» sobre el arte cinematográfico, siendo el más conocido y temprano escrito en este sentido el célebre «Manifiesto del sonido» —conocido posteriormente como «Contrapunto orquestal»—, elaborado por Eisenstein en 1928 y firmado también por Pudovkin y Alexandrov. En modo alguno, pese que así haya querido interpretarse en ocasiones, se trataba de una rígida teoría contra el uso del sonido sincrónico, sino que mostraba la necesidad de introducir los recursos sonoros dentro del concepto global de «montaje», desarrollando aún más los sentidos creados por éste, y no su simple utilización para reduplicar —como temían— los contenidos de la imagen y favorecer la proliferación de adaptaciones del «teatro burgués» occidental. De tal manera que el polémico contrapunto no era más que un uso del sonido cuya fuente estuviese en off —desde la voz fuera de campo a sonidos extradiegéticos con valores tonales o narrativos— o una utilización de la música que formara parte de la estructura de un verdadero montaje audiovisual.

El peso del Manifiesto se hace patente en las primeras películas sonoras soviéticas, tanto en las rodadas mudas y postsincronizadas (*Odna [Sola,* 1931, Kozintsev y Trauberg] o *Prostoi Slucai [La vida es bella,* 1930, Pudovkin], ésta con efectos sonoros contrapuntísticos pero estrenada finalmente sólo en versión muda por problemas técnicos) como las que utilizaban ya el sonido directo. La primera de estas últimas es *Putevca v Zizn (El camino de la vida,* 1931, Nikolas Ekk), que, al narrar los medios dispuestos por el estado soviético para recuperar a los jóvenes delincuentes callejeros en los primeros años tras la Revolución de Octubre, utiliza —dentro de un montaje mucho más sencillo y lineal que el característico en el cine mudo aun manteniendo determinadas construcciones directamente heredadas del mismo— las más variadas fórmulas del contrapunto sonoro: desde un narrador extradiegético en ocasiones presente icónicamente, hablando directamente a la cámara y sancionando lo narrado, y otras a través de la voz en off —sin olvidar por ello el recurso al rótulo, tan sabiamente explotado como elemento textual en los años veinte por la vanguardia soviéti-

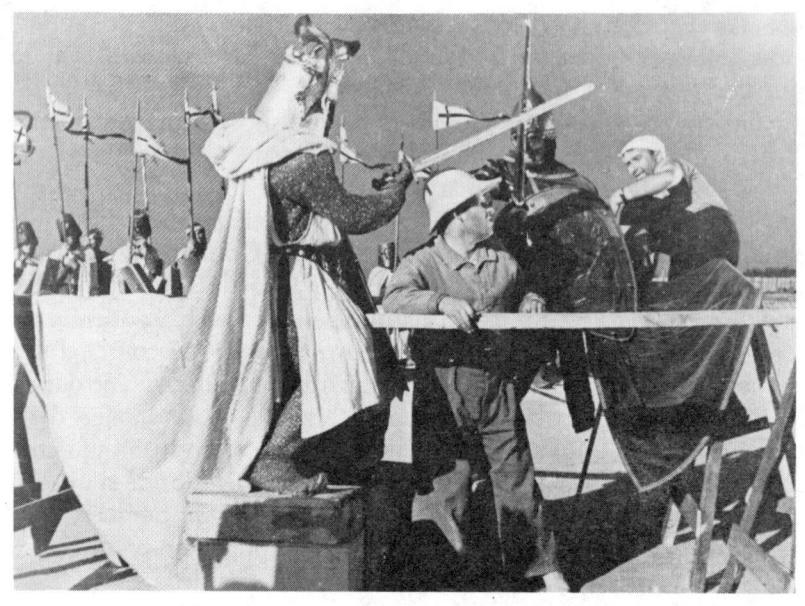

Eisenstein durante el rodaje de *Alexander Nevsky* (1938).

ca— a un constante recurso a los diálogos que privilegiaba en lo posible la focalización visual del personaje que escucha, limitando al mínimo el sincronismo.

Si exceptuamos ahora el caso de Dziga Vertov que incorpora con éxito —y sin trauma teórico alguno— el sonido a su última gran obra *Tri Pesni o Lenin* (*Tres cantos a Lenin*, 1934), donde canciones, música, narración hablada y entrevistas colaboran con un bellísimo montaje visual dentro de los principios del Cine-Ojo, será Eisenstein el cineasta que mejor encarne los problemas derivados de un intento de combinar —no sin dificultades— las exigencias de simplicidad y «heroísmo» patriótico del realismo socialista y las investigaciones y búsquedas planteadas por el montaje audiovisual (Seaton, 1986: 300 y ss; Bordwell, 1993: 163 y ss).

Aunque para destacados analistas *Alexander Nevsky* no es otra cosa que la versión rusa del más académico montaje analítico americano, con recurrente utilización del plano/contraplano y el cansino raccord en el eje (Burch, 1985: 47-49) —y ello es así en buena medida—, Eisenstein intentó trasladar a la relación sonido-imagen en el interior del encuadre algunos de los efectos antes obtenidos por la confrontación y el choque de diferentes unidades plásticas, buscando siempre influir emocionalmente en el espectador. El sonido, en su vinculación estructural y rítmica con la imagen debe «afectar» a los diferentes componentes del plano, «incluso en los casos de invariabilidad e inmovilidad de la imagen», poniendo en cada caso los acentos necesarios en determinados elementos dentro del encuadre, incluidos en la imagen misma, lo que era para él el sentido último del concepto de contrapunto establecido ya en 1928.

Aunque la simplicidad argumental —exaltación patriótica del héroe nacional Alexander contra el invasor alemán— y la mayor sencillez del montaje con respecto a sus filmes anteriores no ofrece dudas, Eisenstein busca otras fórmulas para crear una «extravagant simplicity» (Bordwell, 1993: 217), que, sin desaparecer por ello algunos principios que recuerdan directamente sus grandes filmes mudos, deben responder a una situación de la política y la cinematografía soviéticas totalmente diversa de la de entonces. El interés prioritario del montaje/puesta en escena se desplaza al interior del encuadre, enriquecido con valores pictóricos, en el cual los personajes son trabajados al modo de «iconos» —como tallas de pórtico o figuras de retablo—, encerrando su formulación visual una reflexión sobre las más arcaicas formas del espectáculo épico y folclórico ruso que la inspiran.

Pues bien, en este filme, finalmente y tras proyectos frustrados o nunca comenzados, Eisenstein logra llevar a la práctica sus ideas acerca del contrapunto sonoro. Sin olvidar los ruidos diegéticos y los diálogos, que en su dicción operística condicionan frecuentemente el cambio de plano de forma diferente pero similar al modelo clásico, es en la partitura musical de Prokofiev donde deberemos buscar el meollo de la construcción sonora del filme. De hecho, éste depende en gran medida de la propia estructura de la partitura —melodía y coros—, que organiza los diferentes episodios que lo componen. Es en la célebre secuencia de la batalla del hielo donde el cineasta, según sus propios textos indican, desarrolló con mayor intensidad las investigaciones acerca del «montaje audiovisual». Así deben entenderse las constantes alternativas de la banda sonora entre fragmentos musicales y protagonismo del sonido diegético (obstinato acelerado acompañando los primeros movimientos de los alemanes, desaparición de la música y presencia de los ruidos de batalla con la llegada de las fuerzas de Vasily, etc.) conjugándose todo ello con una concepción visual de planos muy largos, primero estáticos, luego en rítmicos movimientos de batalla (picados, amplísimos planos de batalla, geométricas composiciones con lanzas y escudos, división del campo en marcadas diferencias cromáticas y espaciales) para la formulación de un complejo, reflexivo y fuertemente condicionado drama histórico soviético.

Por su audacia sonora merece citarse, finalmente, *Okraina* (*Arrabal*, 1933), primer filme sonoro de Boris Barnet, alumno de Kulechov y Pudovkin, en el cual determinados sonidos naturales son sustituidos por efectos *para-musicales*, obtenidos por medio del dibujo directo sobre la pista óptica, logrando, al narrar la historia de amor entre la hija de un zapatero y un prisionero alemán durante la primera guerra mundial, resultados sonoros de una textura lírica muy particular.

Como se habrá comprobado en este sucinto repaso a un periodo histórico tan decisivo para la evolución posterior del cinema, el renovado impulso de las investigaciones histórico/analíticas y previsibles hallazgos y restauraciones de materiales fílmicos hoy desconocidos irán despejando algunos de los interrogantes que sólo hemos planteado.

Cine sonoro: tecnología y estética

John Belton

Cualquier intento de desenredar las relaciones entre la tecnología y los aspectos visuales y sonoros de una película es un empeño algo complicado. Sería lógico empezar con la película misma. Es el objeto que nos interesa y presuntamente el producto final de la tecnología. Habría que leer la película de una manera sintomática buscando los rastros de la tecnología que lo produjo. Tomemos, por ejemplo, *El cantor de jazz* (1927) que es proclamado en la mayoría de los libros de historia como el primer largometraje sonoro. Resulta que no lo fue ya que este honor pertenece a *Don Juan* (1926), que tiene una partitura musical sincronizada.

Para aquellos de nosotros que vemos hoy *El cantor de jazz* lo que salta a la vista es lo más obvio: que es una película muda casi en su totalidad, y ésta es su principal característica formal. Esta película sólo tiene algunas frases de diálogo sincronizado —o sea, cuando el diálogo sincroniza exactamente con los movimientos labiales de los actores— y cuatro o cinco canciones sincrónicas, que ocupan como mucho diez o doce minutos de «sonido real» tal como lo concebimos hoy día en una película de ochenta y ocho minutos. El resto de la película es muda, con intertítulos presentando los diálogos, aunque este material mudo se acompaña con música. La mayoría de las películas se rodaban sin sonido y la música de la orquesta se grababa después en un estudio de grabación, y sincronizado burdamente al metraje mudo después del montaje, como ocurrió en la película anterior, *Don Juan*. El efecto que tuvo *El cantor de jazz* es algo desconcertante. No es ni una película muda ni una película sonora. Los espectadores que empiezan a verla como si fuera una película muda se quedan estupefactos cuando Al Jolson de repente arranca a cantar «Toot Toot Tootsie». Resulta obvio que la secuencia se grabó en directo y que no fue añadida *a posteriori*, porque la letra y la música parecen proceder del espacio visible de la narración y no de una presencia orquestal invisible lejos de la pantalla. Luego, cuando se acaba la canción, la película de repente vuelve al silencio. Vemos cómo conversan los personajes, pero no se oye nada; su diálogo se lee en los intertítulos. Este cambio manifiestamente arbitrario del mudo al sonido, y vuelta al mudo, destruye el contrato de credibilidad que tradicionalmente se establece entre entre una película y su público. Esta presentación contradictoria arruina la credibilidad que los espectadores confieren a la película, y dificulta cualquier intento de crear una ilusión de realidad. El realismo se ve amenazado.

Se puede encontrar un fenómeno parecido en *El arca de Noé* (1928) otra temprana película sonora producida por Warner Bros. El sistema de grabación Vitaphone se realizaba con discos de cera que se mantenían a una temperatura constante en un ambiente libre de polvo. El sonido se grababa en el disco por medio de una aguja de fonógrafo que imprimía un corte en la cera blanda. La totalidad del sistema de grabación debía de instalarse en un edificio carente de vibraciones para así evitar que la aguja introdujera «ruido» en el disco. Como resultado, las primeras películas con Vitaphone estaban condenadas, por necesidad, a los estudios de grabación. No se podía utilizar la tecnología de grabación en los exteriores. Esta limitación tecnológica estructura la grabación sonora en *El arca de Noé*, que presenta diálogos de sonido sincronizado en los interiores pero que revierte al silencio en todas las secuencias de exterior; una especie de vergüenza que sólo se puede disimular, un poco, con una pieza musical de fondo que acompaña esta secuencia, por otra parte muda. En efecto, las películas medio sonoras solían desarrollarse ante los ojos y oídos de los espectadores con retrocesos al mudo. Estos cambios minan la ilusión de realidad, generada por la estética del cine sonoro durante las secuen-

Cartel diseñado por William Auerbach-Levy para *El cantor de jazz*

Primitivo sistema de amplificador.

cias sonoras, mientras que los cambios de las secuencias mudas a las secuencias sonoras provocan una ruptura similar con la ilusión producida por la estética de la película muda.

El diseño de las primeras tecnologías del sonoro desempeñó un papel fundamental a la hora de determinar la imagen de las primeras películas sonoras. El sistema de grabación sonora de Western Electric se componía de unidades de amplificadores de micrófono, generadores de motor, baterías de almacenamiento, amplificadores, paneles de mezcla, y aparatos grabadores, la mayoría de los cuales se almacenaban en un «edificio de grabación» situado a unos cuantos metros de los platós (Humphrey, 1969: 161).

Aunque el sistema Movietone «sound-on-film», sonido fotográfico u óptico, de Fox se valía de equipos similares de Western Electric para la recogida, amplificación y mezcla de sonido; su grabadora, un derivado de los equipos ópticos de transmisión de señales desarrollado para uso militar durante la primera guerra mundial, resultó ser de naturaleza más flexible que la grabación en disco. Como fue diseñado inicialmente por los técnicos de Fox para ser utilizado en sus noticieros, era portátil. Los primeros equipos móviles pesaban unos 750 kilos; hacían falta tres hombres para manejarlos y dos camiones para transportarlos (Peden, 1932: 18-19). (En cambio, los equipos «portátiles» de Paramount, que también se transportaban en una camioneta, pesaban 9.500 kilos; véase DeSart, 1931.) Al llegar el año 1930, los equipos portátiles de Fox cabían en un modelo A de Ford modificado para tal menester, pesaba menos de 250 kilos y sólo precisaba de dos operarios (véase Sponable Collection —Columbia University Libraries—, Proyects Interdepartmental Correspondence Folder, Box 16 memo to Earl Sponable from A. J. Sanial, fechado el 7 de abril de 1931). Las unidades de grabación portátiles para la producción de largometrajes estaban disponibles para *En el viejo Arizona* (1929) que se rodó en exteriores a finales de 1928. «Otra película se hizo en los mares del sur con aparatos portátiles muy ligeros; la unidad de amplificación sólo pesaba 11 kilos y funcionaba con baterías secas, pudiéndose

Uno de los primeros rodajes sonoros.

transportar la totalidad del equipo en una canoa» *(Technical Progress in the Industry During 1929)*.

Aunque Movietone hizo posible el rodaje en exteriores, el rodaje de las películas fotográficas o fonográficas seguía condicionado por los efectos tecnológicos. Para evitar que los micrófonos omnidireccionales recogiesen el ruido de las cámaras, éstas se colocaban en cabinas insonorizadas que limitaban seriamente sus movimientos. Para facilitar dicho movimiento entre cada ubicación de la cámara, a veces se montaban las pesadas cabinas sobre ruedas o «carruajes de cámara, móviles», un factor aprovechado por varios directores para realizar movimientos de cámara fortuitos. Según David Bordwell, el peso de las primeras cámaras móviles forzó a los estudios a colocarlas sobre monturas móviles que facilitasen en el plató los movimientos de la cámara entre tomas. Bordwell sostiene que estos condicionantes de producción posibilitaron el que los directores volvieran a utilizar movimientos de cámara característicos de las últimas películas mudas (Bordwell, 1977: 29-30).

Applause (Aplauso) contiene un número de travelling conseguidos debido al movimiento de la cabina en sí, e incluye los travelling atrás y adelante en la secuencia del convento. De todas maneras, el movimiento del cuerpo de la cabina sólo permitía desplazamientos axiales en línea recta o laterales (los movimientos axiales se refieren a movimientos en el eje de la cámara, hacia adelante y hacia atrás; los movimientos laterales de la cámara se refieren a los movimientos horizontales de la misma; véase Mascelli, 1957: 789). Movimientos complejos abarcando varias direcciones seguían siendo difíciles de conseguir. Al llegar el año 1929 tanto Bell & Howell como Mitchell habían introducido cámaras semisilenciosas que podían estar en funcionamiento a diez metros de un micrófono sin que registrasen el sonido (Lauren J. Roberts aborda las características de la cámara insonorizada 2079 de Bell y Howell en Roberts [1982b] y las de la cámara de Mitchell Standard Sound, que se introdujo en 1928, en Roberts [1982a]). Al mismo tiempo, los estudios habían desarrollado alojamientos menos restrictivos para la cámara llamados «blimps» o «bungalows», que pusieron fin a las pesadas cabinas insonorizadas (Salt, 1983: 227). Antes de esta innovación, los movimientos de cámara estaban además limitados por la práctica de rodar con cámaras múltiples. Dos, tres, cuatro, cinco, seis o incluso nueve cámaras serían empleadas simultáneamente para

Helen Morgan en una escena de *Aplauso* de Rouben Mamoulian.

rodar una única acción (para un análisis del rodaje multicámara, puede verse Bordwell, Staiger y Thompson, 1985). Ajustadas sincrónicamente a la grabadora de sonido, las cámaras múltiples, equipadas con objetivos de diferentes distancias focales, conseguían primeros planos, planos medios y planos generales de la acción. Éstos podían ser montados sucesivamente sin perder la sincronización con el sonido. La utilización de multicámaras en el plató limitaba considerablemente los movimientos de cada una de ellas ya que podía delatar la presencia de las otras. Al mismo tiempo rodar con cámaras múltiples también obstaculizaba la ya problemática cobertura de la acción por el micrófono, aumentando la posibilidad de ver los micrófonos dentro de los planos. Como resultado los micrófonos superiores se eliminaban de la fuente del sonido y los técnicos de sonido tuvieron que depender aún más que antes de los micrófonos escondidos en el decorado: macetas, jarrones o en otros elementos del atrezzo (entrevista inédita con Gorden Sawyer realizada por Elisabeth Weis en 1975).

La fotografía realizada con cámaras múltiples también causó estragos en las prácticas de iluminación tradicional. El operador de cámara Lee Garmes, conocido por su estilo de iluminación tipo Rembrandt en blanco y negro, se quejaba de que «la fotografía salió por la ventana porque no podías iluminar para seis cámaras [...] no puedes iluminar para seis ángulos y conseguir una buena iluminación» (de la misma entrevista de E. Weis). Al rodar *Disraeli* (1929), Garmes eliminó del plató todas las cámaras que pudo utilizando únicamente dos, en un intento de reintroducir una iluminación más sutil. Al llegar 1930, antes de su celebrada colaboración con Sternberg *(Morocco, Dishonored, An American Tragedy, Shangahi Express)*, Garmes había vuelto a rodar con una cámara con «blimp».

La iluminación se vio mermada aún más debido a la existencia de tres o cuatro cabinas de cámara en el plató, ya que dejaban poco espacio para la iluminación en el suelo. Los operadores se vieron forzados a iluminar los decorados desde arriba; una práctica cuyo resultado era un estilo de iluminación plana e incluso sin sombras, algo parecido a lo que se ve en las comedias de situación televisivas (que se graban con multicámaras igual que las primeras películas sonoras). Los tradicionales focos de alta intensidad «emitían un silbido agudo que quedaba registrado por los micrófonos» (Bordwell, Staiger, Thompson, 1985: 300). Esto provocó el cambio a luces incandescentes silenciosas, que a su vez contribuyeron al tipo de iluminación plana impuesto por el rodaje con multicámaras. A la iluminación Mazda no sólo le faltaba la «capacidad de conducción sino las sombras nítidas producidas por los focos de alta intensidad» (Bordwell, Staiger, Thompson, 1985: 300). También fue necesario un cambio en las existencias de película virgen, sustituyendo la película ortocromática por la pancromática, que en 1928 era algo más blanda y daba menos contraste que la orto (Bordwell, Staiger, Thompson, 1985: 285). Aunque la subsiguiente evolución del material virgen y el nuevo diseño para silenciar los circuitos de los focos (haciendo posible su uso de nuevo) pronto permitió la vuelta a un estilo de iluminación más redondeada y sumamente modelado, tipo retrato, las primeras películas sonoras desde *Lights of New York*, de Warner, o *The Cocoanuts* (1929), de Paramount, tenían una característica iluminación suave y plana de intensidad uniforme que se distribuía de igual manera por todo el decorado. Las secuencias rodadas en silencio, a las cuales se añadía posteriormente el sonido sin sincronización, podía rodarse con complejos movimientos de cámara y técnicas de iluminación tradicionales (o sea, focos de alta intensidad como demuestran partes de las películas *Aplauso, La muchacha de Londres, Chinatown Nights [La frontera de la muerte,* 1929] y *Thunderbolt* [1929]).

La filmación con multicámaras fue introducida para permitir la variedad de planos y la práctica tradicional del raccord de montaje manteniendo al mismo tiempo la sincronización entre la banda de imagen y la banda sonora (David Bordwell indica que la filmación multicámara, aunque introduce variaciones en la calidad de la imagen a la hora del montaje debido a las diferentes distancias focales de las lentes, fue ideada para perpetuar «los esquemas mentales del espectador clásico sobre el corte de los planos» que se habían elaborado en el cine mudo, y que posibilitaban el montaje analítico y de planos opuestos; véase Bordwell, 1981/1982: 133). Diferentes segmentos de película, tomados desde ángulos distintos con múltiples cámaras, podían ser montados juntos y sincronizados a la banda sonora, que constituía una única unidad sin cortes. De esta manera, la banda sonora era la medida de referencia sobre la cual se ensamblaba la imagen. De hecho, en el sonido fonográfico, la banda sonora que estaba sobre un disco de cera evidentemente no podía ser montada, aunque a comienzos del 1927 Warner comenzó la práctica de realizar mezclas sobre los discos, interconectando hasta ocho discos juntos, introduciendo fragmentos de uno u otro para producir un disco compuesto o «editado» (entrevista inédita con Gorden Sawyer realizada por Elisabeth Weis en 1975. Robert Gitt relata cómo Warner continuó realizando mezclas fonográficas durante varios años, aun después de que comenzasen a estrenar sus filmes con sonido óptico, un cambio que se inició en la primavera de 1930). Lamentablemente, el resultado de esta práctica era una banda sonora que había perdido varias generaciones en relación al sonido existente en el disco original. Pero, por regla general, el sonido se mezclaba en el decorado durante la fase de producción y no durante la posproducción. Como resultado, la música, los diálogos y los efectos sonoros los grababa simultáneamente un técnico de mezclas que realizaba los fundidos en los varios micrófonos dispuestos por el decorado, para lograr un equilibrio adecuado entre las diferentes entradas de sonido. Si un personaje fuera a escuchar una radio, como lo hace Herbert Marshall mientras se afeita en *Murder* (1930), de Hitchcock, la orquesta de 30 músicos que se oye por la radio debía de estar situada fuera de campo, en el mismo plató, y la música debía de ser grabada en el mismo momento en que se rodaba al actor (Hitchcock comenta este procedimiento a François Truffaut; véase Truffaut, 1967: 53). Pero mezclar mientras se rueda podía producir en ocasiones una mezcla cacofónica, que obligaba a realizar tomas nuevas añadiendo un alto coste en tiempo y dinero, además incluso a las mejores mezclas en directo de múltiples micrófonos les falta una separación nítida y la claridad de los sonidos (aproximadamente 1931-1932) que se puede conseguir con la mezcla en posproducción de las bandas multicanal separadas de música, diálogos y efectos.

Antes de la llegada del sonido fotográfico de doble banda en 1929 (que consistía en grabar la imagen y el sonido sincrónicamente sobre bandas de película distintas), las películas Movietone de Fox eran difíciles de montar, porque el sonido antecedía a la imagen en el soporte, y los cortes debían de adelantarse veinte fotogramas de la imagen para poder facilitar toda la información sonora de la imagen que estaba veinte fotogramas más atrás. Los cortes son necesariamente acompañados por un silencio de veinte fotogramas antes de que puedan aparecer la siguientes imágenes y sonidos. Incluso en una fecha tan tardía como 1930 los noticieros de Hearst Metrotone que empleaban cámaras de Movietone delatan este desfase sonido-imagen. Como señala Steve Handzo cuando comenta sobre la tecnología del sistema «single» de Fox, «los fundidos y encadenados hechos todavía en la cámara, llegaron a ser difíciles o casi imposibles de llevar a cabo» y «el revelado del negativo estaba a un medio camino insatisfactorio entre una agradable escala de grises que requería la película y el alto contraste necesario para la banda sonora» (Weis y Belton, 1985: 389).

Barry Salt ha descrito el desarrollo de la tecnología del montaje de sonido que incluye aparatos tales como el sincronizador múltiple, la Moviola sonora y la numeración lateral, entre otros. El efecto de todo ello permitió, a principios de los años treinta los niveles de rapidez de montaje y de duración de las tomas, que se tenían a finales del mudo (Salt, 1983: 281-283). Durante los años treinta, el desarrollo tecnológico, la grabación sonora y las prácticas de mezcla trabajan juntos para crear una banda sonora que borrase las huellas de la tecnología que lo produce. El rumbo del cambio tecnológico y el desarrollo de la práctica del sonoro satisfacen, en parte, la demanda del cine clásico de Hollywood por un modo de producción en gran parte invisible; que en suma no interfiera con la suspensión voluntaria de incredulidad que permite que los espectadores se abstraigan con el proceso narrativo de la película. La finalidad evolutiva de la tecnología y prácticas del sonoro comprende tanto lo inaudible como lo invisible. En 1926, Theodore Case introdujo la técnica del «blooping» (fundidos hechos a mano con tinta, evitando así que el cabezal del proyector leyera el corte) para facilitar unos cortes silenciosos (Sponable, 1947: 295).

Los editores, a principios de los años treinta, descubrieron que se podían camuflar los cortes al colocar un trozo de diálogo de la toma anterior sobre la toma siguiente. Lo explicaba así Rudi Fehr, el experto en posproducción de Warner: «la mayoría de los montadores dejan que la banda sonora se solape durante unos fotogramas, para que el corte no sea tan obvio» (entrevista de E. Weis). Con la llegada de la televisión esta práctica fue, a menudo, invertida. En la producción televisiva y cinematográfica contemporánea, los editores de sonido encabalgan el final de una secuencia o toma con algunos fotogramas del sonido de la siguiente secuencia o toma. En el caso de la perspectiva sonora, las prácticas televisivas establecen nuevas normas de prácticas aceptables para el cine (véase la visión de Rick Altman [1986] sobre el «adelanto del sonido». En una entrevista inédita con Elisabeth Weis [1975], Robert Wise dice haber iniciado la práctica de adelantar el sonido en el montaje de largometrajes cuando hizo *Somebody Up There*

Likes Me [1956]. Wise naturalmente no era un experto en televisión, aunque las prácticas televisivas le hubieran podido influir).

En 1927, Earl Sponable diseñó para las salas una pantalla de proyección perforada posibilitando la colocación de los altavoces detrás de la pantalla en vez de al lado de ella (Kellogg, 1955: 179). Esto alimentó la ilusión de que el sonido provenía de los personajes y de los eventos vistos en la pantalla. Las jirafas, desarrolladas por Douglas Shearer en MGM en 1929, hizo que se pudiera seguir a los actores con el micrófono mientras se movían dando así mayor cobertura de sonido (Bordwell, Staiger, Thompson, 1985: 299). Los micrófonos omnidireccionales, que recogían sonido de ambiente indeseado, cedían sitio, en 1939, a los micrófonos direccionales, que se jactaban de una proporción de 10:1 entre «la recogida de sonido deseada y no deseada» y que reduce «el ruido de la cámara, el chirrido del suelo, el ruido del travelling y los reverberaciones de sonido procedentes de las paredes y otras superficies reflectantes» (Groves, 1947: 223).

Los avances tecnológicos como el sonoro no se identificaban solamente con la producción de un realismo mayor, sino también con un espectáculo mayor. La atención del espectador fue atraída por la novedad de la tecnología en sí. El «mayor realismo» producido por esta nueva tecnología parece que fue entendido como una especie de exceso, que a su vez se presentaba como espectáculo. De todas maneras, el artificio subyacente de esta incrementada ilusión de realidad fue vitoreado aunque no siempre fue exhibido. Por ejemplo, los anuncios de *Broadway Melody (Melodías de Broadway)* lo llamaban «una sensación dramática totalmente hablado, totalmente cantado, totalmente bailado» que sería «¡la nueva Maravilla de la Pantalla!». Fox Movietone se «subtitulaba» a sí mismo «La Sensación Sonora y Visual». La naturaleza espectacular del sonoro fue aminorada por los cambios que tuvieron lugar entre las secuencias mudas y sonoras.

Una de las cosas fascinantes de las primeras películas sonoras es que parecen transgredir todas las convenciones establecidas. Pero para los espectadores de entre 1926 y 1930, quienes nunca habían visto u oído anteriormente una película sonora, y para los cineastas, que nunca las había realizado, no existían convenciones para transgredir, a excepción de, quizá, las convenciones del cine mudo. De hecho, para los espectadores de 1927 la secuencia cantada en *El cantor de jazz* podía haber sido una prolongación lógica del acompañamiento musical

Amplificadores situados detrás de la pantalla.

Anita Page y Charles King en *Broadway Melody* (1929) de Harry Beaumont.

que habían oído antes en *Don Juan* que, a su vez, era una extensión lógica de un acompañamiento musical en vivo de las películas mudas y que habían escuchado durante años en los cines. Además la calidad del sonido no era tan diferente de lo que oían por la radio, en los discos o por el teléfono. De hecho la misma tecnología desarrollada para estos otros medios de comunicación fue empleada en las grabaciones cinematográficas de los inicios.

Las esperanzas del público y lo que percibían como realista iba cambiando de año en año durante este periodo. Ésta es una de las razones por las cuales una película como *La muchacha de Londres* (1929) es tan útil para documentar el periodo de la transición al sonoro y los cambios estéticos que introdujo. Si para unos espectadores de 1929 las numerosas huellas dejadas por la tecnología, la convenciones de las prácticas fílmicas tradicionales, la economía, la ideología y otras fuerzas eran invisibles para el espectador de la película *La muchacha de Londres*, escritas, como si dijéramos, con tinta invisible, para unos espectadores contemporáneos, acostumbrados a otro tipo de prácticas fílmicas, esta escritura se hace extraordinariamente legible, saltando a la vista debido a sus diferencias esenciales.

Cuando se ve la película *La muchacha de Londres,* hay que recordar que en el tiempo de su producción era frecuente la existencia de películas sólo parcialmente sonoras. Todavía no se habían estandarizado las convenciones del cine sonoro. Por la misma razón, las primeras películas en «color» eran a menudo nada más que una pequeña secuencia de color intercalada en las películas de blanco y negro.

Las convenciones y las esperanzas de los espectadores no explican suficientemente el fenómeno de las películas parcialmente habladas. Su existencia se debió igualmente a una razón económica. Las películas parcialmente habladas se podían transformar fácilmente en películas mudas para su exhibición en la gran mayoría de los cines que todavía no se habían convertido al sonoro. Por ejemplo, al llegar el final del año 1927, inmediatamente después de la aparición de *El cantor de jazz,* del total de 21.700 cines que había en Estados Unidos, sólo 157 podían reproducir el sonido. Al final del año 1928 sólo se habían sonorizado 1.046 salas. A finales de 1929, cuando *La muchacha de Londres* se estrenó, 4.000 cines de provincias tenían sonido, menos del 20 por ciento del total. Al mismo tiempo había 1.200 salas sonorizadas en el resto del mundo. A finales de 1930 había 13.500 instaladas con sonido y 8.200 cines seguían en silencio. Existían reticencias por parte de los productores a la hora de convertir la totalidad de su producción al sonoro debido al coste de reformar todos los cines a la vez. Este factor tuvo menos repercusiones en Estados Unidos donde la mayoría de las grandes salas eran propiedad de los estudios; aquí las conversiones al sonoro para los estrenos ocurrían a un ritmo acelerado. Una vez que la revolución sonora se puso en marcha, convirtiéndose en una amenaza para las rentabilización de las películas mudas sin estrenar, los estudios empezaron a incluir secuencias habladas a esas películas mudas con el objetivo de darles algún valor de venta. Eran conocidas como películas sonoras «glándula de cabra» porque se les infectaba con algo de sonido para mejorar sus posibilidades de exhibición.

La conversión al sonoro en Europa estaba atrasada con respecto a la de Estados Unidos. Comienza dos años después en Inglaterra y en Francia; en algunos casos, como el de la Union Soviética, la conversión al sonoro no empezó hasta 1930-31. En Inglaterra, Alfred Hitchcock recibió el encargo de realizar *La muchacha de Londres* como película muda. El plan del estudio era acabar la película con una última bobina con diálogos sincronizados. Pero Hitchcock hizo, en secreto, una película sonora utilizando el proceso de sonido fotográfico. *La muchacha de Londres* fue posteriormente anunciada como sonora en un 99 por ciento, aunque la primera bobina es muda en su totalidad, y sólo hay trece páginas de diálogo, que se traduce en trece minutos de diálogo real sincronizado en una película de sólo 86 minutos de duración.

Durante el periodo de transición, la mayoría de las películas era híbridas, eran en parte mudas y en parte sonoras. Como resultado las películas representaban una mezcla de diferentes estilos: podían representar la estética de la película muda al no ser totalmente sonora o viceversa. Las convenciones acerca del realismo o la verosimilitud todavía no se habían establecido. Por ejemplo, no había reglas sobre el diálogo; una secuencia totalmente sonora podía anteceder a una escena en la que los intertítulos sustituían al diálogo hablado. También la música, o unos efectos sonoros, podían hacer lugar a imágenes sin acompañamiento musical, mientras que, varios años más tarde, se utilizaba la música para mantener la atención del público de forma casi continuada, a lo largo de toda la película, (como ocurre, por ejemplo,

King Kong (1933).

en *King Kong* [*King Kong*, 1933] una película musicalmente sobrecargada) incluso a costa del diálogo.

Cierto número de teóricos del cine mudo, incluyendo Rudolf Arnheim, vio la llegada del sonoro como una amenaza a la tradición del cine puro, que era un intento de crear un lenguaje puramente cinemático, o sea puramente visual; como en la película de F. W. Murnau *Der letzte Mann* (*El último*, 1925) en la que todo se comunica visualmente (ciertamente, la película de Murnau sólo presenta cuatro intertítulos). Arnheim discutía que el cine se había desarrollado hasta ser un arte, en gran parte *debido a* su silencio (lo que le diferenciaba de la realidad); su pureza como forma de arte dependía de su desarrollo autónomo como medio *visual*; el añadido de una banda sonora a una banda de imagen perfectamente articulada resultaba ser una redundancia innecesaria, y transformaba el medio en un híbrido monstruoso. Como forma compuesta, el cine sonoro surge como una cacofonía de voces redundantes y opuestas, en la cual la «voz» elocuentemente muda de la imagen se duplica inútilmente o es ahogada por las voces de la banda sonora.

El trabajo de Hitchcock, y en particular la película *La muchacha de Londres,* ilustran el reto que la nueva tecnología ofrecía al modo de práctica fílmica tradicional y a los métodos preestablecidos de cómo contar historias visuales; o en el caso de las películas no narrativas de cómo presentar la expresión visual. Los primeros filmes sonoros, como *La muchacha de Londres,* son notables porque nos proporcionan ejemplos de la ruptura creada por la nueva tecnología; de hecho se puede observar el corte histórico cuando se ven y se oyen esos filmes.

El trabajo de Hitchcock es, en muchos sentidos, un compendio de cinema puro, que sintetiza las dos principales tradiciones de expresión puramente visual del cine mudo: el montaje soviético y el expresionismo alemán. Las dos tradiciones estéticas dan voz, por así decirlo, a sentidos latentes o inicialmente invisibles. El montaje, tal como lo practicaba Dziga Vertov y Sergei Eisenstein, decodifica la realidad de los fenómenos, dejando al descubierto las fuerzan subyacentes que la

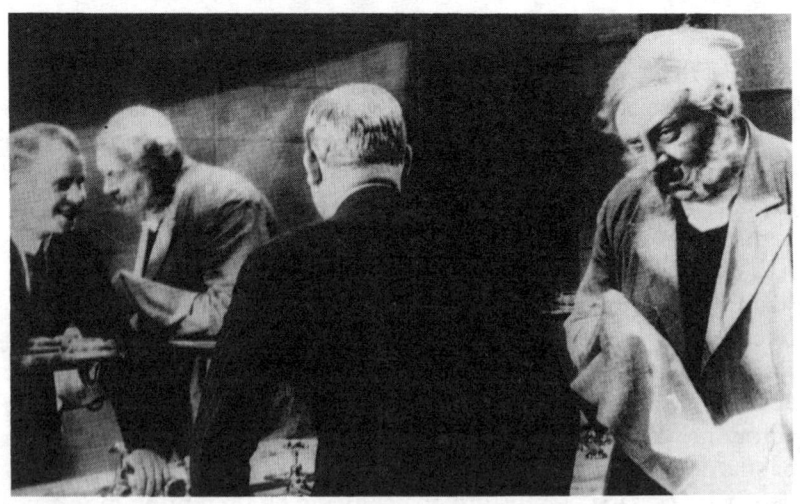

El último de F. W. Murnau.

Una escena de *El gabinete del doctor Caligari* (1919).

estructuran. Las imágenes de movimientos invertidos de *Kino-Glas (Cine-ojo*, 1924) llevan una barra de pan a sus orígenes como semilla en el cultivo de un campesino. El montaje de Eisenstein en el *Bronenosez Potemkin (El acorazado Potemkin*, 1924) pone de manifiesto la cadena de causa y efecto, desde la bala de una soldado hasta la muerte de una madre, la célebre caída de un cochecito de niño por las escaleras de

Odessa y los cañones contestatarios de los marineros revolucionarios en la cubierta del acorazado Potemkin.

El expresionismo comprende la manipulación de la plástica de la imagen para producir sentido, como en el exagerado diseño del decorado de *Das Kabinett des Dr. Caligari (El gabinete del doctor Caligari,* 1919); o en las distorsiones ópticas que reflejan el estado interior de un personaje, como la borrachera del portero en *El último*. Las manipulaciones expresionistas, sin embargo, intentan evocar un tipo de sentido especial; decodifican la realidad, no para encontrar su sentido político sino su sentido espiritual. Los directores como Murnau intentaban hacer que el mundo invisible del espíritu se hiciera visible en forma de película, en el diseño del decorado, en la iluminación, puesta en escena, montaje y actuación de los personajes. A un nivel puramente genérico, la asociación del expresionismo con vampiros, monstruos y demonios —y su supervivencia estilística en el cine de terror americano tanto clásico como contemporáneo— da buena prueba de estas preocupaciones. ¿Qué manera más gráfica existe para comunicar el estado psicológico interior del personaje que proyectarlo sobre el espacio circundante? Hacer que aquel espacio no sea ni tan real ni tan irreal para que los espectadores puedan leerlo como internamente expresivo.

Se dice que tanto el montaje como el expresionismo fueron destruidos por la llegada del sonoro. El sonido se consideraba como algo que daba realismo a la imagen, aumentaba sus propiedades realistas, amarrándolo a una realidad en tres dimensiones. Este proceso de hacerlo más real se considera como algo que maniobra en contra de las estrategias de «des-realización» del montaje soviético didáctico y del expresionismo alemán, que tienen como fin convertir una imagen en un signo de algo que no tiene una existencia concreta en el contenido de la imagen en sí. De alguna manera este razonamiento tiene algo de meritorio. Es difícil imaginar una secuencia de montaje acompañada por un diálogo; la continuidad del discurso obraría en contra de la discontinuidad del montaje. Es imposible imaginar la famosa secuencia de la ducha en *Psycho (Psicosis,* 1960) con otra cosa que no fuesen efectos sonoros y música. Pero, como demuestra la supervivencia de una secuencia de montaje en *Psicosis,* el sonoro claramente no destruyó el montaje; simplemente lo obligó a re-incorporarse de una manera diferente. De la misma manera, la supervivencia de los mecanismos expresionistas en el cine sonoro americano, especialmente aquellos que tra-

La muchacha de Londres, primer filme sonoro de Alfred Hitchcock.

tan aspectos de la psicología del personaje como en el cine de terror, cine negro, y en ciertos melodramas, desmiente la noción de que el sonido lo destruyó. Analizar *La muchacha de Londres*, nos dará alguna idea de cómo Hitchcock intentaba perpetuar las técnicas del cine mudo, asociadas con el montaje y el expresionismo, en la era del cine sonoro.

Al conversar con François Truffaut, Hitchcock reconoció abiertamente su defensa del cine puro, e insistió sobre la noción de que el cine mudo era la forma de cine más pura. En un momento dado incluso ataca al cine sonoro de los inicios por haber abandonado las técnicas del cine mudo —para él estas prácticas podían sintetizarse con la nueva tecnología—, el sonido podía ser manipulado de la misma manera que la imagen. Hitchcock vio que podía imponer la estética muda sobre la película sonora. *La muchacha de Londres* crea problemas para cualquiera que intenta realizar ecuaciones simplistas entre la llegada del sonoro y la introducción de un mayor realismo, o para cualquiera decidido a encontrar una ruptura dramática entre las películas mudas y sonoras. Las diferencias son, desde luego, aparentes, pero lo sorprendente es su mayor sentido de continuidad.

La muchacha de Londres se mueve de un lugar a otro, entre las secuencias sonoras y mudas, de una forma totalmente fluida. De hecho, incluso se establecen puentes entre unas y otras, como en el célebre corte de montaje de cine mudo que culmina con un plano de Alice dormida, su mano extendida, al grito de la ama de llaves de Crewe al ver su mano en similar posición. Incluye secuencias de montaje; así indica el paso del tiempo durante el interrogatorio de un sospechoso detenido, a partir de unos cigarrillos que «dan la vuelta» a un cenicero en forma de reloj. Asimismo en el filme hay un fundido expresivo desde el rostro del sospechoso hasta la imagen de su huella dactilar, una transición que nos dice que ha sido fichado y sugiere que de alguna manera su huella le asociará al crimen.

Para Hitchcock, los dos estilos cinematográficos, mudo y sonoro, obran como limitaciones productivas. Él *utiliza* las limitaciones impuestas sobre la película por la tecnología del sonoro para aportar información sobre sus personajes. Durante los primeros años de la transición a la era del sonoro, las cámaras estaban confinadas a una cabina insonorizada para evitar que el micrófono recogiera el ruido del motor. El encierro en la cabina amenazaba con limitar ciertos medios de expresión. Pero Hitchcock *utiliza* tal confinamiento para desarrollar una sensación de claustrofobia.

A lo largo de *La muchacha de Londres,* unas panorámicas cortas entrecruzan las tensas confrontaciones triangulares que tienen lugar dentro del agobiante encierro de una sala de estar familiar, donde el chantajista (Tracy) y sus dos víctimas, la heroína, Alice, y su novio policía, Frank, están secuestrados. Las panorámicas articulan, con gran acierto, las líneas de tensión que conectan los tres personajes, dibujando una complicada telaraña de amor, culpabilidad, miedo y codicia en la que todos están implicados. De la misma forma, el estilo y el tema aquí están intrincadamente unidos. El mecanismo formal de una panorámica corta determina y a la vez está determinado por el contenido temático de la secuencia. La filmación de la escena refleja las limitaciones de la tecnología; refleja el hecho de que fue rodado por una cámara que estaba recluida dentro de una cabina insonorizada con una ventana de vidrio limitando la extensión de cualquier panorámica a unos 60 grados. Es decir, la cámara sólo podía girar 30 grados a la derecha o a la izquierda del centro, sin captar los bordes de la ventanita. Pero también oculta estas limitaciones, al transformarlas en indicadores de la psicología de los personajes. Aunque las limitaciones técnicas dan cuerpo a lo que los espectadores ven en la pantalla, cuando Hitchcock dirigió la secuencia los hizo «invisibles», hizo que unas panorámicas especialmente limitadas tuviesen sentido dentro de la narrativa. Tienen un perfecto sentido con respecto a la exposición narrativa y la psicología de personajes.

Hitchcock también emplea un chiste sobre la cabina o «nevera» donde se encuentra aislada la cámara. En una secuencia, Alice y su novio, Frank, están hablando, sin ser oídos por los otros, ya que se han metido en la cabina de teléfono de la tienda de su padre. En lugar de meter la cámara en una cabina insonorizada, Hitchcock hace que sean los personajes los que entren en la cabina. Su conversación fue sin duda recogida por un micrófono situado en el auricular del teléfono. Más tarde, se usa la cabina para jugar con nuestro deseo de oír. Frank recibe una llamada de Scotland Yard, deja abierta la puerta, pero cuan-

La muchacha de Londres de Alfred Hitchcock.

do empieza a interesarle lo que oye, nos cierra la puerta. Ya no podemos oír su conversación.
La muchacha de Londres surge como una amalgama de estilos diferentes. Combina el «gran realismo» del sonoro con la distorsión expresionista del cine mudo. La iluminación de la película observa, en gran parte, los códigos de la grabación sonora de los inicios, que precisaba que las secuencias se iluminasen de una forma plana, para facilitar el rodaje con multicámaras. Su iluminación es plana y de distribución uniforme durante las secuencias de sonido sincronizado, como, por ejemplo, en la escena de Lyons Corner House o en la sala de estar de la casa de Alice. En las secuencias mudas, sin embargo, los personajes reciben más relieve por medio de la luz. Además, existen varios efectos de iluminación, presentes en las secuencias mudas, que podríamos llamar expresionistas, como, sobre todo, la secuencia del asesinato en la cual las sombras de los personajes en lucha son proyectadas desde atrás, sobre la colcha de la cama. Al principio de la secuencia, el artista, mientras contempla la seducción, se detiene por un momento detrás de un candelabro mientras cruza la habitación. La luz proyecta sobre su cara una sombra que parece el bigote de un villano de melodrama. Hacia el final de la película, Alice decide entregarse. Después de haber escrito su confesión, se levanta y coloca la cabeza dentro de una soga, creada por una sombra simbólica.

Sin embargo, no todos los mecanismos expresionistas de la película son puramente visuales. También existe en ella un expresionismo auditivo. La película manipula la banda sonora de un modo similar a la manipulación ejercida en la imagen por el cine expresionista. El caso más célebre ocurre en la secuencia del «cuchillo», cuando un comentario al principio inteligible, se vuelve deliberadamente confuso, a excepción de un palabra intensificada selectivamente: «cuchillo» y que apuñala a una Alice cargada de culpabilidad, quien no oye nada. La banda sonora persigue al personaje central de una forma expresionista, como un fantasma. En cuanto a la música, la canción «Miss After Day», que el artista interpreta en su piano para seducir a Alice, reaparece después del asesinato en la banda sonora, mientras que Alice vaga por las calles. Se presenta como sonido «real» en relación al artista que la toca, y vuelve en una versión incorpórea, lenta como un lamento, para acosarla después.

Como señala Elisabeth Weis en su excelente estudio sobre las bandas sonoras de Hitchcock, *The Silent Scream* (1982), la película está llena de efectos sonoros subjetivos, que, selectivamente, ocultan algunos sonidos y resaltan otros. Varias escenas en Scotland Yard contienen el silencio selectivo. Se cuentan chistes cuyo contenido no podemos oír, aunque sí las risas que siguen. En un encuentro entre Alice y el artista, el chantajista Tracy aparta un momento a aquél para comentarle algo, pero lo único que oímos son murmullos. Después del homicidio, el canario en la habitación de Alice canta más fuerte de lo que cabría esperar, expresando la turbación interior de la propia Alice. El filme no refleja todos los sonidos presentes en el ambiente. En cambio, jerarquiza los sonidos, seleccionando cuidadosamente uno o dos que puedan utilizarse de un modo expresivo para comunicar ciertas ideas. Por ejemplo, los chistes mudos, de los cuales nosotros (y ciertos personajes) somos excluidos, establecen cierta relación entre nosotros y el narrador, quien nos esconde información al utilizar el sonido para excitar nuestra curiosidad acerca de su contenido, al emplear el deseo de oír el sonido, que, por naturaleza, acompaña la llegada de la película sonora, frustrando este deseo al hacer que la fuente potencial del placer —el chiste— sea inaudible. La primera vez que se usa diálogo en el filme, la policía está hablando sobre un sastre y un traje en el lavabo, es doblemente frustrante. Es banal, por un lado, y además inaudible. El filme nos dice que las películas sonoras no precisan de diálogos inteligibles, que el sonido tiene otros usos. En otras palabras, para Hitchcock, este mecanismo llega a ser un chiste en sí, un chiste del sonoro sólo hecho posible con la llegada de esta nueva tecnología. Nos toma el pelo al manipular nuestros deseos de oír. Al mismo tiempo, el uso del sonido que hace Hitchcock está desarrollando gradualmente una determinada relación con el espectador.

Pero para este filme en particular es más importante ver cómo las secuencia de contar chistes establece una pauta de silencio y risa que surgen como temas prominentes de la película. Un aspecto de los chistes es que son secretos compartidos entre dos personajes, excluyendo a otros personajes. Los secretos compartidos son lo mismo que el conocimiento compartido; la expresión «chiste interior» transmite el sentido de esto. La entrada de Tracy en el establecimiento de White inaugura una larga serie de chistes interiores, comenzando por su deseo de utilizar el teléfono para «conectar con Scotland Yard», un deseo ideado para comunicar sus intenciones a la pareja culpable, seguido por su pregunta significativa «¿Alguna noticia del homicidio?», y a continuación, en su esfuerzo por ser gracioso, «los detectives en casas de cristal no deberían hacer ademán de enseñar las pruebas». Mientras devora el desayuno, Tracy silba alegremente «The Best Things in Life Are Free», una referencia a sus recientes adquisiciones —un puro, dinero de bolsillo y un desayuno.

La relación central entre Alice y Frank se construye finalmente sobre un secreto, el conocimiento compartido: el del crimen. Les guste o no, son cómplices de un homicidio; su silencio, su intento de encubrirlo les involucra en una culpabilidad compartida.

Como señala Weis, la película asocia repetidas veces el silencio con la culpabilidad; la incapacidad de hablar equivale al trauma producido por información culpable. El homicidio tiene lugar durante una secuencia muda. Es el resultado de un intento de Alice de defenderse que comenzó verbalmente con sus protestas, pero que fracasó. El homicidio la enmudece. Queda en silencio en un contexto parlanchín (la vecina que habla de «matar golpeando la cabeza con un ladrillo», los comentarios de sus padres, y los de Frank, que pregunta directamente «¿qué pasó anoche?», pero al no recibir contestación se queja «¿Por qué no me los dices? [...] Por Dios, di algo.»).

El conocimiento que tiene Frank de la implicación de Alice en el crimen le obliga a mantenerse también en silencio, hasta enterarse de que Scotland Yard está buscando a Tracy. Frank, cuando averigua que la policía sospecha de Tracy y no de Alice, se niega a dejarle hablar, interrumpiéndole cuando intenta implicarse. Por ejemplo, cuando Frank se vuelve en contra de Tracy, chantajeándole, Alice protesta: «Frank, no puedes hacer esto.» Él pregunta: «¿Por qué no?» Ella contesta: «Pues porque...» Y Frank le hace callar con «Venga, venga, no te entrometas Alice...», y Tracy suplica: «¿Por qué no le dejas hablar?»

Hacia el final de la película, después de que la muerte de Tracy supuestamente cierre el caso, Alice se va a comisaría para confesar que lo hizo ella. Al entrar en el despacho del inspector jefe, le dice dubitativamente «Yo, yo sé quien lo hizo». Frank la interrumpe y evita que hable. La película acaba con un chiste final sobre «las mujeres detective del Yard», quienes amenazan con quitarle el sitio a los hombres. Este chiste sella el silencio de Alice, la obliga no sólo a aceptar, sino también a reírse de su propio silencio. En este momento, la primera película sonora de Hitchcock se revela como una obra que «trata», fundamentalmente, la relación entre el sonido y el silencio. Utiliza el sonido como mecanismo para resaltar el hecho de que los personajes centrales son incapaces de hablar. La transición a la era sonora amenazó con desequilibrar la homogeneidad de la película sonora. De hecho, los teóricos del cine mudo, como Arnheim, vieron el sonoro como una forma de «ruido» que se entremetía con el elocuente «lenguaje» en la estilísitica del cine mudo. En las películas sonoras, la «voz» de la imagen compite con la de la banda sonora. Para Arnheim, el diálogo apartaba a los que hablaban del mundo de la película dándoles acceso a un modo de expresión negado al resto de los elementos de la imagen, como, por ejemplo, los objetos, que permanecían en silencio. En relación a la transición al sonoro, las películas *El cantor de jazz* y *La muchacha de Londres* hacen que tenga alguna validez la premisa de Arnheim: que una película sonora es una forma de arte compuesta potencialmente incompatible. En sus cambios de silencio a sonido, de la estética del mudo a la estética del sonoro, estas películas constituyen una situación de ruptura para el cine clásico de Hollywood. Esta «ruptura» se compone de la repetida violación del ilusionismo generada por cada una de las estéticas, exclusivas en sí. Las películas como *La muchacha de Londres* transforman esta ruptura en parte de la narrativa, la absorbe dentro de un nuevo ilusionismo compuesto en el cual el sonido y el silencio llevan a cabo una interacción motivada dramáticamente. Al final del periodo de la transición al sonoro, la vergüenza del silencio ha sido asumida por la industria cinematográfica, que, como Hitchcock, ha aprendido a «narrativizar» el silencio. Lo que sigue siendo fascinante en el cine del periodo de la transición al sonoro, es cómo la huella de esta transición sigue siendo visible y audible en las películas. Por mucho que quieran disimular la tecnología que las produjo, la tecnología, a pesar de todo, ha dejado su señal sobre ellas.

Las versiones múltiples

Juan B. Heinink

En el periodo comprendido entre la implantación definitiva del cine sonoro y el punto de inflexión de la euforia expansiva de las fuerzas del eje en la segunda guerra mundial, es decir, entre 1929 y 1943, las cinematografías occidentales, tanto americanas como europeas, mantuvieron vigente una fórmula de producción de películas que consistía en filmar un mismo argumento en diferentes idiomas, sustituyendo, en todo o en parte, al elenco artístico, pero aprovechando la mayoría de los decorados construidos para la versión original, así como la infraestructura técnica.

Posteriormente, fuera del periodo señalado, se dan nuevos casos de versiones dobles, pero ya de forma esporádica. Así encontramos que *Barrio / Viela* (Ladislao Vajda, 1947) se filma por separado en español y portugués; *Stronghold / Furia roja* (Steve Sekely, 1950) se produce en México en inglés y español con diferentes repartos, donde cabe recordar el curioso doblete de cabecera formado por Verónica Lake y Sara Montiel; en *The Moon Is Blue / Die Jungfrau auf dem Dach* (Otto Preminger, 1953) se sustituye, entre otros, al William Holden de la versión en inglés por Hardy Kruger en la alemana; y que el chicano Robert Rodríguez se propone continuar la serie de aventuras iniciada con gran éxito en *El mariachi* (1992) a base de dobles versiones inglés/español.

Pero volvamos al principio, a los comienzos del sonoro, o más concretamente, del cine hablado, cuando la frase «All Talking! All Singing!» se propagaba por Estados Unidos como un reguero de pólvora. El cine había alcanzado un puesto preferente entre las actividades dedicadas al entretenimiento, y la industria cinematográfica norteamericana, con un poderío artístico, técnico, comercial y publicitario sin igual en el mundo, había extendido sus tentáculos por todos los rincones del planeta, hasta establecerse casi en régimen de monopolio.

La coincidencia en el tiempo entre la aparición del cine hablado y el «crack» bursátil de Nueva York, obligaba a buscar soluciones inmediatas a los nuevos problemas técnicos planteados (equipamiento de salas, reconversión de proyectores, etc...) y ofrecer alicientes extraordinarios a los consumidores, tanto del interior del país como de cara al exterior, para mantener la cuota de mercado alcanzada. Se trataba, por tanto, de poner en funcionamiento el típico reto americano contra la crisis, aprovechando la inferior capacidad de respuesta de las cinematografías adversarias ante la demanda del espectáculo al que la publicidad había etiquetado como de última moda.

Para cualquier compañía que quisiera exportar cine hablado, el máximo escollo a superar era, sin duda, el idioma de los diálogos. Los primeros incidentes —protestas, destrozo de las salas en donde se exhibían películas en idioma diferente al del propio país— no tardaron en llegar a oídos de los productores. Tras el fabuloso éxito de los primeros filmes sonorizados con música y efectos, pero sin ningún texto hablado, y también de las revistas musicales que no contuvieran demasiado diálogo, el doblaje sería bien aceptado, siempre que se limitara a noticiarios, documentales o películas de dibujos animados, porque aplicado a las restantes producciones de ficción iba a resultar falso o, incluso, ridículo, debido a que las imperfecciones técnicas iniciales provocaban acusadas pérdidas de sincronía. Los filmes en versión original subtitulada quedarían relegados a salas de segundo orden, o a servir de complemento en programas dobles, donde la atracción principal podía ser tan sólo un cortometraje hablado o cantado en la única lengua que comprendía el público. Otras fórmulas alternativas, como la incorporación de prólogos explicativos del argumento para cada idioma, voz en off supletoria, rótulos intercalados similares a los de la época muda, etc..., apenas sobrevivieron a los primeros intentos.

Paralelamente a la controversia entre mudo y sonoro, otra batalla más habría de librarse entre las productoras cinematográficas norteamericanas: la elección del sistema definitivo de reproducción sonora; es decir, «sound-on-disc» (Vitaphone) contra «sound-on-film» (Movietone). El Vitaphone, más barato y sencillo de acoplar a los antiguos proyectores, perdía sincronía; el Movietone (perfeccionado posteriormente por otras patentes de sonido fotográfico) requería sustituir los equipos de proyección del cine mudo por otros nuevos, y para justificar las cuantiosas inversiones necesarias, había que demostrar sus ventajas.

Enarbolando el estandarte de una perfecta sincronía entre imagen y sonido, triunfó el «sound-on-film», desapareció momentáneamente el doblaje, porque no podía ofrecer la deseada sincronía, y surgieron las versiones multilingües filmadas en Hollywood y en Europa con toma directa de sonido, como único sistema totalmente sincrónico de cara a los mercados exteriores. Durante algún tiempo, las «foreign versions» iban a constituir el principal señuelo de la industria norteamericana para mantener su hegemonía en el extranjero, hasta que, a mediados de 1931, una vez clarificadas las preferencias del público, acabarían por reconsiderar el doblaje, un procedimiento que permanece vigente en la actualidad, aunque sólo fuera de las fronteras de Estados Unidos. Sin embargo, la producción de dobles versiones continuará en Europa, desplazándose con intensidad variable desde Francia a Alemania y, hacia el final de la década, a Italia.

HOLLYWOOD POLÍGLOTA

Teniendo en cuenta que Estados Unidos constituye, aunque sea de forma extraoficial, un país multiétnico, multirracial, multicultural y multilingüe, no debe sorprender a nadie que cierto porcentaje de la producción de películas estuviera total o parcialmente dirigido a satisfacer la demanda de sus propias minorías étnicas, ni que el material estándar incorporara de vez en cuando a sus argumentos aires latinos, irlandeses u orientales, por poner un ejemplo.

En este contexto deben encuadrarse los primitivos experimentos sonoros, como *La fiesta*, producida por la Vitaphone en 1926 con título original en español, o los clips de Raquel Meller filmados en no-

Mona Rico y José Bohr en *Sombras de gloria.*

viembre del mismo año en los estudios Fox-Movietone de Nueva York, uno de ellos cantado en catalán. Los vestigios evidentes de un pasado hispano sólidamente arraigado en los territorios de Texas, Nuevo México, Arizona y California, sería otro de los motivos por los que buena parte de la producción de Hollywood va a incluir diálogos o canciones en español, y en ningún caso se debe entender que por formar parte de algún tipo de estrategia encaminada a incentivar la exportación hacia el sur. Entre el cine étnico norteamericano de comienzos del sonoro ya se detectan filmes hechos por y para negros, como la comedia musical *Georgia Rose* (1930), de Harry A. Gant; otros realizados en exclusiva para judíos, como *My Yiddishe Mama* (1930), de Sidney M. Goldin; o sólo para hispanos, como *La rosa de fuego* (1930), de W. L. Griffith, completamente desconocidos todos ellos en el extranjero.

El arranque oficial de la política norteamericana de versiones separadas destinadas a la exportación tiene lugar en otoño de 1929,

Stan Laurel y Oliver Hardy.

cuando un modesto estudio de Hollywood, llamado Sono-Art Productions, encarga al actor y músico José Bohr formar reparto para producir una adaptación al castellano del drama *The Long Shot,* en donde un artista es juzgado por dar muerte a quien durante la guerra había salvado la vida. Protagonizada por el mismo Bohr, *Sombras de gloria* debería repetir en turno de noche, bajo la dirección de Andrew L. Stone, los planos filmados durante el día en el decorado construido para *Blaze o' Glory,* la versión original en inglés, pero —según cuenta Bohr en su autobiografía— el equipo estelar diurno trabajaba muy lento y pronto se invirtió el plan de trabajo, tomando los hispanos la iniciativa. Tratándose de la primera versión en español que salía al mercado, la expectación levantada para comprobar el resultado obtenido hizo que alcanzara mayor repercusión que el filme al que, en teoría, estaba previsto haber copiado.

Tanto en *Sombras de gloria* como en las versiones producidas en los meses inmediatamente posteriores se utilizaron actores o traductores de diálogos que residían en Estados Unidos desde hacía tiempo. Las oleadas de emigrantes que acudieron a la llamada de Hollywood llegarían más tarde.

La idea que algunos tienen sobre el rodaje de las versiones multilingües, según la cual se filmaba un plano en cierto idioma y, obtenida una toma válida, se repetía el mismo plano en otro idioma con diferentes actores, y así sucesivamente cuantas veces fuera necesario, es un método que fue muy poco utilizado, pero con él se inició en el estudio de Hal Roach una de las más celebradas experiencias cómicas: Laurel y Hardy hablando español, francés, alemán e italiano, durante casi año y medio en directo ante las cámaras, y luego, doblándose ellos mismos el diálogo de sus propias comedias para la distribución en el extranjero. Lo curioso del caso es que sólo habían estudiado apresuradamente nociones elementales de pronunciación; su entonación era disparatada, pero así eran más graciosos. Los pequeños de La Pandilla (Our Gang), Charley Chase, Harry Langdon, Buster Keaton

Charles Bickford, Greta Garbo y George F. Marion en una escena de *Anna Christie*, de Clarence Brown.

y Slim Summerville siguieron explotando con mayor o menor fortuna el modelo popularizado por el Gordo y el Flaco, y hasta los críticos más beligerantes con respecto a la ofensiva de las versiones se vieron obligados a salvar a los cómicos de la quema.

Un único salvavidas no hubiera sido suficiente en la Metro-Goldwyn-Mayer si Greta Garbo, su máxima estrella, hubiera fracasado como lo hizo John Gilbert al hablar para la pantalla sonora. Escogida con exquisito cuidado, *Anna Christie* (1930), obra de Eugene O'Neill llevada al cine en inglés por Clarence Brown, presentaba una Garbo con justificado acento de extranjera, saliendo triunfante de la prueba. Por si no hubiera sido así, la MGM había encargado al prestigioso Jacques Feyder una versión más de *Anna Christie*, dialogada en alemán —tal vez se hizo otra en sueco—, que ha pasado a formar parte de la galería de rarezas fílmicas con las que Hollywood podrá hacer algún día un obsequio sorpresa a la generación del vídeo-láser.

«LA CANCIÓN DEL DÍA» Y OTROS NAUFRAGIOS

Mientras Hollywood trabajaba a pleno rendimiento con su nueva maquinaria sonora, gran parte de Europa permanecía indecisa ante el futuro del invento parlante, y sólo Londres y Berlín contaban con infraestructuras bien equipadas para elaborar filmes hablados sin correr el riesgo de obtener productos inservibles. La British International Pictures, hermanada en cierto modo con la UFA alemana, sacó varios puntos de ventaja al imperio americano llevando a la pantalla en 1929 el espectacular naufragio de un buque que colisiona en el Atlántico con un iceberg, y que por algún motivo desconocido no se llamó Titanic, sino «Atlantic». Escrita y dirigida por E. A. Dupont, la película salió al mercado en tres versiones —inglesa, alemana y francesa—, que fueron rodadas íntegramente en los estudios BIP de Elstree.

A las mismas instalaciones llegaría el realizador de origen francés Robert Florey para filmar *La route est belle*. Tras varios años de experiencia en Estados Unidos, Florey embarcó hacia Europa en octubre de 1929, llamado por el precavido Pierre Braumberger, quien, tratándose de su primera producción hablada, prefirió apostar sobre seguro contando con director bilingüe, capaz de dominar tanto la dicción de los diálogos en francés como la jerga particular de los técnicos ingleses. Florey terminó el rodaje dentro de los doce días por los que Braumberger había alquilado el estudio y, a pesar del éxito de la operación, jamás logró cobrarle aquel trabajo... ini tampoco el siguiente!, una comedia musical filmada en la UFA de Neubabelsberg (Berlín) entre mayo y junio de 1930 en triple versión, francesa *(L'amour chante)*, alemana *(Komm' zu mir zum Rendezvous)* y española *(El amor solfeando)*, protagonizada esta última por Imperio Argentina y Valentín Parera.

Cineastas con inquietudes, procedentes de otros países rezagados en el campo de la tecnología avanzada, seguirán el mismo recorrido que Florey y Braumberger, o que alguno de sus predecesores, como Henry Roussell, coautor, junto a Carl Froelich, de la primera doble producción franco-alemana *Die Nacht gehört uns / La nuit est à nous* (1929), la cual llegaría a España dos años después como *La noche es nuestra*, en versión francesa parcialmente doblada al castellano.

El distribuidor Saturnino Ulargui, dispuesto a financiar *La canción del día*, con diálogos y canciones en español, traslada su equipo a Londres en febrero de 1930 y confía al pionero británico George B. Samuelson la labor de dirigir a Tino Folgar, Consuelo Valencia y Faustino Bretaño en los estudios Twickenham, así como en el escenario del Teatro Piccadilly del West End londinense, acondicionado provisionalmente para permitir la entrada de las cámaras.

Rodada en turno de noche, *La canción del día* sería una de las primeras dobles versiones simultáneas producidas en Europa. La versión inglesa, titulada *Spanish Eyes* y dirigida también por Samuelson, con fotografía del competente Basil Emmott y un reparto encabezado por Edna Davies, Dennis Noble y Donald Calthrop, quedaría sentenciada por la tragedia de la bailarina Nita Foy, que perdió la vida al incendiarse accidentalmente el miriñaque que vestía para actuar en el filme.

La supuestamente fallida *Spanish Eyes*, producida con el respaldo del Julian Wylie Production Film Department, fue lanzada sin demasiado convencimiento por la MGM en agosto de 1930, mientras que *La canción del día*, aunque con críticas negativas, gozó de excelente distribución, tanto en España como en la totalidad de los países americanos de habla hispana, siendo también estrenada en San Francisco y Nueva York, lo cual se contradice con las cuantiosas pérdidas declaradas por el señor Ulargui con respecto a este filme, imputables, en todo caso, a la descabellada pretensión de conquistar el mercado inglés con

La traviesa molinera (Harry d'Abbadie d'Arrast, 1934).

aquel sainete cursi y sensiblero debido a la insigne pluma de Muñoz Seca y Pérez Fernández.

El cine español contribuyó al sistema de versiones con otros ejemplares —pocos, pero pintorescos—, entre los que brilla con luz propia *La traviesa molinera* (1934), realizada por Harry d'Abbadie d'Arrast en español, francés e inglés, cuya distribución en Estados Unidos sería injustamente bloqueada por oscuras razones extracinematográficas.

Kane en Joinville

No se trata del *ciudadano Kane*, sino de Robert T. Kane, héroe de la primera guerra mundial y productor cinematográfico, que con el advenimiento del sonoro decide regresar a Francia, el país donde tantas batallas y tantas medallas había ganado, con la idea de construir la mayor torre de Babel que ha conocido el cine.

Procedente de los estudios Pathé de Nueva York, Kane llega a París en otoño de 1929, acompañado de antiguos colaboradores eficientes, como Phil Tannura, Ted Pahle y Harry Stradling, a fin de reclutar jóvenes voluntarios que le ayudaran a sentar las bases de su más ambicioso proyecto: una factoría de películas en serie, en cuantos idiomas fuera necesario y de forma masiva.

Concluida una fase de tanteo previo en los estudios Gaumont y con tres docenas de cortometrajes variados en su haber, Kane firma un contrato de distribución exclusiva con Paramount y anuncia el rodaje de la comedia *Un trou dans le mur*, que comienza en Gaumont sin esperar a que la Western Electric termine de equipar los dos primeros sets del nuevo Hollywood europeo, un complejo cinematográfico denominado inicialmente Cinéstudio Continental y enclavado en el distrito de la Seine, a medio camino entre Saint Maurice y Joinville-le-Pont, a 25 kilómetros del centro de París.

En el noveno congreso Paramount, que tiene lugar en París los días 10 y 11 de marzo de 1930, con la asistencia de delegados procedentes de Bélgica, Suiza, África del Norte, Holanda y Egipto, además de los franceses, la plana mayor de la compañía presenta a Mr. Kane como la figura estelar, el artífice de la campaña de producciones internacionales prevista para la temporada 1930-31, consistente en versiones multilingües de *The Lady Lies, The Doctor's Secret, Sarah and Son* y otros títulos recién filmados en los estudios americanos, que serán rigurosamente repetidos plano a plano en diversos idiomas. Para ello contará con una selección de profesionales italianos, alemanes, holandeses, suecos, polacos, húngaros, checos, rumanos... y españoles, desplazados hasta Joinville desde sus lugares de origen.

Los primeros productos salidos de la nueva «fábrica de sueños», quince por ciento más baratos que los de Hollywood, serían duramente rechazados por público y crítica; sólo las versiones española y sueca de *Un trou dans le mur* —sin precedente fílmico «made in USA» y rodadas cuando las directrices impuestas por la Paramount no habían entrado aún en vigencia— merecerán algún instante de reflexión por ser readaptaciones y no traducciones literales del original. Sin embargo, como todo militar sujeto a las ordenanzas, Kane va a seguir con obediencia ciega el modelo dictado por sus jefes del otro lado del Atlántico, quienes, por medio de una ampliación de capital, desde seis hasta diez millones de francos, refuerzan su capacidad interventora a partir del mes de julio en Cinéstudio Continental, cuya denominación desaparece definitivamente para ser sustituida por la de Les Studios Paramount. Durante el segundo semestre de 1930, la actividad se intensifica con la apertura en Joinville de un set tras otro, hasta alcanzar un total de seis, el doble de los previstos, que funcionan sin descanso día y noche, siempre en estado de emergencia, y con una organización al estilo americano, que cuenta con más supervisores que supervisados. Al final del año, el balance arroja un saldo superior a las cien producciones, entre cortas y largas, y un ramillete de anécdotas curiosas y órdenes indescifrables —como las que recoge Charles de Rochefort en su biografía— surgidas por efecto de la maldición bíblica de la confusión de las lenguas, corregida y aumentada al entrar en contacto con la incultura crónica de los supervisores americanos. En cuanto a títulos de relieve, los comentaristas de la época coincidieron en destacar *Dans une île perdue*, versión francesa de *Paraíso peligroso (Dangerous Paradise*, 1930), basada en la novela de Joseph Conrad, *Victory*, y dirigida por Alberto Cavalcanti, realizador vanguardista con una trayectoria cinematográfica de extraordinario interés, para quien su paso por Joinville —según señaló— no fue ninguna de esas horribles experiencias que uno desearía olvidar. Hubo, por lo tanto, opiniones para todos los gustos.

MENÚ FRANCÉS PARA ESPAÑOLES, PREPARADO CON RECETAS YANQUIS

Entre los realizadores españoles del cine mudo, Benito Perojo supo distinguirse por su clara vocación internacional. Afincado en Francia desde 1917, Perojo va a utilizar regularmente los estudios parisinos para filmar sus películas y, a principios de 1930, concluye en ellos la que marcará el inicio de la etapa sonora de su carrera, una adaptación de *La bodega*, de Vicente Blasco Ibáñez. Con tales antecedentes, no parece casual que Robert T. Kane le confiara la dirección de *Un hombre de suerte* —versión española de la obra de Yves Mirande *Un trou dans le mur*, recién rodada en francés por René Barbéris—, con el simpático *chansonnier* Roberto Rey al frente de un equilibrado reparto, mezcla de actores de cine —Valentín Parera, María Luz Callejo— y de las inevitables figuras del teatro, acostumbradas a interpretar con modos y maneras imposibles, en muchos casos, de trasvasar de forma satisfactoria a la pantalla hablada, pero moderadamente aceptables cuando el asunto estuviera, como aquí, tratado en clave de comedia. Trasladada la acción a Madrid y con diálogos escritos por Pedro Muñoz Seca, *Un hombre de suerte* sería un ligero y apetitoso primer plato del indigesto menú cocinado en Joinville con recetas americanas para españoles, a base de vetustos dramones como *Doña Mentiras, El secreto del doctor, Toda una vida* y *La carta,* aliñada esta última con especias orientales de la marca Somerset Maugham.

Ocupado en la preparación de un ambicioso proyecto hispano-franco-alemán, que por dificultades financieras se quedó en hispano-francés *(El embrujo de Sevilla / L'ensorcellement de Séville),* y cuya versión francesa estuvo largo tiempo interrumpida debido al embargo del material filmado en la UFA de Berlín, Benito Perojo dejó plaza libre en Joinville para el chileno Adelqui Millar, un inquieto trotamundos que antes de realizador había sido una especie de «latin-lover» del cine

Miguel Ligero, Félix de Pomés, Carmen Larrabeiti y Carmen Moragas en *Doña Mentiras.*

Roberto Rey y Rosita Díaz Gimeno recibiendo indicaciones durante el rodaje de *Un caballero de frac*.

mudo holandés. Asistido por Jorge Infante, también chileno, y por el valenciano Fernando G. Toledo, entre mayo y noviembre de 1930 Millar se encargaría de dirigir versiones españolas en seis ocasiones, casi una al mes, protagonizadas por alguna de las combinaciones obtenidas a partir de la media docena de nombres disponibles: Carmen Larrabeiti, Tony D'Algy, Félix de Pomés, Carlos Díaz de Mendoza, Miguel Ligero y Amelia Muñoz; es decir, producciones en serie y de forma masiva, tal como Kane deseaba.

Sin embargo, al entrar en 1931, aires de renovación se dejan sentir bajo el firmamento de Joinville. En lo sucesivo, las versiones dialogadas en idiomas diferentes al francés, alemán, sueco o español quedan prácticamente eliminadas, se amplía el número de días de rodaje por filme, los equipos comienzan a salir del estudio para fotografiar escenas en exteriores naturales, la temática de los argumentos elegidos se aparta del melodrama lacrimógeno para inclinar la balanza a favor de la comedia musical con bailes y canciones, operetas y obras de autores famosos; se contratan caras nuevas y directores de prestigio, como Leo Mittler, Dimitri Buchowetzki, Louis Mercanton, Alexander Korda...

Con la llegada de Imperio Argentina y Rosita Díaz Gimeno, dos de las actrices más queridas por las cámaras de cine, y de Florián Rey, un supervisor de superlujo, la representación española se enriquece sensiblemente, dando lugar a títulos de apreciable dignidad que logran arrancar el aplauso de los espectadores. A *Su noche de bodas* y *Lo mejor es reír*, adaptadas ambas de original americano, pero en versión menos literal, les sucede *Un caballero de frac*, filmada primero en castellano y después en francés, alterando así el orden habitual de rodajes y dejando entrever con ello que la reforma también posibilitaba la independencia de criterio de los realizadores al abordar las diferentes versiones. No obstante, a propósito del estreno en París de *Su noche de bodas* en versión española, Juan Piqueras seguía reclamando desde las páginas de *Popular Film* «obras en las que haya de español algo más que unas palabras medianamente dichas y pésimamente traducidas, y las notas de una guitarra española»; observación justa y necesaria, sin duda, pero eso era ya pedir demasiado a la factoría de Joinville. Lo que, en realidad, Piqueras quería decir es que España debía pensar seriamente en lanzarse a producir un cine autóctono, inexistente desde la irrupción del sonoro, y lanzaba frases de alerta, como la citada, para avisar que tampoco aceptaría películas españolas que de algún modo fueran malos calcos de las extranjeras. Por el momento, nada podían hacer Piqueras u otros especialistas en favor de una cinematografía pobre y enferma de parálisis, excepto evitar que su clientela potencial acabara siendo irreversiblemente modelada al gusto de las compañías multinacionales. Como era de esperar, el esfuerzo no sería recompensado.

El declive de un imperio de cartón

El punto culminante de los estudios franceses de la Paramount, en cuanto a calidad se refiere, tiene lugar hacia el final de la primavera de 1931 con la adaptación cinematográfica de *Marius*, retrato minucioso de un puñado de personajes entrañables que viven su vida en el entorno portuario de la vieja Marsella, que constituye la primera entrega de la célebre trilogía creada por Marcel Pagnol —*César* y *Fanny* son los títulos de las otras dos partes—, cuyo rodaje, aplazado una y mil veces, ya se venía anunciando desde el discurso inaugural de las instalaciones de Joinville. Considerada como la primera obra maestra del cine sonoro francés, no cabe duda que el talento de Alexander Korda tuvo mucho que ver a la hora de convertir en imágenes el universo poético de Marcel Pagnol, quien, además, siguió muy de cerca todo el proceso de realización.

La singularidad de *Marius* —filmada simultáneamente, también por Korda, en alemán *(Zum goldenen Anker)*, y por John W. Brunius en sueco *(Längtan till havet)*, con repartos diferentes para cada una de las tres versiones—, hacía presagiar otro importante cambio de rumbo en la política de producciones en Joinville. Por aquellas fechas salió a la luz pública un comunicado del Sindicato de Artistas, asociación oficial de los actores del cine francés, por el que se prohibía a sus afilia-

Imperio Argentina durante el rodaje de *¿Cuándo te suicidas?*

dos intervenir en versiones francesas de películas extranjeras con el fin de proteger la industria nacional y los intereses de los artistas, advirtiendo que serían dados de baja quienes hicieran caso omiso de tal resolución y perderían todos sus derechos. Resulta difícil de creer que Mr. Kane se sintiera intimidado por una medida semejante, pero lo cierto es que *Marius* y las obras que produjo a continuación serían de autor francés y sin modelo americano al que copiar.

Paralelamente, la Paramount británica ponía en funcionamiento un estudio en Elstree (Inglaterra), de donde saldría poco después la doble versión en inglés y español *Stamboul / El hombre que asesinó,* dirigida por Dimitri Buchowetzki con elementos técnicos y artísticos transferidos desde Joinville, lo cual aparentaba ser la maniobra preparatoria de un repliegue táctico de Kane hacia posiciones menos hostiles. En realidad, Paramount, como las restantes multinacionales norteamericanas, no necesitaba producir más versiones múltiples para la exportación; el futuro estaba en el doblaje o en el subtitulado, y la torre de Babel mostraba síntomas de ruina inminente. *Quand te tues-tu? / ¿Cuándo te suicidas?,* filmada en francés y en castellano durante el mes de agosto de 1931, fue un título muy inspirado —¿sería una broma?— para cerrar el catálogo multilingüe de la Paramount con certificado de defunción incluido.

Los estudios de Joinville siguieron lanzando nuevas películas al mercado hasta el cese de Kane, pero ya en versión única —sólo en francés o, excepcionalmente, en español, como la *Melodía de arrabal* (1933) cantada por Carlos Gardel e Imperio Argentina—, mientras se centralizaban en ellos los trabajos de doblaje con destino a las sucursales europeas de la compañía. Aunque se repitió hasta la saciedad que Les Studios Paramount eran una firma con recursos financieros propios, y que la bancarrota de la Paramount americana jamás les afectaría, en enero de 1933 suspendieron indefinidamente las labores de producción, ofreciendo las instalaciones a las empresas francesas que quisieran utilizarlas en régimen de alquiler. Robert T. Kane dimitió entonces de su cargo para incorporarse a la Fox como director gerente de la división extranjera, dejando tras de sí un lote aproximado de tres centenares de películas, a saber: 15 versiones francesas, 14 españolas, 14 alemanas, 13 suecas, 7 italianas, 5 polacas, 4 checas, 3 portuguesas, 2 húngaras, una holandesa y una rumana; 39 largometrajes originales en francés, tres en español, y dos internacionales desarrollados en ambientes cosmopolitas en donde cada actor habla su propia lengua; secuencias adicionales, prólogos de presentación, clips musicales y varias docenas de asuntos cortos; de todo lo cual sólo se conserva una muestra insignificante.

VIAJE AL PAÍS DE LAS MARAVILLAS

Si algún episodio de la historia del cine merece contemplarse sin desligar los resultados obtenidos de los pormenores que acompañaron su proceso de realización es este de las versiones múltiples y, en particular, el relativo a las versiones hispanas producidas en Hollywood y en Joinville; de otro modo, mejor sería condenarlas al olvido. ¿Recuerdan los estudiosos que Fritz Lang, Ernst Lubitsch, G. W. Pabst, Max Ophüls, Robert Siodmak, Paul Fejos, Josef von Sternberg, Douglas Sirk o Alfred Hitchcock dirigieron personalmente en doble versión al menos una de sus reputadas creaciones? No, apenas las mencionan; porque se filmaron discretamente, cumplieron su objetivo y desaparecieron. Sin embargo, la historia del cine no sólo se reduce a un puñado de nombres ilustres y sus correspondientes obras maestras, imputables, en muchos casos, al correcto funcionamiento de un trabajo en equipo bien organizado. La inmensa mayoría de las películas fueron, son y serán productos rutinarios, mejor o peor acabados, destinados a la explotación comercial y con fecha límite de caducidad, pero insertos en un marco concreto de estrategias político-mercantiles en constante evolución, que aportan a la historia de la cinematografía facetas esenciales de carácter socio-económico y laboral, aunque vistas desde ciertos parapetos de la cultura de museo sin ventanas a la calle parezcan cuestiones superfluas. El cómo, por qué o para qué se produce cualquier filme en un momento determinado constituyen esa especie de código genético en función del cual se configura una obra y que sólo emerge de forma inteligible y veraz con el paso del tiempo, a partir de la revisión crítica de todo un entramado de información variopinta, interior o exterior al propio filme.

Imaginémonos por un instante a Gilbert Roland, André Luguet, John Reinhardt y Franco Corsaro, vistiéndose con ropas idénticas, los cuatro con gorro de trampero canadiense y el mismo bigotito, dispuestos a interpretar día tras día el papel de Monsieur Le Fox en cada una de las cinco versiones de *Men of the North* (1930) que Hal Roach dirige simultáneamente en MGM (Roland, en inglés y español, y los demás, en francés, alemán e italiano, respectivamente). Imaginémonos a Juan de Landa pegado a la moviola, imitando los gestos y muecas de Wallace Beery para repetirlos con insolente exactitud en la versión española de *El presidio (The Big House,* 1930). Imaginémonos al personal de los estudios Metro eligiendo por votación popular en cuál de las cuatro versiones de *His Glorious Night* —inglesa, francesa, española y alemana— se besa con más pasión la pareja protagonista. ¡Hagan apuestas! Imaginemos un momento de la filmación de *Don Juan diplomático* (1931) en la Universal, realizada por un neoyorquino que no entiende el castellano, cuyos diálogos, escritos por un español, son supervisados durante el rodaje por un mexicano, y con reparto encabezado por un argentino, una brasileña y una mexicana, que no pueden disimular el acento peculiar de su tierra a la hora de recitar sus frases... Pues bien, cosas así ocurrían en Hollywood en la época de las versiones —¡nada más lejos de la rutina cotidiana!—, y en ocasiones como ésta conviene impregnarse del gracejo socarrón de un Jardiel Poncela o de la ironía cáustica de un Edgar Neville para entrar sin complejos en las sombras del pasado y no asustarse al descubrir un placer liberador desmenuzando los entresijos de aquella industria joven y juguetona que reunía en su seno a inventores, magnates y contables, artistas consumados y artesanos concienzudos, genios despistados, caras bonitas, farsantes, arribistas, suicidas y zopencos.

A lo largo de 1930 y primeros meses de 1931, Hollywood lanzó al mercado exterior parte de su catálogo en forma de productos dialogados en español, francés, alemán o italiano (sólo tres en italiano), los cuales venían a cubrir la demanda adicional de filmes parlantes no satisfecha por las cinematografías respectivas, pero —he aquí la cuestión— que vendrían al mismo tiempo a frenar el pleno desarrollo de dichas cinematografías al despojarlas de profesionales competentes, irremediablemente deslumbrados ante la oportunidad de hacer carrera en el país de las maravillas. Un círculo vicioso, sellado con dispositivo de seguridad.

Poco propensos a hacerse notar, los actores alemanes y franceses contaron con directores importados o residentes, pero casi siempre con pleno dominio del idioma correspondiente al de la versión que debían realizar, y pasaron por Hollywood sigilosamente. Por el contrario, los mexicanos, dicharacheros e indisciplinados, parecían desenvolverse por la vecina California como quien sale de paseo por un parque de atracciones construido para su solaz y esparcimiento en una porción de tierra anexionada que seguía siendo moralmente suya; mientras que los españoles, bulliciosos embajadores de la «madre patria», aterrizaban por allí como quien piensa que, al fin y al cabo, si alguien colocó una primera piedra en todo aquel tinglado no pudo haber sido otro que el hermano Fray Junípero. Ni que decir tiene que la controversia iba a ser inevitable; incluso con declaración formal de guerra, la llamada «guerra de los acentos» entre los puristas de la lengua castellana y los que defendían el derecho de cada cual a expresarse del modo acostumbrado en su lugar de origen. Si a esto añadimos la raquítica asignación presupuestaria, la falta material de tiempo para ensayar, para repetir tomas... y la participación habitual de personal no hispanoparlante en los cargos técnicos de dirección y coordinación, el resultado sólo podía ser uno: frustración, caos perpetuo y descontento generalizado. Por lo tanto, poco de auténtico cine y pocas satisfacciones encontraremos, a no ser que contemplemos estas películas en el ámbito de su esperpéntico anecdotario y, sobre todo, con fuertes dosis de buen humor.

Retazos encadenados de una comedia agridulce

Aparte de las primeras comedias de Laurel & Hardy o de La Pandilla habladas en diversos idiomas y de la ya mencionada *Men of the North*, el rodaje simultáneo de versiones plano a plano con todo el enjambre plurilingüe de personajes varias veces repetidos pululando por el set a la misma hora, apenas se llevó a cabo por razones obvias. Lo más sensato sería esperar a que la original en inglés estuviera terminada antes de comenzar otras versiones y así poder copiar tranquilamente, para lo cual tampoco era preciso encomendárselas a ningún perito en la materia; de hecho, sirvieron para que ciertos aspirantes —como David Howard, David Selman o el peruano Richard Harlan— debutaran en esa supuesta labor de máxima responsabilidad que es la dirección de un filme. Sin embargo, no todos los estudios siguieron siempre una norma fija; ahí tenemos a la Warner Bros., cuyo departamento extranjero estaba en manos de Henry Blanke, que encargó las versiones alemanas de la casa a realizadores de la talla de Berthold Viertel o Wilhelm Dieterle, llegando a poner en entredicho la primogenitura de *Moby Dick (La fiera del mar,* 1930) —la obra de Herman Melville filmada en inglés por el descuidado destajista Lloyd Bacon— sobre su réplica germanoparlante *(Dämon des Meeres),* al adjudicar esta última a Michael Curtiz, vigoroso maestro en espectáculos ciclópeos, desde *Sodom und Gomorrha (Sodoma y Gomorra,* 1922) hasta *El arca de Noé* (1929). Según dijo Blanke, *Moby Dick* no se produjo en español porque no encontró disponible ningún actor de habla hispana capaz de encarnar la apocalíptica figura del capitán Ahab, pero lo cierto es que, en general, no se ocupó de las restantes versiones con el mismo esmero que de las alemanas, y eso tiene su explicación: Henry Blanke era berlinés.

Así pues, a las diversas variables que incidieron directa o indirectamente en la política de versiones múltiples habría que añadir la de los lazos sentimentales de los directivos. La Universal, escorada también hacia vertientes germanófilas por el origen de los Laemmle, delegó los asuntos exteriores en Paul Kohner, joven checo acogido por el *tío Carl* como uno más de la familia, pero relacionado, por otra parte, con el universo hispano a través de la actriz mexicana Lupita Tovar, que después sería su esposa. Con motivo de la *premiere* de *La voluntad del muerto* (1930), Kohner aseguraba en su discurso que «es la primera piedra miliaria del camino que se ha trazado la Universal con el objeto de llegar a uno de sus más caros ideales: que el mundo de habla española pueda disfrutar en su propio idioma obras de la misma categoría artística de las que distraen a los pueblos de habla inglesa». Una de ellas sería el *Drácula* hispano que realizó George Melford a finales de 1930, felizmente resucitado, tras sesenta años de letargo en los ataúdes de hojalata donde muchas películas aguardan su inexorable descomposición, para demostrar que partiendo de un único guión, y con los mismos decorados e infraestructura técnica, se pueden elaborar dos filmes muy diferentes.

Considerado un clásico del cine de todos los tiempos, la versión en inglés de *Dracula* —la protagonizada por Bela Lugosi—, atribuida casi en exclusiva a la inspiración un tanto tortuosa de Tod Browning, debe muchos de sus aspectos formales al operador Karl Freund, médium involuntario del enigmático Murnau de *Nosferatu* (1921), y esas elipsis que la hacen tan sugerente —la versión española dura 27 mi-

Anuncio publicitario de la versión española de *Drácula*.

Barry Norton y Lupita Tovar en una escena de *Drácula*.

nutos más— quizá sólo fueran consecuencia de la falta de dedicación plena del propio Browning a un trabajo planificado en función de su reencuentro con Lon Chaney, el actor previsto para dar vida al famoso conde, fallecido poco antes del rodaje. Paralelamente, George Melford, director nada desdeñable, y el ágil cameraman George Robinson, filmaron su *Drácula* —el interpretado por el cordobés Carlos Villarías con impecable prestancia— siguiendo la continuidad narrativa del relato, frontalmente, sin tapujos ni medias tintas y con contrapuntos de humor al estilo Hitchcock, aunque con una resolución de las secuencias algo más pausada de lo que hubiera sido deseable. Dos enfoques distintos, dos formas diferentes de concebir la puesta en escena, pero, de ningún modo, excluyentes. Ambos Dráculas se rodaron a un tiempo, en turnos separados y sin mediar relaciones apreciables de servidumbre artística entre los responsables de cada unidad.

La muerte de Lon Chaney, el «hombre de las mil caras», también trastocó los planes de la Metro-Goldwyn-Mayer con respecto a *Cheri-Bibi*, la novela de Gaston Leroux sobre el mago a cuyo nombre hace referencia el título. Mientras el proyecto original quedaba en suspenso, la adaptación en castellano, escrita por Miguel de Zárraga para uso particular del conflictivo transformista Ernesto Vilches, seguía su curso y entraba en producción en enero de 1931, adelantándose en varias semanas al equipo de la versión en inglés *(The Phantom of Paris)*, que, dirigido por John Stuart Robertson, contaría finalmente con un devaluado John Gilbert en sustitución del legendario Chaney.

A finales de los veinte y primeros años treinta, Paramount y MGM eran las corporaciones que poseían las estructuras empresariales más sólidas; el paradigma de lo que se ha dado en llamar el «Hollywood Studio System», con sus ramas de producción, distribución y exhibición concatenadas en rigurosa armonía. Como ya se ha indicado, sin que ello supusiera renunciar a la elaboración en América de ciertos prototipos dialogados en español o en francés, Paramount prefirió evitar complicaciones confinando el grueso de sus tribus plurilingües en la reserva europea de Joinville. Por el contrario, los directivos de la MGM habían resuelto integrar el programa de versiones dentro de su sistema habitual de producción estándar, creando en el mismo Hollywood una plantilla de buenos actores y escritores foráneos mediante contratos holgadamente remunerados, y al cabo de un año tuvieron que admitir que se habían equivocado, cancelando de improviso los proyectos pendientes, condenando al desempleo a numerosos profesionales y arrastrando con su decisión a las restantes compañías, excepto a la Fox.

Tras un intento fallido de hacerse con el control absoluto de la industria cinematográfica y asediado por los acreedores, William Fox perdió el estudio que llevaba su nombre, y los nuevos gerentes confiaron la división extranjera al escritor John Stone, bajo cuyo mandato estuvo orientada de modo especial hacia la clientela de habla hispana, con abundante cantidad de producciones largas y cortas en versión española a lo largo de la temporada 1930-31. El único filme que sería objeto de adaptaciones adicionales en otros idiomas fue, precisamente, el menos indicado: *The Big Trail (La gran jornada*, 1930), el grandioso fresco histórico sobre la colonización del Oeste realizado por Raoul Walsh con estricto sentido de la medida, aunque cosechara un inesperado fracaso comercial, debido, sin duda, al carácter cuasi documental de la epopeya protagonizada por el aún desconocido John Wayne, y al elevado coste, agravado por la multiplicidad de versiones, entre las que cabe señalar dos en inglés, una en ancho de banda normal de 35 mm y otra en formato 70 mm Grandeur, filmadas al unísono por diferentes equipos de operadores; más la española *(La gran jornada,* de David Howard), la francesa *(La piste des géants,* de Pierre Couderc), la alemana *(Die grosse Fahrt,* de Lewis Seiler) y la italiana *(Il grande sentiero,* de Louis Loeffler).

Cuando Paramount, Warner Bros., Universal, Hal Roach y MGM decidieron poner freno a la producción de versiones en Hollywood con la llegada de la primavera de 1931, Fox acababa de importar refuerzos españoles —Ana María Custodio, Miguel Ligero, Carmen Larrabeiti, José Nieto y otros—, y no se encontraba en condiciones de enviarlos de vuelta a casa cobrando sin trabajar, tal como había hecho

Una escena de *La gran jornada,* primer western sonoro.

la Metro con Benito Perojo, Valentín Parera o Luis Buñuel, así es que los mantuvo al pie del cañón durante seis meses más, al término de los cuales se dio por concluida la campaña.

Con cuatro versiones españolas de la Columbia y tres francesas de la RKO se completa la perspectiva general de la actividad en los principales estudios de Hollywood durante esta primera fase de exploración por los mercados exteriores, cuyo resultado en cifras globales, y sin tener en cuenta los asuntos filmados exclusivamente en idiomas distintos del inglés, ronda el centenar de largometrajes de cinco o más bobinas, desglosados del modo siguiente: el 55 por ciento en español, el 27 por ciento en francés, el 15 por ciento en alemán y el 3 por ciento en otras lenguas.

1932-1943: Un epílogo de doce años

A pesar de las reticencias iniciales de algunos países, una vez tolerados el doblaje o el subtitulado por amplios sectores del público como los métodos más idóneos para lograr la comprensión de los argumentos y diálogos de las películas sin tener que renunciar a ver en pantalla a sus estrellas favoritas, el sistema de versiones múltiples había perdido su razón de ser. La industria norteamericana así lo entendió y, a partir de 1932, las grandes compañías sólo lo pusieron en práctica en muy contadas ocasiones —recuérdese que los filmes americanos de Maurice Chevalier, todos ellos de elevado presupuesto, continuaron produciéndose en doble versión inglés/francés—, mientras que los estudios independientes, cuando lo hicieron, sería por ampliar su radio de acción y, casi siempre, con resultados poco menos que catastróficos —a este grupo pertenecería la paupérrima cinta de aventuras exóticas *El diablo del mar* (1935), única versión hispana de un filme norteamericano *(Devil Monster,* 1935) filmada en Hollywood bajo la dirección de un español, el ignoto Juan Duval. No obstante, la Fox iba a permitir a su colonia de amigos procedentes de la República Española que paliaran los sinsabores de la etapa anterior produciendo con regularidad filmes hablados en castellano hasta junio de 1935, y no versiones —alguna sí lo fue—, sino adaptaciones originales, o remakes totalmente readaptados, a cargo de José López Rubio o Miguel de Zárraga, entre las que cabe destacar la comedia en verso

Enrique Jardiel Poncela, Enrique de Rosas, Rosita Díaz Gimeno y José Crespo durante el rodaje de *Angelina o el honor de un brigadier*.

de Enrique Jardiel Poncela, *Angelina o el honor de un brigadier* (1935), deliciosa parodia de los dramones del siglo XIX, supervisada por el propio autor, sólo con la cual ya quedaría plenamente justificado el envío de artistas españoles a California.

Al aparente repliegue de los norteamericanos siguió algún tímido intento de contraofensiva desde el exterior, creyendo que el modelo de las dobles versiones también serviría a los productores de terceros países para introducir sus películas en Estados Unidos. ¡Craso error! La economía de libre mercado, que siempre ha sido una entelequia, jamás podría funcionar en presencia de un conglomerado cinematográfico autosuficiente y expansionista, ni antes ni después de las leyes anti-trust. Condenados a los circuitos marginales, los filmes extranjeros —hablados en inglés o en cualquier otra lengua— no tenían futuro comercial en el recinto amurallado estadounidense, y las expectativas de exportación habría que buscarlas a escala más modesta, incentivando las posibilidades de intercambio dentro del ámbito comunitario del viejo mundo.

En 1932, las cinematografías europeas ya se encontraban recuperadas del shock del sonoro, e incluso la española, con su apatía enfermiza, anunciaba la apertura de los nuevos estudios Orphea en el parque de Montjuich de Barcelona. En cuanto a producciones en doble versión, Francia y Alemania habían logrado establecer desde el principio un nivel equilibrado de contraprestaciones, asumiendo cada uno la realización de películas en el idioma del otro, a fin de repartirse la difusión de las dialogadas en francés en el área de influencia latina, y de las habladas en alemán por la zona centroeuropea y escandinava; dicho equilibrio se mantendrá hasta 1936-37, aunque en progresivo descenso cuantitativo a partir del florecimiento y auge del nazismo. Menos ponderados serían los intercambios de versiones entre la Europa continental y Gran Bretaña, país mayoritariamente receptor en este aspecto. Italia pasaría con el tiempo de ser importador de versiones italianas a exportador de versiones en lenguas ajenas, pero el suyo es un caso aparte... Las restantes opciones —la que atañe a España, entre ellas— entrarían de lleno en el campo de la fenomenología irregular, como simples curiosidades históricas: versiones francesas filmadas en Suecia (*En natt / Serments*, 1931), versiones alemanas filmadas en Hungría *(Pardon, tévedtem / Skandal in Budapest*, 1933), versiones holandesas filmadas en Francia *(L'homme sans coeur / De man zonder hart,* 1936), etc.

Fuera de Europa, y también en calidad de rarezas, podemos encontrar una versión en inglés producida en México *(Contrabando / Contraband,* 1932), una española filmada en Brasil con destino al mercado argentino *(O grito da mocidade / El grito de la juventud,* 1937) y, pese a la coexistencia en Canadá de dos comunidades escindidas en razón de su idioma, tan sólo aparece un filme estrenado en versiones separadas: *House in Order / La maison en ordre* (1936), ambas dirigidas por Gordon Sparling en inglés y francés, respectivamente, con distintos repartos.

Desde la implantación del sonoro hasta la guerra civil, la situación cinematográfica española con respecto a su plurilingüismo interior es de predominio casi absoluto del castellano —el filme de Domingo Pruna *El Café de la Marina* (1933), con rodaje simultáneo en catalán, queda como la única experiencia realizada para uso interno por el sistema de dobles versiones—, mientras que, en líneas generales y salvando las excepciones, el panorama con respecto a Europa es de ignorancia mutua. Las versiones dialogadas en castellano y producidas en el extranjero pertenecen en abrumadora mayoría a compañías norteamericanas, y los restantes países no parecen interesados, o no lo consideran necesario, o se encuentran incapaces de competir con Estados Unidos en este terreno. Como contrapartida, el cine sonoro español no ofrece a cambio ningún plan coherente de versiones ni de copias dobladas en origen —cuando CIFESA intentó en 1936 abrirse camino más allá de los arrabales reservados a la cultura hispánica, ya sería demasiado tarde—, y poco a poco se deja deslizar suavemente por la pendiente del aislacionismo y de la falta de proyección internacional que jamás logrará remontar; la fuga de cerebros durante la guerra acabará por agudizar su complejo de inferioridad, a pesar de la fanfarronería cascabelera del bando vencedor y del apoyo coyuntural con que contó por parte de la prepotente cofradía germanoitaliana. Fruto de este contubernio inconfesable fue la constitución en 1937 de la empresa Hispano Film Produktion —de dudosa nacionalidad—, que lanzó desde Berlín las primeras superproducciones del franquismo, incluida *Carmen, la de Triana* (1938), obra memorable de Florián Rey, pero desgraciadamente marcada por el estigma gamado del ministerio nazi de propaganda, y que sería objeto de una versión alemana producida por Carl Froelich con el título *Andalusische Nächte*, conservando a Imperio Argentina en el papel principal.

El último capítulo en la historia de las versiones tiene a Italia como protagonista. Cual si de «moda retro» se tratara, la Italia de Mussolini, caricatura grotesca de un imperio romano venido a menos, aparte de las centurias, los aguiluchos y las banderolas, también recupera, a su estilo, las prácticas cinematográficas en desuso, es decir, las dobles versiones. Entre 1939 y 1943, con Europa y el mundo entero al borde del abismo, españoles y alemanes, hermanados con los italianos por lazos de pura sangre de rata cuartelera, y algún que otro francés despistado, acuden a las colosales instalaciones de Cinecittà, en Roma, así como a los estudios Titanus o Scalera, para participar en una serie de operaciones nebulosas, a menudo coproducciones internacionales no reconocidas oficialmente, que dieron como resultado una treintena de títulos filmados en doble versión —la mitad en es-

Florián Rey.

pañol—, con el mismo director o con un sustituto, reemplazando o no a ciertos actores, para luego terminar siendo resincronizados por medio del doblaje, tanto en la variante destinada al mercado italiano como en las demás, lo cual no tiene sentido. Con este absurdo acto final, escoltado por engorrosos interrogantes, y con el eco de los cañonazos al fondo, se cierra un episodio de la historia del cine sobre el que pesa un extraño maleficio, como si algún duende caprichoso se hubiera dedicado a piratear ficheros y documentos para levantar con pistas falsas el monumento a la confusión. Desterradas de las enciclopedias durante años, tal vez porque plantean impertinentes cuestiones acerca de la inevitable nacionalidad que todo filme debe llevar consignada en su carnet de identidad, las versiones múltiples constituyen el hecho más revelador de las convulsiones que azotaron la industria del cine cuando la imagen en movimiento aprendió a hablar.

El documental y la llegada del sonoro

BILL NICHOLS

En ningún lugar del mundo la llegada del sonoro al documental coincide con la llegada del sonoro a los largometrajes de ficción (1926-1928). Como igualmente ocurrió con el cinemascope, el color y la mayoría de los efectos ópticos, las películas sonoras fueron una posibilidad mucho antes de ser una realidad. Si el momento exacto en el que el sonido irrumpe en el cine de ficción es una cuestión de tecnología, financiación, estética y expectativas del espectador, en el caso de la llegada del sonoro al filme documental no dejan de ser cuestiones parecidas, resueltas de una forma distinta. (En muchos casos, la realización de documentales mudos fue totalmente viable hasta los años sesenta, ejemplarizado por la película de John Marshall sobre el bosquimano rodado en el desierto de Kalahari; o los filmes domésticos de 8 mm y Super 8 mm perduraron hasta el auge de la cámara de vídeo doméstica.)

De igual modo que la llegada del sonoro para la industria cinematográfica de ficción suscitó un animado debate (principalmente sobre los usos sincrónicos o asincrónicos del sonido), la llegada del sonoro al documental ofreció un conjunto de alternativas inéditas en el cine mudo. Iban desde las narrativas poéticas y los retratos evocadores, hasta el comentario producido en el estudio y el diálogo real de personas en la vida diaria. Las elecciones realizadas entre estas alternativas son parte de una historia más amplia sobre la naturaleza y función del filme documental en el periodo que va desde finales de los años veinte hasta el final de los años treinta, tiempo en el que se instauró el modo dominante del documental expositivo que llegó a ser el equivalente del modo de producción clásico de Hollywood. En la era del cine mudo, el documental, como modo de representación que ofrece perspectivas sobre la historia y que, a su vez, está sostenido tanto por una estructura institucional y una comunidad de practicantes cuanto por una convenciones específicas (que se corresponden con unas definidas expectativas del público), todavía no existía. Hoy día escribimos sobre esta historia de los inicios del documental sonoro con un conocimiento retrospectivo que no puede ni debe retroceder en el tiempo hasta un momento anterior a su aparición. El cine de los orígenes carecía de las divisiones taxonómicas que ahora consideramos naturales o inevitables. En aquel cine se mezclaba casualmente lo teatral y lo no teatral, los actores profesionales y los aficionados, la realidad y la ficción. Sólo cuando los largometrajes de ficción obtuvieron una posición dominante, las otras formas fueron relegadas a un nivel subordinado o marginal, que a su vez dificultó el establecimiento de diferencias significativas entre ellas. De entre la inmensa variedad de posibilidades que ofreció el cine de los inicios, algunas han sido recordadas, otras olvidadas, otras adoptadas, otras ignoradas, otras alabadas y otras ridiculizadas. Cada nuevo estudio histórico abre la posibilidad de reconstruir este conjunto de posibilidades y de deconstruir los análisis históricos anteriores. Sin embargo, debe hacerse siempre desde el terreno de lo que ha sobrevivido, aunque nada sobrevive por accidente.

Comparado con la cantidad de material que ha perdurado y ha merecido ser alabado por la historia del cine narrativo, es sorprendente que tan pocos ejemplos de lo que ahora llamamos documental se identifiquen habitualmente con el periodo anterior a 1930. Jack Ellis, por ejemplo, en su historia del documental cita, como trabajos reconocidos, únicamente veintiséis títulos realizados en los años veinte en America, Europa y la Union Soviética (págs. 27, 28, 44, 56-57); mientras que Lewis Jacobs enumera solamente veintidós obras significativas de este periodo (pág. 70), aunque en su antología se incluyan análisis de títulos adicionales. La lista completa de Lewis Jacobs es la siguiente: Walter Ruttman, *Berlin. Die Symphonie einer Grosstadt* (1927);

Berlin. Die Symphonie einer Grosstadt.

Joris Ivens, *The Bridge* (1927); John Grierson, *Drifters* (1929); René Clair, *La Tour* (1927); Jean Epstein, *Finis Terrae* (1928); Ralph Steiner, *H₂0* (1929); Dziga Vertov, *Cieloviek s kinoapparatom* (1928); Paul Strand y Charles Sheeler, *Mannahatta* (1921); V. I. Pudovkin, *Mejanica golovnogo mozga* (1926); Walter Ruttmann, *Melodie der Welt* (1926); Robert Siodmak, *People on Sunday* (1929); Joris Ivens, *Rain* (1929); Alberto Cavalcanti, *Rien que les heures* (1926); Victor Turin, *Turksib* (1929); Robert Flaherty, *The Twenty Four Dollar Island* (1925); Georges Lacombe, *La Zone* (1927). Algunas de ellas, como *Rien que les heures*, podrían clasificarse igualmente como parte de los orígenes históricos del cine experimental, pero dada la condición indefinida en la cual se movía todo largometraje de no ficción, pueden también ser consideradas correctamente como un temprano ejemplo de la tradición documental.

A la lista de Jacobs, Ellis añade Merian Cooper y Ernest Schoedsack, *Chang* (1927); Léon Poirier, *La Crosière noir* (1926); Esfir Shub, *The Fall of the Romanov Empire* (1927); Cooper y Schoedsack, *Grass* (1925); Shub, *The Great Road* (1927); Dziga Vertov, *Cine-ojo* (1924); Vertov, *Kino-Pravda*, serie (1922-25); Robert Flaherty, *Moana* (1926); Dimitri Kirsanoff, *Ménilmontant* (1926); Flaherty, *Nanook of the North* (1922); Shub, *The Russia of Nicholas II and Leo Tolstoy* (1928). Vertov,

Alberto Cavalcanti.

Shestaia cast mira; Vertov, *Shagai Soviet!* (1926), Marc Allegret y André Gide, *Voyage au Congo* (1927).

Lejos de ser completas estas listas sobre la historia del film documental, sugieren cuán severamente limitado ha llegado a ser el campo de referencia. Es también notable que ni una sola de estas películas, con independencia de su año de producción, emplee el sonido.

Cuando Louis Lumière, en marzo de 1895, realizó en privado la primera proyección de su invento, el *cinématographe*, exhibió *La Sortie des usines* sorprendiendo a sus invitados porque aparentemente colocaba la vida misma sobre la pantalla. Erik Barnouw describe así el efecto: «Lo familiar visto de nuevo de este modo produjo el asombro» (pág. 7). Lumière pudo haber actuado por conveniencia o debido a su perspicacia cuando decidió rodar a sus propios trabajadores saliendo de la fábrica de su propiedad. Los primeros espectadores podían atestiguar que lo que ahora veían en la pantalla era lo que ya vieron en la realidad. Si hubo truco, fue el truco de duplicar en apariencia la realidad. ¿Qué hubiera podido ser más convincente para demostrar los poderes del *cinématographe* que enseñar algo ya reconocible y familiar representado de una forma totalmente desconocida pero sugerentemente reconocible?

Está claro que un factor importante de la temprana y general fascinación por el cinema fue la posibilidad de reconocer el mundo que ya habitamos. El poder extraordinario de la cámara fotográfica al tomar segmentos de la realidad y congelarlos dentro de un marco ilusionista aumentó exponencialmente esta asombrosa sucesión de imágenes cinematográficas que devolvieron el movimiento, y la vida, a la imagen congelada. Los vivos, aparentemente embalsamados en una rollo de película, de pronto volvieron a la vida, repitiendo acciones y restituyendo acontecimientos que habían pertenecido, hasta aquel momento, al dominio de lo irrecuperable: el pasado histórico.

El cinema hizo posible un archivo de la realidad diferenciado de cualquier otro que lo hubiera precedido. «El acto de reconocimiento» proporcionó a este archivo una considerable atracción para el espectador. En las imágenes en movimiento, el público podía distinguir varios niveles de reconocimiento, desde los periodos históricos y sus habitantes en general hasta los personajes conocidos en aquellas épocas (Roosevelt, Lenin o Hitler, por ejemplo); sin olvidar los individuos,

Hitler pasando revista en *Triumph des Willens* (El triunfo de la voluntad).

que aun conociendo su existencia, el espectador nunca los había visto antes en unas imágenes en movimiento (cf. Bill Nichols, 1991: 160-164). La impresión de realidad del cine depende, en gran medida, de este acto de reconocimiento. Este hecho proporcionó al cinema de los inicios una marca que perduraría, desde entonces, en el corazón de la tradición del documental.

No fue hasta unos quince años después de la primera demostración pública del aparato de Lumière, en diciembre de 1895, cuando el filme de ficción se apropió del equivalente funcional de esta marcada forma de reconocimiento histórico. Había nacido la estrella. Entonces el espectador pudo entrar en unos mundos imaginarios y reconocer en ellos los rostros familiares de las estrellas. Las estrellas llegaron a ser el equivalente cinemático de las figuras históricas conocidas, quienes por vez primera pudieron ser reconocidas por el espectador gracias a

Cieloviek s kinoapparatom.

su imagen fílmica. La ficción contaba con las estrellas como arma clave en su esfuerzo de sobrepasar la habilidad que tenía la no-ficción para fascinar y sorprender. El uso de las estrellas para crear un poderoso nivel de reconocimiento (e identificación, por medios tan complejos como el estilo dramático, la estructura de la trama y el montaje y los racords) y para centrar la imagen alrededor de una compleja malla compuesta del cuerpo físico de la estrella, individuo (o actor), personaje y aura. Simultáneamente la institución cinematográfica se alejó de caminos de desarrollo hipotéticamente viables, tales como los grupos sociales específicos, las coaliciones o colectivos, las culturas y sus transformaciones. La representación de trabajadores que se inició inadvertidamente con Lumière se mantuvo como tema central en la tradición de representación social en la Unión Soviética, pero rara vez en otros lugares. La extraordinaria variedad de obras de Esfir Shub (*The Fall of the Romanov Empire, The Great Road,* etc.) y Dziga Vertov (*Kino Pravda, Cieloviek s kinoapparatom,* 1929, etc.), igual que las obras de Eisenstein, a veces criticadas por su dependencia de situaciones escenificadas como en *Stacka (La huelga,* 1925) o *El acorazado Potemkin* (1926), pertenecen a un conjunto amplio de posibilidades cinemáticas que gradualmente fueron marginadas o reprimidas por el movimiento hegemónico del documental. Este acto de represión es muy evidente en la suerte de los noticieros obreros producidos, en cierto número de países, aproximadamente entre 1928 y 1939. Los homólogos americanos, europeos y japoneses del noticiero de Dziga Vertov (*Kino Pravda*), producido por instituciones tales como «The Workers' Film and Photo League» (Estados Unidos), «Vereeniging voor VolksCultur» (Asociación para la cultura popular en los Países Bajos), «Volksfilmverband» (Asociación popular para arte fílmico) en Alemania, y «Prokino» (La liga para el cine proletario) en Japón, han sido habitualmente olvidados en las historias del documental (como constatan William Alexander, Bert Hogenkamp, Bill Nichols —1972/73). El trabajo de los pioneros soviéticos poco conocido fuera de sus fronteras, al igual que los demás

La huelga (Eisenstein, 1925).

noticieros obreros, solían considerarse alternativas del noticiero comercial como «The March of Time» norteamericana o aquellos producidos por Polygoon en Holanda. La estrategia básica consistía en llevar a cabo un nuevo montaje (añadiendo a veces nuevos intertítulos) de noticieros comerciales, para cambiar su enfoque, o estrenar material de contenidos temáticos específicamente obreros. Estos esfuerzos se asociaban generalmente a las políticas revolucionarias y frentes populistas de la Internacional Comunista y epígonos. Como tal, estos noticieros políticos y documentales a menudo tuvieron que resolver la tensión entre informar sobre acontecimientos de actualidad y analizar contradicciones básicas. Esta tensión en ocasiones llevó a los activistas cinematográficos en dos direcciones diferentes: hacia el trabajo de organización política en sí, o hacia formas más elaboradas de cine. La segunda opción fue eventualmente elegida por los cineastas como Joris Ivens o los miembros del American Film and Photo League quienes formaron Nykino (1934) o Frontier Films (1937). Por regla general, estos grupos representan un importante esfuerzo para desarrollar una forma de filme documental dirigida a grupos, procesos y cuestiones, libres de patrocinio y control gubernamentales, características del trabajo de personas como Pare Lorentz o John Grierson.

El documental comienza con el reconocimiento por parte del espectador de las imágenes que representan o se refieren al mundo histórico. A esto los cineastas añaden su propia voz o perspectiva por medio de varios sistemas. Por lo tanto, el documental ocupa una zona compleja de representación en la cual el arte de observar, responder y escuchar debe combinarse con el arte de formular, interpretar y razonar. Los espectadores llegaron a darse cuenta de que lo que ven cuando presencian un documental es una compleja mezcla, apenas visible, de la realidad histórica y la construcción discursiva. Al placer del reconocimiento se agregan imperativos morales, exhortaciones políticas, advertencias espirituales, relatos preventivos, deseos románticos e idilios encantadores. La re-presentación del mundo histórico, combinada con la voz distintiva del cineasta, comenzó a dar al documental una utilidad que llamó la atención de políticos y gobernantes, poetas y aventureros. Fue posible no sólo representar la realidad con gran exactitud (algo que pudo haber quedado fundamentalmente como de interés científico), sino también ofrecer al espectador una visión de un mundo que jamás se había visto de esta manera.

Estos impulsos se bifurcaron gradualmente en dos caminos principales para el filme no narrativo: el documental y la vanguardia. Pero al principio tales distinciones no estaban claramente definidas (como sugieren las películas enumeradas tanto por Ellis como por Jacobs). Aquellos que se dispusieron a explorar el mundo a su alrededor y a representarlo de forma reconocible, estuvieron interesados en descubrir cómo podían dar nueva forma a aquel mundo a través de técnicas cinemáticas. Cada película citada en las listas de Ellis y Jacobs contiene tanto una exploración de principios estéticos como una exploración del mundo histórico.

Otra manera de pensar en estas dos tendencias no exclusivas (documental y vanguardia) es considerarlas como versiones cinemáticas del impulso antropológico del siglo XX. Un documental decidido a

Rien que les heures, de A. Cavalcanti, rodada en 1926.

Nanook of the North (Robert Flaherty).

ampliar el alcance de lo familiar y de lo reconocible, y una vanguardia surrealista, decidida a conmover o a remover las hipótesis existentes en nuestra propia cultura sobre los conceptos de lo familiar y lo reconocible, dentro de nuestra propia cultura (Clifford: 145). *Mannahatta, H_2O, Rien que les heures, The Bridge,* y *Ménilmontant* son algunas de las películas comentadas en *The Documentary Idea,* de Ellis, o *The Documentary Tradition,* de Jacobs, que mejor destacan el impulso surrealista por la yuxtaposición inesperada, mientras que *Nanook of the North* queda como el caso mas célebre de lo extraño hecho familiar.

Las características de la huella verbal del cineasta, si eran imperceptibles o sumamente conspicuas, a menudo tenían prioridad sobre la distinción entre ficción y no ficción. La mayor parte del notable éxito de Robert Flaherty, con *Nanook of the North*, por ejemplo, resulta de la astuta combinación entre una actitud documental hacia un mundo preexistente y una estrategia narrativa de representación, inadvertida por ser tan visiblemente humanista. En la voz romántica de Flaherty, Nanook se transforma en la primera «estrella» del filme documental y su historia de lucha contra la naturaleza, el equivalente documental del cuento folclórico y clásico de Hollywood, de la lucha de un héroe contra los obstáculos y la adversidad.

El éxito de Flaherty al conseguir estrenar en los cine comerciales su película fue un factor clave para su elevación a pionero fundador. Este éxito fue debido, claramente, a su habilidad a la hora de utilizar aspectos de la película de ficción, una estructura narrativa y una específica y atractiva visión (humanista) de la relación del hombre *(sic)* con su mundo. La posición central de *Nanook* contrasta con la marginalidad de *The Wave (Redes*, 1936) cuyo autor Paul Strand comparte con Flaherty la utilización de la técnica de ficción y la estructura narrativa; pero sustituye su humanismo por un socialismo indefinido, más cercano en espíritu al trabajo de las «ligas de cine y fotografía». *Redes* trata de la lucha colectiva de un grupo de humildes pescadores mexicanos por obtener mejores condiciones. Ellis hace caso omiso del filme; Barnouw lo menciona simplemente de pasada; la historia del documental de Barsam la dispensa en dos frases (Barsam, 1973: 111-112).

Flaherty no quiso hilvanar una serie de escenas de acontecimientos dispares como lo había hecho antes otro cineasta de menos éxito comercial, Edward S. Curtis, en *In the Land of the Head-Hunters* (1914), restaurada y con el título cambiado a *In the Land of the War Canoes* (1972), una película argumental, que tiene lugar en el noroeste del Pacífico en el pueblo de los kwakiutl, antecedente inmediato al relato que Flaherty hace sobre los inuit del Ártico. Flaherty se encontró con Curtis y vio su filme en 1915 (Ellis, 1989: 11), pero aprendió importantes lecciones sobre cómo hacer cine desde esta fecha hasta el rodaje de *Nanook*. De hecho, trascendió del estilo de Curtis, en el que todavía imperaba la colocación de las cámaras de proscenio teatral en la cual cada escena se compone de un único plano general, ya que adoptó muchos mecanismos de montaje del filme de ficción (primeros planos, raccord de montaje, acciones de continuidad visual, etcétera) al mismo tiempo que mantenía el respeto por el plano general cuando la duración real de un evento tuviera una marcada importancia. Desde otro punto de vista, Flaherty recreó el familiar (y enternecedor) relato de una familia nuclear (la de Nanook) en lugar de la historia de Curtis, un relato algo más chocante de celos sexuales, ceremonias oscuras y ritos, como la reducción de cabezas, y por una sensación general de exceso melodramático. Flaherty quiso contar una historia y documentar la vida de un pueblo. Saber si estas dos finalidades estaban reñidas o si se combinaban para producir efectos específicos, según la voz del cineasta, a lo mejor no era una preocupación para Flaherty; pero sí ha preocupado desde entonces a documentalistas y a teóricos.

Inicialmente considerada como imitación, las maneras de cómo contando una historia el cineasta se entremete en el mundo histórico se han ampliado considerablemente desde entonces; incluyendo cuestiones a propósito de autentificación, verificación y del efecto narrativo en sí (Renov, 1993; White, 1987). Al principio la cuestión parecía más sencilla. Giraba alrededor de intencionalidad. Si el hecho histórico no estaba disponible (secuencia de Teddy Roosevelt dando muerte a un león, o detalles gráficos de la batalla por la colina de San Juan Hill durante la guerra hispanoamericana de 1898) o era inaccesible para la cámara (el interior de un iglú de los inuit, una balsa en el mar), entonces el cineasta tenía licencia para simular o llevar a cabo una puesta en escena del acontecimiento necesario. Lo haría colocando el metraje cinematográfico de otro león en el lugar del que Roosevelt cazó, rodando aspectos de la batalla de San Juan sobre una mesa, incluidas las explosiones de barcos y el humo de unos puros (Barnouw, 1974: 24-26), construyendo sólo la mitad de un iglú sobredimensionado para *Nanook of the North* (Barnouw, 1974: 38) o ingeniando una balsa de imitación, sobre un balancín (y tirando cubos de agua desde fuera de campo), para luego montar tales planos con otros generales de balsas en el mar (en *It's All True* [1941] de Orson Welles, restaurado y reconstruido, 1992). Si el evento en sí requería planificación y coreografía específica, las posiciones y movimientos de la cámara eran trazadas de antemano como en *Triumph des Willens* (El triunfo de la voluntad, 1936) de Leni Riefenstahl.

Volver a representar o reconstruir era una solución lógica al problema de cómo rodar un acontecimiento real que ocurrió antes de que una cámara pudiera filmarlo. *Nanook of the North* no fue ciertamente el primer filme de estas características. Por lo menos desde *In the Land of the Head-Hunters* de Curtis, en la que se reconstruyó concienzudamente (los decorados) para mayor autenticidad, los objetivos del cineasta, el antropólogo y el narrador eran totalmente compatibles.

Mientras que las intenciones fueran honorables (y mientras que los espectadores parecían compartir las intenciones de los cineastas), estos sistemas empleados para dar forma creativa a la realidad fueron aceptados de buena gana. Eran, de hecho, la piedra fundamental del montaje de material existente en el trabajo de Esfir Shub y de los otros de los noticieros obreros. También fueron aceptados por la mayoría

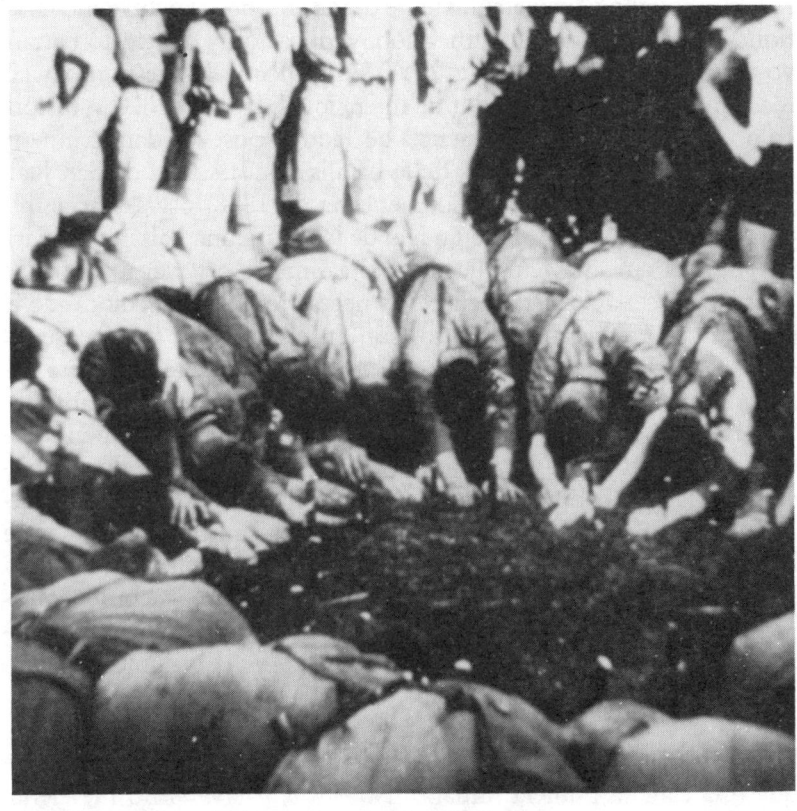

Triumph des Willens de Leni Riefenstahl.

de los espectadores de los filmes británicos realizados por John Grierson en los años treinta, a pesar del alto grado de puesta en escena y simulación en las películas como *Night Mail* (1936) o *The Saving of Bill Blewitt* (1936). Estrategias similares de construir y dar forma a lo que seguidamente se presentaría como la realidad eran también características de los filmes de Pare Lorentz, patrocinados por el gobierno de Estados Unidos: *The Plow that Broke the Plains* (1936) y *The River* (1937), películas que además introdujeron efectivamente el sonido al documental americano. El iglú de Flaherty, por ejemplo, escapó de la crítica puesto que el director estaba «empeñado en la autenticidad del resultado» (Barnouw, 1974: 38). Puede que los cineastas menos escrupulosos tuvieran el mismo empeño de lograr una autenticidad similar en el resultado, pero su fines no eran tan bien intencionados. Tales objetivos, una vez detectados, ya no justificaban los medios empleados.

Durante gran parte de los inicios del documental el plano individual retuvo una relación especial con la realidad histórica (y aún dejaba un margen considerable a la invención, si ésta se hacía con un espíritu de autenticidad bien intencionada); la combinación de planos estaba menos limitado por principios de fidelidad o autenticidad a la realidad (tal como nos recuerda los filmes de Vertov y Eisenstein y los filmes marcadamente experimentales citados por Ellis y Jacobs). A este nivel más amplio, las técnicas de unir un conjunto de artefactos o de fragmentos como en un «collage» modernista seguían vigentes hasta que la introducción del sonoro forzó la adopción de una versión más suave, más compatible con los principios del realismo. Sólo surgieron conflictos cuando la noción de verdad histórica del espectador difería de la noción de licencia creativa del cineasta. Este hecho colocaba la acusación de falsificación o distorsión en un terreno claramente subjetivo. Pocas veces un documental podía calificarse como totalmente real o totalmente falso; había de tomar en consideración las apreciaciones externas y las expectativas. Los *actualités* o noticieros de los inicios a menudo evitaban la controversia, debido a esto precisamente; cuando realizaban puestas en escena y simulaban eventos lo hacían para intensificar los sentimientos que, según creían, ya existían en sus espectadores (tales como el sentimiento antiespañol en Estados Unidos durante la guerra hispanoamericana del 98). La acusación de falsificación llegó a ser la alternativa a la excesiva franqueza o veracidad de algunos filmes que revelaban demasiado de un mundo cuyas miserias no eran todas de origen natural. Barnouw, por ejemplo, cita un filme de los inicios realizado por un operador anónimo de Edison, *Native Women Coaling a Ship and Scrambling for Money* (1903), rodado en las Antillas, como una obra que «tuvo que haber provocado unos sentimientos inquietantes» (pág. 23).

En gran parte, *Nanook of the North* de Robert Flaherty y, en menor grado, *Moana* (1926) se mantienen como *los* filmes documentales de los años veinte. Parte del contexto más amplio en el cual aparecieron ya se ha apuntado y ahora, a los noticieros obreros, a los experimentos de la vanguardia, y al trabajo procedente de Europa y la Union Soviética, debemos añadir los filmes de viajes y de antropología. Tales películas se remontan a los inicios del cine y, además de *Grass, Chang, La Crosière noire, In the Land of the Head-Hunters* y *Voyage au Congo* ya mencionados, podríamos añadir el metraje, casi perdido por completo de Alfred Cort Haddon rodado en los estrechos de Torres en 1898;

Las Hurdes, filme documental rodado por Luis Buñuel en 1932.

Pearls and Savages (1924) de Frank Hurley, las *Biograph Expeditions de Charles Urban* (1903), y el metraje mudo procedente de Nueva Guinea y Bali de Margaret Mead y Gregory Bateson (rodado en 1936-38, estrenado en 1952).

Otros trabajos cercanos a Flaherty en su voluntad de unir la narración a la exigencia de la autenticidad se remontan a «documentaires romances» como *Loves of a Maori Chieftaness*, de Georges Méliès, e incluso las películas más sensacionalistas del matrimonio Martin Johnson como *Wonders of the Congo* (1931) o *Congorilla* (1929) sobre los «simios grandes y las personas pequeñas» (Barnouw, 1974: 50), las de Frank Buck como *Bring 'em Back Alive* (1932), o la subversión salvaje de *Las Hurdes. Tierra sin pan* (1932), de Luis Buñuel. Algunas de estas obras también disfrutaron del éxito comercial, pero ninguna recibió la admiración y las críticas y alabanzas reservadas a Robert Flaherty.

Flaherty claramente quiso ocupar el flanco antropológico del impulso documental, antes que el flanco surrealista. Igual que la figura que quizá sea su homólogo en el campo del filme de ficción, Charles Chaplin, la sensibilidad y la actitud de Flaherty retrocedían hacia tiempos pasados. Sin recurrir al sonido (ni él ni Chaplin llegaron a adoptar el sonido totalmente, prefiriendo el estilo y la estructura del cine mudo hasta bien entrados los años cuarenta) y resistiendo la tentación de predicar o explicar, Flaherty se valía de sus relatos narrativos de héroes individuales para comunicar un sentido de lo cotidiano a partir de gentes dispares. Romántico, o quizá clásico, como sugiere Ellis (1989: 25), Flaherty al igual que Chaplin y Renoir es mejor entendido como humanista. El humanismo comprendía la proyección de aspectos de nuestra propia cultura sobre el sistema de parentesco y los valores sociales de otra cultura (particularmente la estructura de una familia nuclear y el repertorio de padres fuertes, madres sustentadoras e hijos llegando a la mayoría de edad). El casting de las familias y la distribución de papeles para los filmes de Flaherty se realizaban cuidadosamente, pero la proyección es de una fuerza extraordianaria a pesar de sus limitaciones (Roland Barthes), en parte porque pocas personas tienen el conocimiento suficiente de las culturas filmadas por Flaherty como para separar lo auténtico de la proyección realizada.

Un destacado ejemplo de esta mezcla de proyección y autenticidad se encuentra en las escenas de la lucha de Nanook por la supervivencia, en un ambiente inclemente relatado posteriormente en *Man of*

Man of Aran (Robert Flaherty, 1934).

Aran (1934). En una y en otra película la autenticidad de los ardores de la caza son aquellos de un tiempo ya pasado que Flaherty tuvo necesidad de recrear, a veces a costa de poner sus propios actores en peligro y de negarles ayuda efectiva en los momentos más comprometidos. A menudo se cuenta una historia que ocurrió en Samoa, donde Flaherty acudió para rodar *Moana*. No pudo encontrar ningún conflicto entre el hombre y la naturaleza, los cocos caían literalmente a los pies de los nativos. El trabajo de Flaherty estuvo obstaculizado hasta que, una vez más, dio con una práctica antigua (el tatuaje del cuerpo) que se aproximaba al tipo de experiencia penosa que necesitaba para contar su historia.

El hecho de que la lucha contra la naturaleza fuera una proyección del propio humanismo romántico de un Flaherty que era incapaz de situar la caza o el tatuaje dentro de sus propios contextos culturales, es cada vez más evidente. Tal como han demostrado los antropólogos

Robert Flaherty en Samoa durante el rodaje de *Moana* en 1926.

desde Margaret Mead, la sociedad de las islas del Pacífico no es idílica simplemente porque haya suficiente comida y porque las dolorosas ceremonias de tatuaje no existan. Las complicadas relaciones tribales, estructuras de parentesco, deseo sexual, amor propio y posición social pueden compensar ampliamente las fórmulas más rudimentarias de conflictos hombre-naturaleza. Éstas, sin embargo, estaban más allá de la extraordinaria, además de profundamente respetuosa, paciente e intensamente nostálgica visión, culturamente determinada, de Flaherty.

Irónicamente, puede que Flaherty sea considerado como la primera celebridad «historiador» del documental norteamericano y Pare Lorentz, con sus películas poéticas, patrocinadas por el gobierno, sobre inundaciones y sequía —*The River* y *The Plow that Broke the Plains* (1936)— su primer aclamado etnógrafo. En sentido estricto no es historia o etnografía tal como lo podrían definir los historiadores o los antropólogos, sino dos impulsos distintos pero no exclusivos hacia la representación del pasado (Flaherty y Curtis) o del presente (Lorentz y Grierson). Así las cosas, Lorentz también queda más cerca de una forma de documental que adoptó la utilización del sonoro y constituyó un modo de representación dominante hasta muy avanzados los años sesenta, e incluso después. Exhortaciones, advertencias y proposiciones sustituyen gradualmente como tono dominante de los documentales a los deseos, atracciones e idilios. Era un tono de documental que se impuso más por la banda sonora que por las imágenes.

Las películas de Lorentz, con su vasto catálogo de imágenes recogidas por todo el medio oeste norteamericano, se encaminaban a un lugar muy alejado de los confines del héroe y de sus luchas. En sus películas, el hombre se ve enfrentado a la naturaleza a una escala más amplia (pero que, sin embargo, todavía podía ser domada). El principio visual de yuxtaponer imágenes de épocas y lugares claramente dispares pertenecía a la tradición modernista del collage, pero en el momento en que fue adoptado por Lorentz, en Estados Unidos, y por Grierson, en Inglaterra, había perdido gran parte de su fuerza radical. La inversión completa del sentido, conseguido por Esfir Shub, o por los noticieros obreros, se perdió en favor de un estilo más unificado de argumentación.

El collage proporcionaba unos impactos sin precedentes. Aparecía por todas partes durante el periodo de la primera guerra mundial desde *El violín* (1913), de Picasso, *Ulysses* (1922 del mismo año que *Nanook*), de Joyce, *A la recherche du temps perdu* (1919-1925), de Proust, la primera exposición de pinturas en relieve (1914) de Tatlin y los *Calligrames* (1918), de Apollinaire. Fernand Léger, quien más tarde hizo *Ballet Mécanique* (1925), escribió en 1923: «La guerra me ha empujado, como soldado, al corazón de una atmósfera mecánica. Aquí descubrí la belleza del fragmento.» (Citado en Susan Sontag, *On Photography*: 204.)

El collage perteneció a la guerra y a la ciudad, la esencia de las formas urbanas de dislocación, alienación, fragmentación. Flaherty consiguió evitar estos parámetros, pero ningún artista europeo o soviético pudo librarse. El collage llegó a ser la correlación estética de una experiencia social desmembrada. El efecto chirriante de la yuxtaposición inesperada y de las extrañas asociaciones llegaron a ser principios fundadores del formalismo ruso (Shklovsky). El collage de igual manera que la defamiliarización, el dadaísmo, el constructivismo, el montaje de atracciones de Eisenstein o el «Verfremdungseffekt» (efecto de alienación) de Brecht obraba para volver a configurar el tiempo, el espacio y el mundo en fragmentos, fragmentos que nos podrían atemorizar o, como arguye Walter Benjamin, fragmentos que nos podrían liberar de la tiranía de la tradición.

El filme de no-ficción, por regla general, ofrecía inmensas oportu-

Housing Problems (1935).

293

nidades al collage. No estaba atado por las convenciones de continuidad en el tiempo y el espacio, que gobernaban el filme de ficción centrado en el personaje, particularmente en la narrativa clásica de Hollywood. También podía mezclar entre sí imágenes de cualquier procedencia, para apoyar o crear un discurso. No estaba limitado por la necesidad de mostrar sólo lo que podía ser una parte verosímil del mundo de un personaje ficticio, donde los sueños, los flashbacks, la fantasía o el resumen abstracto aportaban los límites externos del montaje visual. El documental podía combinar cualquier cosa y todas las cosas, siempre que la voz del cineasta y la acción interpretativa del público siguiera dando forma y sentido al resultado final.

Esta oportunidad para dar nueva forma a fragmentos del mundo fue común tanto a las tendencias vanguardistas como a los documentales en el cine, pero las dos tendencias empezaron gradualmente a divergir cuando el sonoro llegó al filme de no-ficción. Una vez más el proceso fue lento y no correspondía al periodo de tiempo asociado al filme de ficción. Durante la primera mitad de los años treinta, la utilización de sonido tomó muchas formas, a menudo fomentando los principios del collage a través de formas no-sincrónicas o de contrapunto (en *The Song of Ceylon* [1934], *Night Mail* [1936], *Symfoniia Donbassa - entuziazm* [1931] de Dziga Vertov, *Pett y Pott* [1934] de Paul Rotha e *Industrial Britain* de Flaherty, producida por John Grierson [1933]). Los esfuerzos de Grierson por definir y popularizar el documental, como alternativa a Hollywood, de hecho le llevaron a estimular una experimentación considerable con el sonido, a principios de los años treinta. Como constatan Lovell y Hillier, bajo Grierson el movimiento documental llegó a ser «un laboratorio para experimentos del uso no naturalista del sonido» (Lovel-Hillier, 1972: 28).

Sin embargo, un modo dominante surgió dentro del movimiento documental británico que se impuso también en Norteamérica. La nueva concepción del documental se concentraba en dar sonido a la voz, y subyugaba el habla a un afirmación retórica. El habla llegó a llamarse la voz de Dios, los asertos verbales fueron etiquetados como didactismo o propaganda. A esta tradición cada vez más dominante, que incluía obras británicas posteriores como *Housing Problems* (1935) y *The Smoke Menace* (1937), además de los noticieros sonoros como *The March of Time* (1935), se asomó Pare Lorentz cuando realizó sus dos filmes mas célebres. El impulso etnográfico llegó a ser más argumentativo que observante tal como quedaría en la antropología, o en los trabajos posteriores en «cinema verité» y «cinema direct». El collage se aplanó sobre la cama de Procusto y con la lógica expositiva en la cual las imágenes sirven primordialmente como ilustración de las afirmaciones retóricas de un comentario hablado, no permitiendo que el potencial de las imágenes, como fragmentos montados, logre su fuerza máxima. El collage, el sonido y el documental fueron domados; puestos al servicio de los patrocinadores. Los patrocinadores podían variar radicalmente en su concepción política y en sus objetivos y fines (del estalinismo al New Deal), pero su actitud hizo que el documental tuviera una forma dominante a la vez que le robaban una diversidad más compleja y una potencial subversión. A finales de la década de los treinta, la transición del mudo al sonoro estaba finalizada (aunque no estaba completamente adoptada) y el documental se convirtió a la vez en un medio rico (en potencial) y pobre (en la prácticas habituales).

Los resistentes a las películas habladas

JAVIER MAQUA

—¡Qué pueblos estos; mira que alumbrarse con candiles! —dijo Rufar, después de una mirada profesional al paisaje. Cachán lo oyó y estuvo a punto de contestarle, porque le había dado en la herida: «¿Y qué?, joven esmirriado. Con candiles. ¿Y qué? Vemos bien, perfectamente bien, y no necesitamos la luz eléctrica para nada. Usted come de ella y la defiende. Ya se ve claro... ¡Pues así se le indigesten los alambres en el estómago! La luz eléctrica no produce más que incendios, muertes. Es como el demonio.»

PREÁMBULO

Todo invento que, para expresarse en la vida real, requiere subvertir el tejido tecnológico anterior y amenaza con la liquidación y obsolescencia de las técnicas vigentes hasta entonces y las industrias y redes de comercialización y distribución que las sustentan, encuentra fuertes resistencias para su implantación y desarrollo.

Si hablamos en términos de progreso y acatamos la ley del desarrollo lineal e imparable de las fuerzas de producción (axioma que comparten los ideólogos y economistas del mercado capitalista, pero también los marxistas), tales resistencias deben ser catalogadas como «reaccionarias». Sin embargo, bastante a menudo, el rechazo a la novedad procede de los sectores considerados globalmente más «progresistas», que, en su delirio autodefensivo y para subrayar la peligrosidad de lo nuevo, aducen razones a veces iluminadas y considerables, pero a menudo tan peregrinas como las que, contra la luz eléctrica y abriendo este capítulo, enarbola Cachán (personaje de la novela *La turbina* que, sobre la electrificación en el solar español a fines del siglo XIX, escribió en los años veinte César María Arconada): en los lugares ya electrificados el número de incendios era considerablemente más alto (argumento, este de la peligrosidad, curiosamente análogo, punto por punto, al que usan los ecologistas contra las centrales nucleares).

Idéntica aparente paradoja estalló a finales de los veinte cuando algunos de los más notables cineastas (Murnau, Chaplin, Clair, Stroheim...) se resistieron a adoptar el sonido.

La historia —también la de las tecnologías, aun las que están ligadas al mundo del arte— no se despliega como un «continuum» de dialéctica simple, sino que presenta tensiones, recovecos y «culs de sac», muchos de los cuales, luego, a la hora de dictaminar, los historiadores tachan de un plumazo del mapa de los acontecimientos reseñables por considerarlos poco significativos. En términos generales, la disciplina de la historia —conservadora por definición— se construye de delante hacia atrás, de hoy a ayer, como un rosario, más o menos arduo, de victorias y contratiempos hasta alcanzar su apoteosis en el triunfo final: lo vigente. Lo que importa a la mayoría de los historiadores al contemplar el pasado es adaptarlo al estado de cosas actual, a lo que realmente, a la postre, ha sucedido: es decir, en este caso, al éxito del cine sonoro. Es un concepto de la historia que sólo valora el «éxito».

Nuestro punto de vista aquí será contradictorio: valorar los cadáveres que esa historia, concebida como una apología de «éxitos» sucesivos, ha dejado en la cuneta. Es entonces, en esos momentos bisagra —como lo son, a diferentes niveles, la Revolución Francesa o el paso del mudo al sonoro—, en que corre imaginaria o realmente la sangre, cuando, en medio del fragor de la batalla o de la polémica, se oyen las palabras más lúcidas. Y la lucidez más trágica y deslumbrante —y, por lo tanto, más memorable— suele llegar siempre, inevitablemente, del campo de los perdedores; pero no de aquellos perdedores que, como borregos, se alistan, sin resistencia, en el rebaño que les toca (el de la derrota, en este caso), sino de aquellos otros que, al comienzo de la guerra, figuran en los ejércitos llamados a la victoria, y, pese a ello, se resisten a aceptar que nada ni nadie, por muchas que sean sus razones, se imponga por la fuerza o por la muerte del adversario, advierten de los peligros de la intransigencia de la historia, y, consiguientemente, cavan su propia fosa en el seno mismo de los ganadores a cuyo mundo pertenecían.

No pretendemos aquí hacer acopio y enumeración exhaustiva de esas suicidas resistencias en aquellas fechas en que el cine rompió a hablar, sino expurgar, entre la cerrazón y testarudez de los creadores que se negaban al sonido, algunas actitudes y palabras que, aún hoy, siguen siendo justas y pueden ser útiles para comprender futuros modelos-bisagra, que, en el campo audiovisual, son cada vez más frecuentes: cine/televisión; soporte cine/soporte vídeo...

Como señala Noël Burch:

> En 1929 el boom del sonido, estimulado por la Gran Crisis, marcará la apoteosis del impulso hacia la representación analógica que soñaba Edison, entregándose al *síndrome de Frankenstein*. Por fin el cine tiene un alma, sus cuerpos ya no carecen de voz. Último residuo del sistema primitivo, el rótulo distanciador era definitivamente suprimido. Por fin la música puede callar, transfiriendo así una buena parte de su papel a la noble palabra. El cine se aleja a la vez del circo plebeyo y del ballet aristocrático. Con el sonido sincrónico, el cine ha ganado como medio de expresión, pero también, en su dimensión social, en medios de control. Pero también ha perdido. Porque los intereses económicos que han determinado la súbita irrupción del sonoro interrumpieron el pleno desarrollo de un lenguaje mudo que acababa de entrar en su madurez y del que no podemos creer que, apenas al cabo de una década de existencia, estuviera agotado. Ha perdido también porque el logocentrismo de los inicios de los treinta desorientó y desanimó a toda una generación —especialmente a toda la vanguardia francesa, Dulac, Epstein, L'Herbier, Gance, pero también a un Von Stroheim—, abocados al silencio o a la trivialidad.

Se trata, pues, también, de homenajear a algunos de aquellos que —en nombre de sus principios (equivocados o no), por torpeza, inadaptación, inflexibilidad o enarbolando quebradizas lanzas contra molinos de viento— se apearon, o fueron apeados, del tren de la historia, dejando a sus espaldas obras maestras de un arte —el del cine mudo— que se ha perdido para siempre.

DISTINTAS ACTITUDES

El repaso de las actitudes que, a finales de los veinte, mantenían los directores hacia las talkies permite clasificarlos en dos grupos distintos:
1. Los realizadores fundamentalmente comerciales, trabajadores de la industria o artesanos, que, acostumbrados a respetar los criterios de los amos del tinglado, no muestran ningún tipo de recelo ante la incorporación de la tecnología sonora y se convierten, *ipso facto*, sobre la marcha del propio proceso productivo, en punta de lanza o exploradores de la innovación... Puesto que fue Hollywood la primera en imponer la fabricación en serie de películas habladas, sus realizadores contratados fueron también los pioneros del continente audiovisual. Algunos, felizmente, acometen la tarea de la sonorización con el entusiasmo del niño ante el juguete nuevo. Tal es el caso de King Vidor (su primera talkie: *Show people [Espejismos,* 1928]; pero, luego, *¡Aleluya!*, tal vez la primera obra maestra hollywoodense del sonoro), de Lewis Milestone (primero *Betrayed,* pero, enseguida, *Sin novedad en el frente,* 1930), de Raoul Walsh (fracasa en *En el viejo Arizona,* donde pierde un ojo; luego rueda *The Cock-eyed World [El mundo al revés,* 1929]), de Ernst Lubitsch (que une a dos cantantes muy distintos, Chevalier y Jeannette MacDonald en su primera opereta sonora, *The Love Parade [El desfile del amor]),* de Rouben Mamoulian (que filma *Aplauso* y, luego, *Las calles de la ciudad,* 1931), de Hawks *(Scarface...),* etcétera.

Constatar sumariamente que son las secuencias donde el diálogo no ocupa el puesto de mando y, por tanto, aquellas en las que el entendimiento de la trama no es esclavo de la palabra, las escenas básicamente «de acción» (persecuciones, peleas...), las que sirven mejor a estos pioneros de campo de experimentacion.

2. Los realizadores «creadores», que se autodefinen como «autores» o «artistas» —más abundantes en Europa—, menos obedientes a las órdenes de la industria que los primeros, y que, en términos generales, ofrecen una cierta resistencia o, incluso, se niegan tajantemente a incorporar la nueva tecnología del sonido.

Entre los que refunfuñan para adaptarse luego, René Clair es el ejemplo más esclarecedor. Entre los que rechazan de plano el sonoro y logran subsistir cabe citar, casi en exclusiva, a Charles Chaplin. Entre las víctimas, a Eric von Stroheim, Murnau y Griffith, si bien este último llegó a realizar sus tres últimas películas incorporando el sonido. Pero no todos los de este segundo grupo —al que hemos llamado, para entendernos, los «creadores»— se oponen al cine sonoro. Forma parte de ciertas actitudes «autorales» el amor a la «novedad», la disposición a experimentar con los descubrimientos técnicos o significantes más recientes; el creador, por definición, tiende a aventurarse en geografías culturales sin descubrir, ora pertrechado de medios antiguos, ora incorporando tecnologías punteras. Sin embargo, la neofilia —amor a lo nuevo— conoce poco crédito entre la sociedad de los «artistas» y, aunque es tolerada o, incluso, en algunos casos, venerada, ocupa un lugar secundario en dicho cuerpo social; el «artista» que se deja deslumbrar por lo nuevo, simplemente por su carácter nuevo, es considerado por la sociedad de «artistas» como un miembro, tal vez inevitable, pero, en todo caso, menor, y su obra queda relegada al territorio de las vanguardias formales: nunca será redonda ni alcanzará el calificativo de «maestra», pero sus productos en su conjunto serán considerados un «work in progress», cuyos descubrimientos e intuiciones, en el mejor de los casos, serán vampirizados en un futuro por los autores mayores, los llamados clásicos. En la sociedad artística el bastón de mando está siempre en manos de los clásicos, es decir, de aquellos que fabrican «textos» redondos, autónomos, que se constituyen como una unidad, un sistema, en cierto modo, cerrado, y contienen en su interior todos los elementos sémicos necesarios para hacerles inteligibles y otorgarles valor; la obra «clásica» contendría, pues, su propio código de lectura —singular e intransferible, pese al robo indiscriminado, pero siempre al servicio de una nueva unidad interna, del mundo extratextual—, irguiéndose como un sólido monumento que sólo puede ser entendido en su totalidad desde dentro.

Así las cosas, es evidente que lo clásico —aquellos que ya han alcanzado, o creen haberlo hecho, el clasicismo— tiene tendencia a resistirse a lo nuevo o, al menos, a esperar que lo nuevo se cueza primero en las vanguardias, antes de incorporarlo a su obra con garantías de éxito sémico, sin quebrar la unidad o redondez deseada.

Pero ¿puede afirmarse que, en el momento en que la industria —el negocio— quiere imponer el sonido, se había alcanzado ya en el cinematógrafo silencioso un cierto clasicismo? En términos aproximativos, sí. O al menos así lo creían buena parte de los críticos que, durante la etapa muda, arduamente, poco a poco, habían empeñado sus análisis en la búsqueda de un «específico fílmico» que diera un estatuto estético autónomo al arte del cinematógrafo (y no es de extrañar que entre ellos se encuentren algunas de las figuras que mayor resistencia pusieron a las talkies, como Rudolph Arnheim y Béla Balázs). Pero también estaban convencidos de haber alcanzado cierta madurez clásica muchos creadores de la sociedad artística del cinematógrafo mudo. Murnau, Stroheim, Chaplin se consideraban dueños de un modo de hacer, de unos códigos propios, muy fuertes ya, muy coherentes, que, además, habían conquistado tras arduos trabajos y agotadores balbuceos. Para ellos, probablemente, la introducción de un nuevo elemento —el sonido— era un serio contratiempo. Quien —en términos de clasicismo— ha alcanzado la madurez de la expresión con unos determinados elementos códigos, quien ha conseguido aprender a decir todo lo que quería decir con cuatro palabras, considera perfectamente prescindible, cuando no, directamente, un engorro, la irrupción de una nueva. Y estaban en su derecho. Exigían, simplemente, continuar hablando en el idioma que ya habían aprendido y dominaban a la perfección; la incorporación del sonido les obligaba, en buena parte, a abandonar algunos de los territorios conquistados o darles un nuevo estatus, a reestructurar el código; en definitiva, a comenzar de nuevo. Todo ello, además, obviando las debilidades tecnológicas del nuevo procedimiento que, a buen seguro, pese a que el tiempo perfeccionara los sistemas de registro, mezclado y sincronización, traerían, en un primer momento, servidumbres casi intolerables.

Resulta, pues, más que razonable que precisamente los mejores artistas, los que habían logrado mayor dominio en el cine mudo, fueran los que pusieran mayores resistencias al sonido. Era una desagradable jugarreta del destino: justo cuando habían llegado a su madurez de expresión, la industria les obligaba a balbucear de nuevo, como tiernos infantes. Y, si estamos de acuerdo con las investigaciones de Piaget, las etapas de aprendizaje son irreversibles: además de los forzados por contrato, sólo los más jóvenes (y, por lo tanto, inmaduros) estaban en condiciones de aventurarse en el nuevo continente.

Breve florilegio de resistencias

Griffith

«Película tras película —escribe Burch—, Griffith va ligando entre sí los cuadros autárquicos mediante innumerables entradas y salidas de campo efectuadas por puertas laterales, perfeccionando este tipo de racords hasta conseguir satisfacer plenamente el ojo moderno.» Gracias a Griffith se habían popularizado el primer plano, el sintagma alternante, el inserto; se había abandonado la frontalidad y comenzado el campo/contracampo; y se habían impuesto los racords de dirección, de mirada y de posición, reglas de la gramática fílmica que perduran hasta hoy.

Pues bien, quien más había contribuido a elaborar la gramática del cine moderno (del Modo de Representación Institucional, como lo llama Burch) no fue capaz de adaptarse al sonido, el último paso del cinematógrafo para constituir, desde el MRP (Modo de Representación Primitivo), ese MRI en cuyo paradigma aún habitamos.

Hizo aún Griffith, como ya se ha apuntado, tres filmes dentro de la era hablada: *Lady of the Pavements,* en donde introdujo, por primera vez, además de la consabida música, efectos sonoros; *Abraham Lincoln,* ya totalmente hablada; y *The Struggle,* donde, de acuerdo con su tradición melodramática y aleccionadora, contaba la redención de un alcohólico. Las tres fueron un fracaso de taquilla y, viéndolas hoy, en efecto, no añaden nada al resto de su filmografía.

¿Nos conformaremos, como es común, con achacar su fracaso o incapacidad de adaptación, diagnosticando cansancio o agotamiento creativo? Probablemente esta explicación extratextual, psicológica, sea correcta, pero hay también razones para la dimisión en el interior del texto fílmico.

«A mi juicio —había dicho Griffith— una película hablada es esencialmente una película muda a la que se añade el diálogo.» Y, ciertamente, eso son sus últimos filmes. Pero tampoco basta achacar el fracaso de Griffith únicamente a la simpleza de esta opinión (no tan lejana a la regla de máxima sencillez que siempre había seguido el director para, paso a paso, al hundimiento consiguiente de los funda-

Walter Huston en una escena de *Abraham Lincoln* de D. W. Griffith.

mentos iconográficos y actorales de sus géneros favoritos: los melodramas de miseria histórica).

Los mejores filmes de Griffith presentan siempre conflictos extremados entre personajes buenos-buenísimos y malos-malísimos, pobres-pobrísimos y ricos-riquísimos, con una clara intención moral, aleccionadora, hacia el pueblo llano al que se dirigían. Aunque desconocemos por completo la historia de los animadores o comentaristas de películas en los principios del cinematógrafo, no es muy aventurado suponer que, en Estados Unidos, buena parte de esos animadores actuaban como auténticos predicadores *(preachers)* utilizando el local-capilla del cinema como púlpito desde el que ejercer su prédica moral. Nada mejor, desde luego, que los melodramas de Griffith, largos y silenciosos *speechs* filmados, para que esos comentaristas/predicadores pusieran su fanático granito de arena en la dialéctica premio/castigo,

D. W. Griffith dirigiendo *El nacimiento de una nación* en 1915.

cielo/infierno, desglosando refranes y advertencias a partir del relato, y extrayendo amenazantes lecciones.

La presencia de la palabra grabada en la propia película no sólo suprimió la prédica improvisada de los animadores, sino que, poco a poco, determinó un cambio profundísimo en las técnicas actorales y en su presentación en pantalla.

El cuerpo torturado de la heroína que se retuerce y contorsiona en la pantalla muda, víctima de sentimientos interiores que traduce, detalle a detalle, en una gestualidad amplificada, pasa a mejor vida en el cine hablado. Ese exceso de la expresividad, que caracteriza no sólo la interpretación y el rostro del actor, sino su posición misma en el encuadre, no se tiene en pie en el nuevo modelo sonoro. Con la palabra se había dado un paso importantísimo en la conquista de la «ilusión de realidad», del cine como doble del real, y la transparente «exageración» del actor del mudo —que, ceñido a su silencio, forzaba al cuerpo a hablar, a cantar, incluso, auténticos coros— es ahora contraproducente, demasiado artificiosa, denuncia el carácter artificial de su lenguaje; es decir, cuestiona la «ilusión de realidad».

He ahí, al menos, una razón intratextual de la decadencia del modo de hacer de Griffith: la prédica se había desplazado de la imagen a la palabra.

Von Stroheim

Como sabemos, la historia del final creativo de Eric von Stroheim es tortuosa y difícil de desentrañar. Sin embargo, pese a coincidir con la invasión de las hordas sonoras, no podemos calificar a Stroheim como un auténtico resistente a la palabra ni encontramos en el interior de su textura fílmica motivos suficientes de incompatibilidad. Las razones de su ocaso hay que buscarlas en otro sitio.

La primera película de Stroheim que incorpora una banda de sonido (música sincronizada y efectos grabados en disco) es *The Wedding March (La marcha nupcial)*, que, tras años de rocambolesco rodaje y montaje, se estrenó en 1928, en pleno boom del sonoro; sin embargo, pese a que, según parece, el propio director supervisó esa banda, la película había sido concebida como un filme mudo.

Queen Kelly (La reina Kelly, 1928) es la última película de Stroheim

La marcha nupcial de E. von Stroheim.

Seena Owen en *La reina Kelly* (1928).

como creador. Y fue una iniciativa de Gloria Swanson, la estrella que, años después, compartiría reparto, con él como mayordomo y antiguo realizador, en el *El crepúsculo de los dioses* del malvado Billy Wilder. Comenzó a rodarse el 1 de noviembre de 1928 como película muda, pero a principios de 1929 el rodaje se detuvo a mitad de camino. Gloria Swanson achacó la interrupción a previsibles problemas de censura. Stroheim, por el contrario, aseguró que, a mitad de la filmación, el productor de la misma, Joseph Kennedy, decidió convertirla en sonora y él no estuvo de acuerdo. Lo cierto es que, todavía rodándose, el director Edmound Goulding llegó a componer una canción para *La reina Kelly* que la propia Swanson debía grabar; asimismo se comenzó a estudiar lo que entonces llamaban «sonido sintético» (después, doblaje) para poner voz a las escenas mudas ya filmadas. No obstante, el visionado de parte del material rodado parece que asustó y asqueó a la estrella y ahí comenzaron los problemas. Tras detener el rodaje, Swanson y Kennedy encargaron en los meses sucesivos distintas reformas del guion (a Goulding, a Delmer Daves, a Sam Wood...) para continuarlo sin Stroheim en la dirección. De hecho, Richard Boleslawsky la recomenzó, pero tampoco pudo concluirla. Finalmente, ya en 1931, Gregg Toland filmaría una última escena para que Swanson pudiera encargar un montaje definitivo, pero ahora otra vez como filme mudo...

Stroheim era un director-artista que había declarado repetidas veces su desprecio por la técnica y que, más que filmar, esculpía arduamente sus películas, que, en expresión de Richard Koszarski, parecía configurar «mediante la pura fuerza de su voluntad». Como Chaplin, tardaba años en rodar y montar una película. Y, como Griffith, no era un hombre que acatara humildemente los mecanismos de Hollywood ni se sintiera bien formando parte de un equipo de estudio. No fueron su ignorancia de las técnicas de grabación —ignorancia que era común a todos— ni una textualidad fílmica inadaptable a la palabra las que motivaron su ostracismo, sino su incapacidad para adaptarse a las nuevas jerarquías hollywoodienses de la producción, exaltadas en aquellos años por la reconversión del mercado mudo al sonoro: carecía de reflejos para seguir las órdenes cambiantes y a menudo caprichosas, los palos de ciego de aquellos mercachifles; estaba empeñado en esculpir sus filmes como obras de arte y era hombre tardo en su reacciones.

Charles Chaplin

El propio Koszarski hace un cuadro sumario de las similitudes entre Charles Chaplin y Eric von Stroheim a los que, durante años, se consideró almas gemelas en tanto que hombres de cine: ambos consideraban el cinematógrafo un medio de expresión personal; sus películas contienen siempre ambiguas estrategias autobiográficas (juegan a confundir personaje y autor, guión y peripecia personal); evitaron siempre centrarse en problemas técnicos; trabajaban sus productos durante años antes de darlos por acabados; y re/producían, en cierto modo, el guión sobre la marcha del propio proceso de rodaje.

Pero, al contrario que Stroheim, Charles Chaplin, que, desde el primer momento, se convirtió en el líder de los resistentes, logró continuar su carrera «muda» sin grandes dificultades.

¿Las talkies? —responde a un periodista—. Puede usted escribir que las detesto. Vienen a enterrar el arte más antiguo del mundo: el arte de la pantomima. Aniquilan la belleza del silencio.

En efecto, uno de los géneros más brillantes del cine mudo —el slapstick, las películas cómicas, concebidas como una sucesividad de gags visuales— fue sepultado sin contemplaciones. Intérpretes geniales como Harry Langdon, Harold Lloyd y Buster Keaton, ya con la palabra en la boca, languidecieron vergonzantemente durante los primeros años del sonido. Sólo la pareja que formaban Oliver Hardy y Stan Laurel mantuvo sus éxitos. Y, por supuesto, Charles Chaplin. Su pantomima —ese secular arte del silencio— brilló aún más en medio del estruendo.

Muy al contrario de lo que se supone, Chaplin no tomó precipitadamente su decisión de guardar silencio. Tentado por la posibilidad de poner voz a su vagabundo, contempló y estudió detenidamente numerosos filmes hablados y sólo cuando no encontró ventaja alguna renunció a darle la palabra.

Destruiría la ilusión que quiero yo crear, la de una pequeña silueta simbólica de la bufonada, que no es un personaje real, sino una idea humorística, una abstracción cómica.

Charles Chaplin y Virginia Cherrill en *Luces de la ciudad*.

Tras rechazar numerosas ofertas para hacer un filme hablado —entre otras, la del productor y director James Cruze—, Chaplin comienza el rodaje de *Luces de la ciudad* en 1928 en plena revolución parlante. No obstante, pese a su reticencia hacia la nueva modalidad, Chaplin compone él mismo un tema musical —basado en *La violetera*, del español José Padilla— y usa el sonido para algunos efectos cómicos, tales como el discurso de Henry Bergman cuando inaugura el monumento, o el episodio en el que el protagonista se traga un silbato y tiene un ataque de hipo.

Chaplin no hará un filme totalmente hablado hasta que se deshaga de su personaje de Charlot y, con él, casi por entero, del arte de la pantomima. Eso no sucederá nada menos que hasta 1947, con *Monsieur Verdoux*. No obstante, no puede decirse que en sus dos filmes anteriores, *Modern Times (Tiempos modernos)* y *El gran dictador*, Chaplin se haya ofuscado en el silencio; ni siquiera en la ausencia de la palabra hablada: en *Tiempos modernos*, de 1936, se escucha por vez primera, en la

Tiempos modernos.

canción del restaurante, la voz del vagabundo, pero completamente distorsionada; también en *Tiempos modernos,* suena, por primera vez, una voz inteligible, pero es para elaborar un gag tremendamente beligerante en torno al cine hablado: en el episodio de la máquina alimentadora, el inventor comienza a explicar su funcionamiento, y, sólo poco después, gracias a un pequeño movimiento de cámara, comprendemos que las palabras vienen de un tocadiscos y los labios silenciosos del vendedor se mueven sincrónicamente, como en playback, creándonos la ilusión de que es él mismo quien habla. De *El gran dictador,* de 1940, es el famoso discurso final del vagabundo Hinkel. Por el contrario, Chaplin aprovecha, desde los primeros momentos del sonoro, las posibilidades de la grabación para enriquecer los gags, del mismo modo que los payasos utilizan ruidos en el escenario, sin traicionar la esencia de la pantomima. Su campaña contra las películas «totalmente habladas» es, pues, un gesto de coherencia estética, de respeto a las raíces del arte del mimo que dominaba.

Murnau

El combate entre el director alemán F. W. Murnau y los magnates de Hollywood durante la época de transición entre el mudo y el sonoro puede calificarse de extenuante y titánico. Murnau —que estaba orgulloso de haber fabricado un filme con un único rótulo, *Der letzte Mann*— realizó su primer filme en Hollywood, *Amanecer,* en 1927. También en él intentó reducir al mínimo imprescindible para la comprensión del argumento el número de letreros —18, en una producción de 10 rollos—, pero, tras diversos preestrenos, la Fox los elevó a 23. *Amanecer* se proyectó con una banda de efectos y música de Riessenfield, controlada por el propio Murnau, que, según informa Luciano Berriatúa, no gustó a la productora.

La siguiente película para la Fox de Murnau fue *Four Devils,* hoy perdida. Comenzó a rodarse a principios del 28 y, pese a que William Fox intenta convencerle para que la haga hablada, el director alemán sólo acepta grabar música y efectos. De esas fechas data el artículo «El filme ideal no necesita rótulos» donde expone su más citada y errónea profecía:

El último (F. W. Murnau, 1925).

Por lo que respecta al futuro de las películas en general, no puedo decir nada definitivo: sólo podemos hacer conjeturas. El único punto sobre el que deseo pronunciarme es que las películas corrientes, sin acompañamiento Movietone, sin color, sin efectos prismáticos ni tres dimensiones, pero con tan pocos rótulos como sea posible, seguirán siendo una fórmula permanente de este arte. Puede que futuros progresos hagan surgir otras formas, pero la original continuará con una identidad propia.

Luego de elucubrar —citando a Joyce— sobre los métodos a seguir para prescindir de los rótulos, retoma el acento profético, esta vez con mayor acierto: «[...] en el futuro habrá diversos teatros para categorías especiales de producciones».

De este modo pensaba Murnau que, pese a la victoria del cine hablado, el cine mudo tendría siempre su propio rincón. E insistirá y precisará esas ideas meses después, en septiembre de 1928, en el artículo titulado «Las películas del futuro»:

> Los chinos tienen un proverbio que dice que una imagen vale más que mil palabras. Sin embargo, yo creo que este nuevo invento, las películas sonoras, ha venido para quedarse. Quienes vieron el magnífico drama aéreo *Alas* (de William A. Wellman) en los primeros preestrenos, antes de que se le añadiera el acompañamiento sonoro, y después en una sesión regular, con el rugido de los motores, el ruido de las alas y el estruendo de las ametralladoras, deberán admitir que los sonidos acrecentaban la intensidad de la acción [...].
> Antes de que transcurra mucho tiempo habrá películas en las que los personajes recitarán sus papeles de principio a fin [...]. En algu-

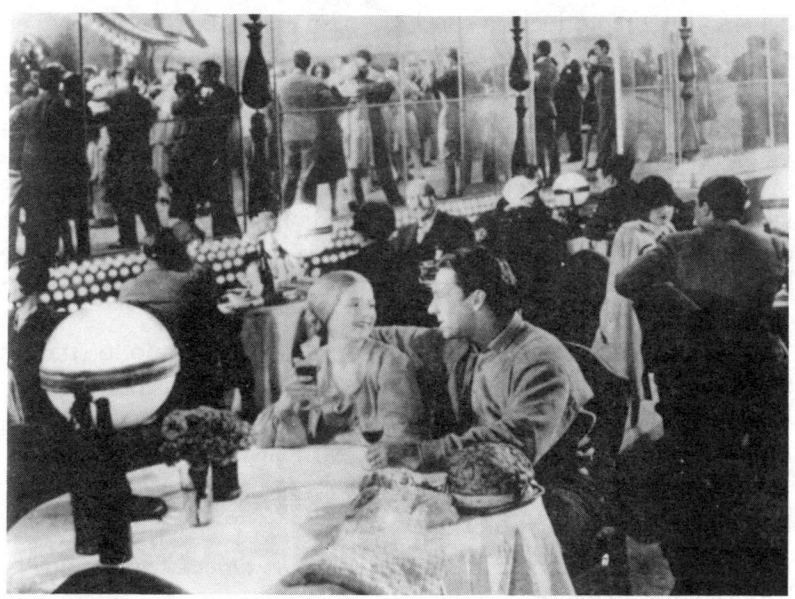

Amanecer, primer filme americano de F. W. Murnau.

nos aspectos la palabra hablada supondrá un obstáculo para la película. Por lo menos, la acción será más lenta, pues una conversación larga se puede representar mediante una pantomima en pocos metros de película. No creo, sin embargo, que todas las películas vayan a ser sonoras. Habrá drama mudo, como ahora, excepto que habrá alcanzado su forma perfecta, una película sin un solo rótulo.

A la batalla contra los productores que querían transformar sus películas —concebidas como mudas— en sonoras, se mezcla la que mantuvo Murnau contra el *happy end*. Aunque *Four Devils* fue estrenada tal y como Murnau la había dejado —con efectos, música y una canción: «Marion»—, en el reestreno se añadió ya un nuevo *happy end*, rodado con diálogos.

El siguiente y último filme para la Fox, *Our Daily Bread (El pan nuestro de cada día*, 1934), tampoco se rodó con sonido, pero la ruptura del contrato entre el director y la productora coincide con el final del montaje y la Fox decide, con la oposición de Murnau, convertir *El pan nuestro de cada día* en un filme hablado, anunciando que hará lo mismo con *Four Devils* y *The River*, de Borzage. En los locales que carecían de sistema de reproducción sonora se pasó el montaje de Murnau; en el resto, el filme, bajo el nombre de *City Girl*, era hablado, con secuencias rodadas ex novo por otros directores.

Asociado inmediatamente con el etnólogo documentalista Robert Flaherty, Murnau rodaría su última película, *Tabú*, muy lejos de los caprichos de Hollywood: en los mares del Sur. Filmando a su aire, en total libertad, tampoco haría uso esta vez de la palabra sincrónica. Un accidente de coche acabó con su vida: nada podemos aventurar sobre la actitud futura de uno de los talentos más indiscutibles de la etapa cinematográfica muda.

En todo caso es seguro que estaría de acuerdo —como lo estamos nosotros— con aquel proverbio chino que cita su hagiógrafo Luciano Berriatúa: «Muchos oídos valen menos que una mirada».

René Clair

El último filme mudo de René Clair, *Les Deux timides*, aplastado por la novedad del cine sonoro, fue un fracaso económico, y el cineasta, hasta entonces uno de los que mayores resistencias había puesto a las

Rodaje de *Bajo los techos de París*.

talkies, aceptó la propuesta de los estudios londinenses de la Tobis para hacer una película breve —de uno o dos rollos— que demostrara lo bien equipado que estaba el estudio para el registro sonoro de ruidos y voces. La larga estancia en Londres del «artista» —tan «depouillé», tan francés, tan parlanchín— se saldó con una serie de artículos y reflexiones sobre el sonido, y un largometraje, *Bajo los techos de París,* que fue considerado por los críticos de la época una de las primeras películas sonoras con marchamo de obra de arte.

Sus escritos son testigos impagables de la zozobra de los cineastas «artistas» europeos ante la nueva tecnología; y la película, una muestra significativa de la capacidad de éstos a la hora de asumir lo irremediable y reanudar —en el interior del sonoro— el combate por lo que consideraban «cine puro» y, en particular, la distinción, común a todos ellos —desde Clair hasta Eisenstein, pasando por el propio Hitchcock—, entre el cine hablado y el sonoro propiamente dicho. El «miedo a la sincronía» —síndrome que caracteriza a todos los resistentes de la época y que procedía fundamentalmente de las servidumbres técnicas del todavía muy imperfecto registro de los diálogos—, hizo que, en *Bajo los techos de París,* Clair redujera a la mínima expresión la palabra sincronizada, recurriendo, por ejemplo, a la filmación de escenas a través de una ventana —el marco bien visible en el encuadre—, para justificar que no se oyera lo que decían los intérpretes. A su vez, Clair, en algunas escenas (como la pelea final), trabajó la banda de ruidos de modo autónomo, sin la esclavitud del registro directo, comprobando el valor del sonido off que procede de más allá del encuadre (en la citada escena, un disparo apaga el farol y oscurece la imagen: gritos, palabras sueltas, un tren que pasa, los silbatos de la policía que se aproxima al lugar de la batalla...).

Pero centrémonos en los comentarios de Clair:

> Siempre es molesto verse obligado a tomar una postura pública contra un progreso [escribió refiriéndose al anuncio del sonoro]. Thiers se vio aplastado por la locomotora, cuyas virtudes combatió. Por eso tenemos que tomar precauciones: no es el invento del cine sonoro lo que nos asusta, es la deplorable utilización que de él harán, sin duda, nuestros industriales [...]. El cine sonoro, o, para ser más exactos, el sincronismo en la reproducción de las imágenes y de los sonidos, podría ser útil al acompañamiento musical de los filmes, a las actualidades, al cine educativo [...]. Pero no sería imposible que se crease un arte propio del cine hablado, cuyo objeto y cuyas leyes apenas podemos prever [...]. Conoceríamos mal a nuestra gente del cine si dejáramos errar nuestras esperanzas hacia esos horizontes.

Y, en otra ocasión: «¿Segundo nacimiento o muerte? Si el azar —algunos granos de arena en la máquina industrial— no viene a desbaratar los planes de los financieros del cine es sobre la muerte sobre lo que hay que apostar o al menos sobre un largo sueño...»

Sorprende la ingenuidad —muy de la época, pero que, aproximativamente, hemos aceptado, incluso, en este artículo— que contrapone cine industrial y cine artístico. La industria es vista como el origen de todos los males, enemigo potencial del futuro del cine puro luego de incorporar el sonido. Hoy, con la hegemonía casi absoluta del mercado libre (sinónimo de mercado único), es inconcebible esta escisión: el cine artístico no existe al margen de la industria. Pero, en aquellos momentos, Europa (pero, en cierto modo, la batalla hoy en día está en el mismo sitio) aún combatía por ciertos privilegios del cine arte sobre el resto de las mercancías.

El propio Clair cita a Alexandre Arnoux, redactor jefe de la revista *Pour vous*, que, a la vez que el realizador francés, visita Londres cuando el cine parlante comienza la conquista de Europa, para comprobar «las promesas de ese arte maravilloso». Éstas son sus palabras, tras la proyección de una talkie:

> Al principio el efecto general es bastante desconcertante. Al no cambiar nunca de sitio el altavoz, instalado detrás de la pantalla, la voz, cualquiera que sea el personaje que habla, viene siempre del mismo punto. Sincronismo perfecto, pero que deja en el auditorio una molestia confusa. Pronto nos damos cuenta de que la concordia del movimiento de los labios y las sílabas pronunciadas refuerza las exigencias de verosimilitud y exige una localización en el espacio. De lo contrario, nos hallamos ante una extraña comedia, cuyos actores mimarían estrictamente, con sus bocas, las réplicas, mientras un corifeo misterioso y ventrílocuo rigurosamente inmóvil en el centro de la pantalla, se encargaría de la parte sonora de los discursos mudos.
>
> Para paliar este defecto, sin duda, y quizá también a causa de dificultades técnicas, el realizador ha evitado en la medida de lo posible los cambios de plano durante las conversaciones. Desde que el actor se ve liberado de la obligación de la palabra el interés vuelve a subir. Podemos preguntarnos si la voz no quita más elementos a la expresión de los que le da.
>
> He aquí que un invento salvaje viene a destruirlo todo. ¡Haber trabajado y esperado tanto para volver, en resumidas cuentas, a una fórmula gastada como el teatro!

Junto a la ingenuidad inicial de Clair, y en mitad de su rechazo, asoma ya el primer paso atrás del creador; un paso atrás táctico que intenta colocar la barricada del artista no entre el sonoro y el mudo, sino entre el hablado y el sonoro:

> Se trata más bien de abandonar una parte para no perderlo todo [...]. El cine hablado no lo es todo. También existe el cine sonoro. Y sobre este cine sonoro se fundan las últimas esperanzas del cine sin palabras. Con él muchos esperan conjurar el peligro que repre-

senta la llegada de los talkies. Quieren creer que esos ruidos y esos sonidos que acompañan a la imagen animada distraerán suficientemente a la masa y le impedirán reclamar el diálogo, le darán una ilusión de realidad menos peligrosa para el arte de las imágenes que el cine hablado [...].

Esta distinción entre sonido y palabra sería apoyada en la teoría y en la práctica por casi todos los cineastas europeos (con Firtz Lang y su *M* a la cabeza), y precisada especialmente por los soviéticos, poniendo el acento en la escisión entre sonido sincrónico y asincrónico.

Eisenstein

En efecto, conviene matizar las resistencias. Pocos son los que se resisten a la incorporación del sonido en su conjunto. Las resistencias se ciñen casi exclusivamente al territorio acotado del «sonido sincróni-

Eisenstein en París en 1929 con Hans Richter y Man Ray.

co», y, en particular, a la sincronización de la palabra con los labios de los intérpretes; es decir, a la previsible invasión de interminables diálogos en detrimento de la imagen misma.

Los directores estaban más que acostumbrados a las experiencias sonoras. Lo que ahora, a finales de los veinte, cuestionaban era la perentoriedad, el «ordeno y mando» de la industria que, de pronto, decretaba que «todo» fuese hablado: cuestión de ritmos. En realidad, hacía ya muchos años, prácticamente desde los albores del cinematógrafo, que los creadores estaban acostumbrados a ver sus filmes con sonido. Al margen de los animadores, ventrílocuos e instrumentos musicales —el piano, desde luego, pero, en locales elegantes, también enormes orquestas— que acompañaban la proyección, y de los numerosos playbacks con actores que, detrás de la pantalla, «doblaban» sobre la marcha de la propia proyección a los intérpretes filmados, causando una sensación de chapucera sincronía [...] numerosas patentes, que no lograrían consolidarse, surgieron aquí y allá, desde principios del cinematógrafo.

Entre todos los caminos posibles de uso que las recién inventadas imágenes en movimiento podían tomar a finales del siglo XIX, pocos sospecharon entonces que fuera el del relato el que había de ser más frecuentado, el hegemónico. A principios del siglo XX, en el cruce de la nueva tecnología con la narratividad, se había levantado ya una poderosa industria de entretenimiento; el cinematógrafo era, sobre todo, una prolífica máquina para contar historias; en definitiva, un auxiliar ideológico, pues no hay relato neutral. Pero, en los primeros balbuceos por configurar un lenguaje autónomo y lo más universal posible para esa nueva sustancia del relato, se seguirían distintas direcciones. Una de ellas, desde el comienzo de su explotación, fue la conquista de un «específico fílmico» que lo independizara, a la vez, del teatro y de la fotografía; y muchos de los creadores citados en este artículo lo habían encontrado en la imagen pura y el montaje interno y externo de esas imágenes. No obstante, el campo de batalla por ese «específico» se centró, sobre todo, en las distintas relaciones cine/realidad. Para la inmensa mayoría de la burguesía productora de relatos cinematográficos, el desarrollo tecnológico del nuevo invento debía seguir la línea de menor resistencia en la conquista de una mayor «ilusión de realidad»: cuanto más fiel fuera el cinematógrafo a la realidad que representaba, mayor sería su eficacia ideológica y dineraria. De ese modo se cegaron o apagaron caminos de desarrollo tecnológico como los que había inaugurado la artificiosidad mágico-materialista de Méliès, más atenta a la brillantez de los efectos manipulados que a la simulación de la realidad.

El sonido —y más que ningún otro, la palabra— era lo que le faltaba al cinematógrafo para convertirse en un doble exacto de la realidad. Y el camino «ilusionista» hacia un cine que, escamoteando sus manipulaciones, apareciera ante sus consumidores como un reflejo, un sustituto de lo real, se consolidó. De ese modo, además, adujeron muchos, se sorteaba la acusación de que el cine era simplemente un teatro sin palabras. Otros, por el contrario, advirtieron que ahora, con la posibilidad de sincronizar la palabra, el cinematógrafo hablado corría el peligro de convertirse de nuevo en teatro filmado, dando un paso atrás en la conquista de un «específico fílmico». Ambos llevaban razón, pero fueron los primeros quienes se llevaron el gato al agua.

Esta polémica y la diferenciación consiguiente —ya comentada en Clair— entre el sonido asincrónico y el sincrónico fue expresada con enorme claridad por los maestros soviéticos.

Por el carácter materialista de su ideología y las necesidades de seguir una «línea de masas» (películas populares, didácticas), los cineastas militantes tenían forzosamente que tomar en consideración y aprovechar los avances tecnológicos. Por eso, junto a otros cineastas soviéticos, Pudovkin y Eisenstein, que no sólo habían logrado una enorme madurez expresiva en el cine mudo, sino que habían teorizado el montaje hasta extremos muy elevados, considerándolo la sustancia misma del «específico fílmico», no se arredraron ante el sonido; en lugar de resistirse, dieron por bienvenido el invento, pero matizando su uso. En agosto de 1928, y junto a Alexandrov, ambos maestros lanzaron el primer Manifiesto del Cine Sonoro, que, curiosamente, coincide, en algunos aspectos, con las posiciones de Clair, el académico francés.

He aquí algunas de sus palabras:

> La grabación del sonido es un invento de doble filo. Es muy probable que el uso del sonido grabado siga la línea de menor resistencia: a saber, la de la satisfacción de una simple curiosidad.
> En primer lugar habrá una explotación comercial de las más lábiles mercancías: los filmes hablados.

En un segundo momento se filmarán altos dramas culturales. Usar el sonido de esta manera destruirá la cultura del montaje. La adhesión del sonido a la imagen (pieza visual de montaje) aumenta su inercia como pieza de montaje y, consecuentemente, incrementa la independencia de su sentido —y esto, indudablemente, en detrimento del montaje, no en las piezas, sino en su yuxtaposición.

Sólo un uso contrapuntístico del sonido en relación con la imagen (pieza visual de montaje) potenciará el desarrollo del montaje.

A MODO DE EPITAFIO

Serán necesarios muchos años para que el cine sonoro reinvente el silencio.

Cuando la palabra es ya única dueña y señora de toda la geografía fílmica y toda resistencia ha sido aniquilada e, incluso, olvidada y perdonada, un cineasta francés, cuyos orígenes, como los de Chaplin, hay que remontar al espectáculo del mimo, Jacques Tati, elimina la palabra y recupera para el encuadre esa beatitud y multiplicidad de puntos de vista que muchas películas mudas (del Modo de Representación Primitivo) poseían. Cierto: ahora, en medio de tanta cháchara, el silencio resulta atronador. Pero la manera en que Tati lo utiliza y llena de murmullos ininteligibles y ruidos decantados, aislados, destacados del conjunto, no es esencialmente distinta a la que propusieron, en sus primeras excursiones al sonido, los resistentes a las talkies. Pero, en los cincuenta y sesenta, esa actitud sólo es entendida como simpática excentricidad.

¿Cuál es el cineasta actual más hablador? ¿Rohmer, quizá? Pero Rohmer, el más «hablador» de los cineastas, no está, pese a todo, en muchos aspectos, tan lejos del cine mudo. La relación entre el cuerpo filmado de sus actores y las largas parrafadas monótonas, sin tono, apenas actuadas, que se sincronizan en sus labios, es tan lejana, tan distante, tan escamosamente artificial, impostada, como la que existe entre los labios que se mueven silenciosamente en los planos del cine mudo y los letreros que les siguen o preceden. Imaginemos un «tratamiento mudo» para los filmes de Rohmer: el efecto de la sucesión incesante y presumiblemente agotadora de los largos planos —con sus locuacísimos intérpretes moviendo los labios sin parar, ahora, brutalmente, enmudecidos—, y los interminables carteles conteniendo sus peroratas, no sustraería prácticamente nada de las esencias morales del relato rohmeriano. Al margen de la longitud de los planos y los carteles, las únicas variaciones corresponderían a la valoración de los cuerpos y los encuadres, neutros, inexpresivos, mortalmente vaciados, en los filmes del francés, y expresivos, exagerados, gesticulantes, en el cine mudo.

El paso del mudo al sonoro fue aprovechado para dictar el modelo dominante del cinematógrafo, la victoria, en fin, del ilusionismo, del cine como doble de la realidad. Pero aun hoy, más allá del sonido, en distintos frentes, praxis aisladas siguen combatiendo por la existencia de otro cine, cuyo estatus lingüístico no se apoye en el modelo dominante. Entre las actitudes de ayer de Murnau, Von Stroheim, Eisenstein y Chaplin, y las de hoy de Rohmer, Oliveira, Godard, Angelopoulos, Rivette o Syberberg hay muchos puntos en común.

Será, en los cincuenta y sesenta, Robert Bresson quien, desde la objetividad que da la distancia, logre enunciar al fin un discurso materialista de las relaciones entre el sonido y el silencio que, sin duda, hubiese sido suscrito por muchos de los cineastas que, a finales de los veinte, pusieron el grito en el cielo y pasaron al ostracismo.

Sirvan sus palabras como homenaje a aquellos hombres:

> El cine sonoro ha inventado el silencio.
>
> No se puede ser a la vez todo ojos y todo oídos. Si el ojo ha sido enteramente conquistado, no dar nada a la oreja.
>
> Un sonido no debe nunca ir a ayudar a una imagen, ni una imagen a ayudar a un sonido.
>
> Cuando un sonido puede reemplazar a una imagen, se debe suprimir la imagen o neutralizarla. La oreja va más hacia dentro, el ojo, hacia fuera.
>
> Lo que es para el ojo no debe tener un doble uso con lo que es para la oreja.
>
> Si un sonido es el complemento obligatorio de una imagen, dar preponderancia o bien al sonido o bien a la imagen. En igualdad de condiciones se anulan o se matan, como pasa con los colores.
>
> El ojo es superficial. La oreja profunda e inventiva. El silbido de una locomotora deja en nosotros la visión de toda una estación.

Dimes y diretes. La encrucijada del sonoro

MANUEL PALACIO

En las últimas décadas del siglo pasado, George Du Marier en 1878, Villiers de l'Isle en 1880 o Julio Verne en 1888, imaginaron las ideas básicas en que se fundamentan las imágenes en movimiento. No eran visionarios iluminados, probablemente tan sólo lectores de las revistas científicas de la época que en esos años frecuentemente se hacían eco de experimentos sobre el movimiento mecánico de las imágenes y sobre la grabación y reproducción de sonidos. Sin duda, el origen más tangible de esta, llamémosla, literatura científica se encuentra en los trabajos de Thomas Alva Edison y en su patente del fonógrafo (24 de diciembre de 1877). No casualmente el mismo Edison es el protagonista de las licencias artísticas de Du Marier y Villiers de l'Isle; aunque no deja de ser irónico que el «Telefonoscopio», prototelevisión que Du Marier atribuía al genio de Edison en la revista *Punch* (un aparato que permitía contemplar cómo un pareja de venerables ancianos ingleses veían y escuchaban en su salón hogareño las cuitas de un partido de tenis que jugaba su hija en Ceilán), antecediera a la invención del protocine que le atribuye Villiers de l'Isle en *La Eva futura*.

En todos los casos, los aparatos imaginados son audiovisuales. No podía ser de otra forma; en primer lugar, por el mayor avance tecnológico en las técnicas de grabación del sonido, y en segundo porque la

misma pulsión de realidad y el realismo de la ideología burguesa no podía concebir dispositivos de reproducción de imágenes... «mudas». Así lo refleja Julio Verne en *El castillo de los Cárpatos* en donde un pérfido barón graba con un fonógrafo partes del repertorio de una cantante de ópera y con la ayuda de unos artificios de óptica consigue la representación audiovisual de su enamorada muerta que cantan una escena del *Orlando*: «Inamorata, mio cuore tremante... Voglio morire».
Que en estas circunstancias el cine naciera mudo no deja de producir una cierta estupefacción. De hecho, así lo reflejaba el crítico español Apolo M. Ferry en 1930: «Cuando nació el cine, ya existía el fonógrafo. Entonces, cualquier niño podía ver que el cine y el fonógrafo se complementaban, y todo el mundo se dijo: "Cuando se combine un fonógrafo con un aparato de proyección, el cine tendrá un verdadero valor"» (Apolo M Ferry, en Minguet/Perucha, 1994: 114). Aunque el desconcierto quizá sea menor si nos olvidamos de nuestra experiencia de espectador contemporáneo de cine mudo e interiorizamos lo que tan a menudo se repite: las películas eran mudas pero nunca lo fue el espectáculo cinematográfico de la exhibición de un filme. Casi se podría afirmar lo contrario; ir al cine en las tres primeras décadas del siglo era, muy habitualmente, asistir a un espectáculo mucho más sonoro (literalmente que suena) de lo que en la actualidad consiste la proyección en salas. El asombro, sin embargo, se acrecienta al pensar la velocidad gasterópida con la que se desarrolló la grabación del sonido; de hecho, la primera tecnología sonora que triunfó en el cine, el «sound on disc», sonido fonográfico, de la Warner estaba basada en los mismos principios con los que Dickson empezó a trabajar para Edison en la última década del siglo XIX. En pocas palabras, como ocurría en la novela de Julio Verne, una patente en la que el sonido está registrado en un disco que sincrónicamente se adapta a la acción de las imágenes del filme.
Hubo, eso sí, en las aproximadamente tres décadas de cine mudo más de una decena de experimentos fallidos de sincronización sonora para los filmes (patentes de Edison o Gaumont, entre otros muchos) que en algunos casos no tenían solucionada la amplificación de la señal acústica para la audición en los cines y que otros de la década de los años veinte tuvieron errores de marketing. En cualquier caso, como es sabido, fue la Warner Bros., con el sistema de sonido Vitaphone, la empresa que empezó a producir películas y cortometrajes

Thomas Alva Edison.

sonoros. El sonido fonográfico de la Warner no podía durar y de hecho no lo hizo, aunque por esas paradojas de la historia se sigue privilegiando su papel en muchos textos históricos cinematográficos; al fin y al cabo el Vitaphone de la Warner fue un sistema de sonido de vida efímera (aproximadamente operativo en Estados Unidos entre 1926 y 1929) y concebido exclusivamente para la sincronización de las películas híbridas mudas/sonoras. Sea como fuere a partir de 1928 ya están definitivamente disponibles los primeros sistemas de cine sonoro: el «sound-on-film» (sonido óptico), de Movietone (patente de la empresa de base telefónica Western Electric, filial de la ATT), el Photophone (patente de la empresa radiofónica RCA) y un poco después el sistema alemán Tobis Klangfilm (patente de las empresas eléctricas AEG y Siemens).

Los años de la transición estadounidense del cine mudo al sonoro fueron historiados muy rápidamente. Las primeras ediciones de los libros de Benjamin Hampton (*History of American Film Industry*) y Lewis Jacobs (*La azarosa historia del cine americano*) son, prácticamente, coetáneas a los años de la transición (1931 y 1939, respectivamente). Como no podía dejar de ocurrir, las historias generales del cine han abordado durante unos cincuenta años la transición con uso y abuso de lugares comunes en buena parte provenientes casi exclusivamente de aquellas publicaciones coetáneas. Durante décadas, la transición se convierte más que nada en un rosario de anécdotas, entre otras: la Warner tenía apuros económicos y por ello se lanzó al sonoro, el público fue obligado al consumo del cine sonoro, el sonoro es más que nada un asunto de las productoras estadounidenses que también se impuso en Europa, el llamado séptimo arte perdió con el cambio visualidad y las altas cotas expresivas conseguidas en el cine mudo.

Obviamente, las simplificaciones de la historiografía tradicional huyen de complejidades y dejan al margen el contexto económico, estético e ideológico en el que aparece el sonido en el cinematógrafo. En última instancia, el éxito y la relativa rapidez con que se produjo el asentamiento del sonido en el cine no puede interpretarse más que por la combinación de motivos económico-tecnológicos con otros socio-culturales que, por otra parte, tuvieron su corolario en unos debates ideológicos-estéticos. Como no podía ser menos, en los últimos años, y en el mismo marco de renovaciones metodológicas en la historia del cine, se está produciendo una revisión y profundización de

Portada de *Variety* (7 de agosto de 1926) con respecto al Vitaphone.

las características generales del periodo. Lo que nadie parece discutir es que la transición del mudo al sonoro supone la mayor encrucijada del cinematógrafo en toda su historia. Sin duda la única gran revolución que ha tenido el cine en sus cien años de historia; entendiendo por tal el proceso de mutaciones que es capaz de permeabilizarse a toda la industria modificando el ciclo productivo, la estructura de los costes, las condiciones de distribución de los productos, las formas de consumo y, por supuesto, causando algunos cambios en las formas de representación, en la estética y en las relaciones intertextuales que tenía el cine con otros medios.

Excusa decirse que la periodización de los años de la transición del mudo al sonoro es resultado de la historia de cada país; y ello porque en cada nación juegan de manera diversa las relaciones sociales y culturales en el seno de una estructura tecnológica, estética, cultural o económica global. Indudablemente, el cine en los años veinte era una industria que había establecido un cierto equilibrio dialéctico entre

Equipo de rodaje de *El misterio de la Puerta del Sol*.

sus sistemas de producción, sus circuitos económicos de rentabilización de las inversiones, sus relaciones con el público o la interrelación entre la forma de los filmes y las peculiaridades de los lugares de consumo, las salas. Pero la ordenación de la industria cinematográfica no era, ni es, igual para todos los países. En las sociedades de masas, como de una forma genérica podemos aceptar que lo empezaban a ser las naciones más industrializadas en los años veinte y treinta, coexisten unas fuerzas centrípetas unificadoras de la experiencia cinematográfica al par que otras fuerzas centrífugas por las que el espectáculo cinematográfico y los textos fílmicos establecen relaciones «nacionales» con el resto de las formas estéticas o con las actividades de ocio.

Y, por lo mismo, la temporalidad de la transición es diferente según los países. Dicho de otra forma, no se puede elaborar la historia del cine como si fuera un mismo tiempo histórico para todos los países. Releyendo los viejos conceptos de Louis Althusser deberíamos concluir que a cada país debemos asignarle un tiempo propio, relativamente autónomo e independiente dentro de sus interrelaciones con los «tiempos» de los otros países. No se trata, pues, de comparar mecánica y linealmente, por ejemplo, *El misterio de la Puerta del Sol*, primer largometraje sonoro español estrenado en 1930, con cualquier otro filme estadounidense del periodo. Más adecuado parece preguntarse, por ejemplo, por las razones internas nacionales por las cuales desde el punto de vista de la producción de los filmes el cine sonoro señala las tendencias evolutivas hegemónicas a partir del año 1928 en Estados Unidos, del año 1929 en Alemania y en Gran Bretaña, del 1930 en Francia, del 1932 en España, del 1933 en la Unión Soviética o del 1935 en Japón. Abordemos ahora algunos aspectos económicos y culturales de la encrucijada de la transición.

LA TRANSICIÓN Y LOS CAMBIOS ECONÓMICOS,
SOCIALES Y CULTURALES

Desde el punto de vista estrictamente económico, la transición del mudo al sonoro está indudablemente enmarcada en un proceso de integración económica vertical y de expansión que las «majors» estadounidenses comienzan a partir de los primeros años veinte. Pero a su vez la llegada del sonido supone la aceleración del proceso de interrelación de las industrias eléctricas, telefónicas y radiofónicas con el sector cine. Por último, el sonido supone un intento de internacionalización y cartelización de la actividad cinematográfica; piénsese en los acuerdos de París entre Western Electric, RCA y Tobis Klangfilm del 22 de julio de 1930 y de febrero de 1932 que, pese a ser incumplidos por las partes, dividieron el mundo en cuatro territorios. Western Electric y RCA se quedaban con Estados Unidos, Canadá, Australia, Nueva Zelanda, India y la Unión Soviética. Por su parte, Tobis Klangfilm consiguió los derechos de Europa, excepto Gran Bretaña, que era compartida y, según los acuerdos, correspondían tres cuartas partes a los norteamericanos y la restante a los alemanes. El resto del mundo era territorio libre.

El proceso descrito acaeció en mayor o menor medida en todos los países económicamente importantes: Estados Unidos, Alemania, Francia, Gran Bretaña (Neale, 1985: 83-87). Hasta en España, en un nivel mucho más modesto, pudo observarse un proceso de concentración en las empresas dirigidas por Ricardo M. de Urgoiti, primero Unión Radio (con capital inicial, entre otros de AEG, Compañía General de Electricidad, Compañía Telefónica Nacional de España y Teléfonos Bell), que llegó a contar con una red radiofónica de más de veinte emisoras, luego con un fracasado sistema de sonido a base de discos (Filmófono) y posteriormente con empresas de distribución y producción cinematográfica (Filmófono) y una cadena de salas (Sagarra). No es éste el lugar indicado para insistir sobre las relaciones establecidas entre el capital financiero con las poderosas industrias telefónicas y radiofónicas, aunque sí parece oportuno señalar que únicamente la tecnología de la industria radiofónica permitió pasar al cine sonoro desde la experimentación al periodo realmente operativo, y cuyo corolario más obvio fueron los derechos que las industrias radiofónicas y telefónicas percibieron por la implantación del cine sonoro. Piénsese que la Western Electric en la primera fase del sonoro, hasta la poderosa irrupción de la RCA, era la propietaria de prácticamente todas las pantentes necesarias para el registro y reproducción del sonido en el cine, por lo que, al menos sobre el papel, le podría resultar indiferente que prosperara el sistema Vitaphone o el Movitone.

En este contexto económico, los beneficios del sonido para la industria del cine hay que evaluarlos no tan sólo en las recaudaciones de taquilla o en unas mejores condiciones en el alquiler de las películas a los cines, pues al fin y al cabo habrá que recordar que una industria como la del cine mudo se demostraba profundamente rentable para las productoras desde, aproximadamente, los años de la primera guerra mundial, sino en algún aspecto más indirecto. La incorporación del sonido mecánico al soporte fotoquímico supuso, como veremos más abajo, una restructuración del conjunto de los espectáculos populares. El cine sonoro se convirtió a partir de mediados de los años treinta en la principal forma de espectáculo masivo hasta, por lo menos, finales de los cuarenta o principios de los cincuenta. El cine sonoro separó a sus públicos del magma original que eran las formas espectáculares de entonces tales como el café concierto, las variedades, el vodevil americano, la zarzuela. A partir del cine sonoro, ir al cine sólo era sinónimo de ir a ver una película sin el aditamento de otras formas de espectáculo.

También pueden apreciarse peculiaridades de lo que hemos deno-

Vestíbulo del cine Coliseum.

Interior del cine Coliseum.

minado como temporalidad histórica en el proceso de sonorización de las salas. Obviamente, la sonorización de una sala es antes que nada una operación económica; el exhibidor debe evaluar los mecanismos para la amortización de una inversión: acondicionamiento acústico de la sala y compra de proyectores sonoros, entre otros gastos. El proceso es casi universal si exceptuamos el caso de Estados Unidos en donde las empresas productoras son propietarias, asimismo, de una red más o menos extensa de salas, lo que naturalmente significa que una vez que una productora toma la decisión de producir conlleva la sonorización de las salas de su propiedad. En todos los países la sonorización se produce inicialmente en un marco de «progreso tecnológico» potenciado y recogido por las palaciegas y lujosas salas de las ciudades; por ejemplo, en el caso de España los mejores cines de estreno de Madrid señalaban en la publicidad en prensa, para pasmo generalizado de los comunes madrileños, que disponían en sus instalaciones de ascensor, calefacción o refrigeración. Sin embargo, la sonorización de las salas medianas y pequeñas de las ciudades y de las zonas rurales poseen ya unos ritmos de sonorización muy diferentes en relación con peculiaridades económicas y culturales nacionales. En Europa el proceso no puede comenzar hasta tener una cierta disponibilidad de filmes sonoros, es decir, más apropiadamente híbridos mudos/sonoros, algo que no ocurre hasta finales de 1928. Gran Bretaña fue el país europeo en donde se produjo la sonorización más rápidamente; de hecho en los cines de Gran Bretaña se sonorizaron antes que en el mismo Estados Unidos, que fue «resistente» al sonido hasta por lo menos 1934. En 1931 el 70 por ciento de las salas británicas están sonorizadas y el 60 por ciento de las norteamericanas frente al 42 por ciento de las alemanas, el 15 por ciento de las francesas y apenas el 5 por ciento de las españolas (datos provenientes, salvo para España, de La Cinématographie française, marzo de 1931, citado por Barnier en *L'immagine acustica*, 1992: 65). No habría ni que señalar que el público británico no padeció, como otros países europeos, las dificultades de conversión de la lengua (lo que no obsta para la preferencia del público escocés por los acentos norteamericanos en detrimento de los acentos ingleses del sur). El mercado europeo de salas pequeñas o rurales no se sonorizó significativamente hasta por lo menos el bienio 1932-1933 y hasta el 1934-1935 en España.

Lo cierto es que todo el proceso de sonorización en los países europeos estuvo enormemente fragmentado con precios muy diversos y patentes en muchos casos semiartesanales; era habitual que las principales empresas ofrecieran modelos diversificados para las grandes salas de estreno, para las salas medianas y para las pequeñas, con unos precios que, en España, podían ir desde 10.000 pesetas hasta las 200.000 pesetas (el precio de las localidades iba desde un mínimo de 0,25 pesetas en los cines pequeños o rurales hasta un máximo de cinco pesetas en las lujosas salas de las ciudades). Y todo ello por no contar que la transformación de las salas cinematográficas tiene mucho que ver con la comercialización de aparatos capaces de proyectar indistintamente los diferentes sistemas sonoros, algo que no ocurre en Europa hasta 1931 mientras que en Estados Unidos lo son desde 1929 y, por supuesto, con la estructura social del público, según los países, y del resto de los espectáculos públicos.

Desde el lugar de la cultura y la sociología, no cabe duda de que la desaparición del cine mudo encierra algunos enigmas. Considerar que los intereses económicos y deseos de la industria de producción de Estados Unidos podían «imponer» los ritmos de su propia lógica comercial, en primer lugar a los ciudadanos estadounidenses y posteriormente al conjunto de los países del mundo, contradice todos los estudios contemporáneos sobre las resistencias y negociaciones culturales que los públicos establecen con los medios de comunicación. El que las «majors» norteamericanas dejaran de producir filmes mudos no justifica que el resto de productoras de todo el mundo las imitaran y mucho menos que el público dejara de asistir a los cines no sonorizados. Sin embargo, sabemos que el cine sonoro y pese a ser un fenómeno occidental, exógeno a otras culturas, conquistó todos los mercados en menos de una década. Las preguntas básicas, ¿cómo es posible que no existieran indicaciones previas de una cierta insatisfacción de los públicos hacia el cine mudo?, y ¿por qué acaecieron unos cambios tan drásticos a una forma de espectáculo con treinta años de existencia y que parecía firmemente consolidada entre los públicos occidentales?, no pueden tener nada más que una respuesta: el cine sonoro cubrió una demanda social no satisfecha que a su vez se conectaba con la restructuración generalizada de las formas de ocio. Veámoslo.

Innegablemente, el cine sonoro inició su andadura —en Estados Unidos pero también en el resto de los países— como una novedad tecnológica. Observando la repercusión de los primeros noticieros o largometrajes sonoros parecería confirmarse que el sonoro no ofrecía ninguna novedad estimable en las formas de espectáculo —de hecho así puede considerarse en las salas urbanas con presencia de orquesta. El ejemplo español es absolutamente modélico. El cine Coliseum de Barcelona fue la primera sala equipada con proyector sonoro en España; el 19 de septiembre de 1929 realiza su primera exhibición coincidiendo en fechas con la celebración de la Exposición Universal de 1929, tal es así que cuando pocos días después las Infantas españolas visitan la Exposición una de las «atracciones» que no se pierden es la proyección del cine sonoro. Los complementos sonoros del filme principal *(Innocents in Paris, La canción de París,* 1928) no se anunciaron a los espectadores —de igual manera que ocurre con las atracciones audiovisuales de las exposiciones universales; uno de ellos *(Barcelona Trail)* es considerado por la prensa de la época como el colofón cinematográfico de la Exposición *(La publicitat,* 21 de septiembre de 1929)

Marcelo Ventura y Dorothy Mackaill muestran un cartel anunciador de la Exposición Internacional de Barcelona de 1929 en donde se produjo la primera exhibición sonora de España.

y de hecho cuando el corto se estrena en Madrid a primeros de octubre se rebautiza con el título de *La Exposición de Barcelona*. Por último, y aunque no podía ser de otra forma por la falta de empaque como espectáculo autónomo, la proyeccción se vio acompañada en el intermedio por las ejecuciones musicales de la orquesta Blai Net.

En los primeros tiempos, el pensamiento más habitual era creer que la novedad tecnológica del cine sonoro no sustituiría al cine mudo, sino que en todo caso las dos expresiones cinematográficas compartirían por muchos años similar espacio en las preferencias del público. En palabras de la época: «En Europa por el contrario (a Estados Unidos) es inconcebible el triunfo del cine parlante, si no es como novedad, diversión científica y atención curiosa» (Fernando G. Mantilla, *Cosmópolis*, octubre 1929). Tenemos indicios de las primeras respuestas del público. En este volumen Donald Crafton observa cómo las recaudaciones de *El cantor de jazz* (1927) no superaron las de otros filmes mudos coetáneos. Algo similar ocurrió en España (Madrid) con

El arca de Noé (Michael Curtiz, 1928).

los primeros largometrajes sonoros exhibidos. El mayor éxito de la primera temporada de sonoro en España (1929-1930) correspondió a *El arca de Noé* (1928) exhibida en el cine Callao de Madrid (1.300 localidades) durante poco más de un mes (octubre-noviembre de 1929); sin embargo, en la primavera de esa temporada, quizá aprovechando su carácter de filme híbrido mudo-sonoro, se estrenó en versión muda en el cine Europa (2.400 localidades) donde permaneció en cartel casi dos meses (febrero-marzo de 1930).

No creo que pueda dudarse de que la experiencia de ir al cine (mudo o sonoro) está determinada por unos usos sociales que son profundamente diversos según variables tales como la clase social, el género, la nacionalidad, entre otras muchas. En este sentido quizá nos ilumine el detenernos un momento en la aceptación del cine sonoro según los grupos sociales o en la articulación del ocio en las culturas urbanas o rurales. Una vez más habrá que subrayar que no se pueden

Fachada del Real Cinema de Madrid.

obtener conclusiones compiladoras para todos los países. Patrice Flichy (1993) entresaca resultados de lo acaecido en Francia matizado por ejemplos estadounidenses. Para el investigador francés, la llegada del sonoro supone una fractura en la tipografía del público del cinema. Lo podríamos resumir en pérdida de la presencia de lo popular; el primer gran paso para que la asistencia al cine se convierta, como en la actualidad, en una actividad de ocio de las clases medias. A diferencia del teatro, que perdió la escucha parlante a lo largo del siglo XIX, y a semejanza de los ancestrales espectáculos populares, el cine mudo era una experiencia social colectiva en la que el público asistente intervenía muy activamente en el espectáculo; baste recordar cuáles eran los espacios habituales de proyección cinematográfica hasta los años veinte. En esta década el cine pasa en las ciudades (que no en las zonas rurales) de ser un espectáculo esencialmente popular a un espectáculo masivo. Es, como se sabe, la época de la construcción de los grandes palacios del cine en todas las grandes ciudades del mundo occidental. El caso de Madrid es especialmente revelador.

Los años veinte coinciden en Madrid con las transformaciones urbanas que acaban con parte de la ciudad histórica. El marco legal de

Vista del interior del Real Cinema.

estos cambios es la ley de saneamiento y mejoras de 1895 que intentaba «higienizar» dando aire y luz a las grandes ciudades españolas. Se trataba, en lo que aquí interesa, de derribar buena parte del centro histórico y popular de Madrid para abrir una «Gran Vía» que facilitase la circulación de automóviles y que a su vez se convirtiese en el centro de servicios terciarios de una ciudad que en las primeras tres décadas del siglo sufre un decisivo cambio demográfico. Madrid inicia coetáneamente al nacimiento del cine su particular camino hacia un modelo moderno de gran metrópoli y su entrada en el siglo XX (en los años veinte se consigue la desaparición de los embates epidémicos que habitualmente asolaban la ciudad y bajar la mortalidad infantil hasta el 25 por ciento). El tejido social de Madrid pasa de ser un modelo protoindustrial, dual de pobres y ricos, con unas clases sociales poco o mal definidas a tener una cierta especialización urbanística de los sectores económicos o de servicios. Aproximadamente en 1930 puede distinguirse perfectamente la diferenciación social por barrios y la consolidación de un centro comercial y de servicios (para todo este tema puede verse *Historia de Madrid*, Antonio Fernández García, ed., 1993).

En lo que se refiere a las zonas de recreo, la estructuración social de Madrid supone un desplazamiento de los lugares en donde se celebraban las formas de espectáculos populares preponderantes en las últimas décadas del siglo XIX y primeras del siglo XX (básicamente, género chico, revista lírica, zarzuela, variedades y cuplé) hacia la recién creada Gran Vía. Desde su apertura en los años veinte, la Gran Vía se convierte en la «calle escaparate» por excelencia, primer templo madrileño del consumo capitalista (los primeros grandes almacenes, los Madrid-París, son de 1923) y del ocio. En la emblemática calle en muy pocos años se edificaron los siguientes cines: el Palacio de la Música (1924), el Palacio de la Prensa (1924), el Callao (1926), el Avenida (1928), el Rialto (1930), el Capitol (1931), el Coliseum (1931) y aun otros hoy desaparecidos o que transformaron su nombre tales como el Actualidades, el Velussia o el Madrid-París. Excusa decirse que estos cines fueron los primeros en sonorizarse en un Madrid que vio cómo el 23 de septiembre de 1928 se incendiaba, dejando un número de fallecidos nunca determinado, el teatro Novedades situado al lado del mercado de la Cebada, «el alma barriobajera y popular de la urbe» (Martínez, 1992: 54); teatro en donde se proyectaban películas y donde era habitual que los actores tuvieran que repetir escenas enteras tras las peticiones del «respetetable» (Barrera, 1983: 29). Transición simbólica y brutal de una forma y lugar de consumo de espectáculos populares a otro de clases medias.

El cine sonoro representa, más allá de su inicial éxito como novedad tecnológica, la encrucijada de una transición de las formas de ocio y cultura populares imperantes en el ochocientos, y continuadas en las formas más habituales de consumo del cine mudo, a las formas de ocio industrializadas del novecientos concebidas para el deleite de las clases medias culturalmente urbanas. Flichy lo indica con estas palabras: «El paso de la "escucha parlante" (del mudo) a la "escucha silenciosa" (del sonoro) no constituye un cambio anodino; se trata de la desaparición de un modo de comunión, de participación en el espectáculo» (Flichy, 1993: 209). La tardía sonorización de los (pocos) cines de las barriadas obreras de Madrid demostraría lo que Flichy denomina desafección de las clases populares al cine en los primeros años treinta. En este contexto la desaparición del cine mudo y la implantación del cine sonoro en los países occidentales puede que tenga más que ver con las modificaciones económico-sociales que impulsó el capitalismo y con un proceso de industrialización del ocio que con la cancelación de la producción muda de las productoras norteamericanas. Aquellas mutaciones se plasmaron en una disminución de la presencia en la sociedad de las formas culturales de las clases rurales y populares en beneficio de las formas de ocio industrializadas, muy visibles ya en Estados Unidos en los años treinta, tales como radio, música discográfica, cine sonoro.

También en el marco explicativo de los motivos del desarrollo del cine mudo tendrían que valorarse otros aspectos como la existencia de un «star system» nacional y, sobre todo la difusión del medio radiofónico. Nos parece incontestable la íntima relación entre radioyentes (obviamente, clases medias) y la primera base social de consumidores de cine sonoro. En primer lugar, por criterios digamos textuales, el público de la radio estaba acostumbrado al sonido «imperfecto» del primer cine sonoro; y en segundo, y mucho más importante, porque el tipo de información y cultura que la radio difunde en los años veinte y treinta en sus programas es fiel reflejo del ordenamiento de valores occidental, capitalista y de clases medias urbanas, justamente todos los valores imaginarios que representa el cine sonoro. Así, no es casual, que pueda establecerse una perfecta correspondencia entre el nú-

Anuncio español de cine sonoro.

mero de receptores y la densidad de ellos con la rapidez en la difusión del cine sonoro. Compárense las cifras de aparatos de radio de los países principales europeos con los datos de salas sonorizadas comentados más arriba. Gran Bretaña y Alemania poseían tres millones de aparatos de radio en 1930 (un 70 por ciento y un 42 por ciento de salas sonorizadas respectivamente en 1931); y frente a ello, Francia contaba con un millón trescientos mil aparatos en 1933 (15 por ciento de salas sonorizadas en 1931) y España 83.000 aparatos en 1932 (5 por ciento de salas sonorizadas en 1931). El parque de aparatos de radio de otros países retrasados en la implantación del sonoro también es significativo tal como ocurre en Italia (80.000 aparatos en 1930) o la Unión Soviética (600.000... en 1936).

Los debates en torno al sonido.
El sonido y su representación

Como no podía dejar de ocurrir, la transición del mudo al sonoro supuso una batahola de opiniones tanto sobre los inconvenientes y virtudes de la renovación formal en el cinema cuanto sobre otros aspectos paralelos al mismo proceso de mutación. Telegráficamente: la llegada del sonoro se produce en un contexto en el que, como generalidad, la comunidad cinematográfica internacional adopta inmediatamente una posición en contra de la nueva tecnología. Varían las actitudes personales; sin embargo, el «horizonte de expectativas» en el momento de la aparición del sonido en el cine era tal que la valoración del cine sonoro no podía dejar de ser negativa. Los debates se suscitaron inicialmente en el territorio que compartían cineastas, críticos y técnicos, pero, una vez que el proceso industrial estuvo definido, los rescoldos de las polémicas acabaron prendiendo en intervenciones propiamente teóricas. Inevitablemente muchas de las posturas de los debates estuvieron fijadas de antemano por un marco histórico internacional (occidental) con independencia de que se concretasen de diversa manera y con distinta cronología según los países. A saber: el cine sonoro es antes que nada un cambio tecnológico cuyas patentes son básicamente estadounidenses o, con menor extensión, alemanas; aspecto este que actuó como subfondo de la polémica sobre la hegemonía ideológica y económica en una Europa social y políticamente muy polarizada, sobre todo a partir de los primeros años treinta. Desde otro punto de vista, las disputas en torno a la idoneidad artística del cine sonoro irrumpen cuando otra polémica, la catalogación del cine como arte y su autonomía estética, no ha llegado a finiquitarse. Los argumentos que en la década de los veinte reivindicaban el cine como arte formal (y algunos de los márgenes de la institución cinematográfica como el cine de vanguardia) condicionan en buena parte las posiciones de las discusiones. Los razonamientos utilizados para el rechazo del cine sonoro son muy variados, citaremos aquí, entre otros, los siguientes: el cine perderá con el sonoro el silencio tan elocuente y emotivo; el sonido quita intensidad porque rompe la concentración al solicitar la atención de dos sentidos, vista y oído, un argumento utilizado en 1929 por el español Germán Gómez de la Mata en *La Pantalla* y que también utilizará Rudolf Arnheim en los años treinta; el cine mudo es un lenguaje universal, un esperanto visual que se aprehende por igual por todos los ciudadanos del mundo; el sonido, al usar el idioma, es una experiencia disgregante de las naciones; el cine será más puro y más cine en cuanto esté más cerca de su concepción primigenia como fotografía animada; el arte que quiera copiar la realidad con sonido pierde la condición de arte..., hasta el silencio toda una letanía.

En España *Cinematógrafo*, la novela que Carranque de los Ríos ambienta en el mundillo cinematográfico madrileño de la postrimerías del mudo, resume adecuadamente el lugar común de los debates nacionales. En *Cinematógrafo* existe una llamada «Academia Films» en la cual se imparten unas ciertas enseñanzas de técnica cinematográfica; José Sancho, uno de los directores de la academia, explicita su postura con estas palabras: «Es conveniente que ustedes no olviden nunca que el cine es una arte de sombras —esto último pertenecía a una revista profesional. Un arte...: en fin, ustedes me entienden perfectamente. Creo que en Norteamérica andan tras de inventar la película parlante. Dudo que esto llegue a ser una realidad. El cine es y debe ser *un arte de sombras.*»

En España, como es sabido, las opiniones públicas se fijaban en las tertulias. Lo cierto es que contamos con suficientes testimonios con los que reconstruir la opinión en las tertulias cinematográficas y teatrales españolas. El crítico Apolo M. Ferry escribe: «Creo sinceramente que en España nadie cree en el porvenir de la película sonora»

(«Anuario Cinematográfico para 1930», en Minguet/Pérez Perucha [eds.], 1994: 117). Y desde la opinión de lectores aficionados, la notable antología de textos preparada por Minguet/Pérez Perucha (1994) tiene seleccionada esta categórica intervención: «Ante las favorecidas opiniones preconizando la mudez del Cine, es temeroso bogar a sotavento» (Joaquina Ortíz Torres, *La Pantalla*, 2.12.28, en Minguet/Pérez Perucha, 1994: 85).

No deja de ser significativo que en la citada antología de Minguet/Pérez Perucha sean únicamente los lectores o lectoras (es decir, agentes fuera de la institución cinematográfica) los que revelen las verdades del barquero: «La mudez, míresela por donde se quiera, es un defecto, por cuanto implica la carencia de un don, el lenguaje hablado [...]. No presencié aún película alguna hablada, lo que me incapacita para juzgar de ellas; sin embargo, no acierto a comprender esa oposición sistemática que les hacen algunos entusiastas del "cine". Si las películas habladas no fueran arte, no dejarían de serlo por ser habladas, sino por incapacidad en el hombre para llevarlas a la perfección» (Andrés Albarrán, *La Pantalla*, 21.10.28, en Minguet/Pérez Perucha, 1994: 83-85). No existen, pues, en España voces para un debate. La unanimidad de las reticencias era en los inicios casi absoluta.

Pese a ello hay, lógicamente, matizaciones en las posiciones de resistencia al sonido. A grandes rasgos, se puede diferenciar entre aquellas posturas muy defensivas con respecto a lo que supone el sonido para la estética cinematográfica, sobre todo, obviamente, generadas en los primeros momentos; de otras intervenciones que rechazan el uso del cine hablado/dialogado pero no descartan las aportaciones asincrónicas del uso del sonido. La más célebre de estas intervenciones es, por supuesto, el manifiesto que firman en agosto de 1928 Sergei Eisenstein, Vsevolod Pudovkin y Grigori Alexandrov con el título de *Contrapunto musical*. En su manifiesto, tras la defensa acalorada del montaje como fundamento del desarrollo del cine, y tras prevenir sobre los peligros de un uso del sonido literario que se aproxime al teatro y que se limite exclusivamente a satisfacer las curiosidades del público, los tres cineastas soviéticos defienden «que sólo la utilización del sonido a modo de contrapunto respecto a un fragmento de montaje visual ofrece nuevas posibilidades de desarrollar y perfeccionar el montaje. Las primeras experiencias con el sonido deben ir dirigidas hacia su "no coincidencia" con las imágenes visuales» (Eisenstein/Pudovkin/Alexsandrov, «Contrapunto musical», en *El cine soviético de todos los tiempos*, 1988: 192).

En el marco internacional, el primer apoyo hacia el cine sonoro provino de aquellos que cantaban las alabanzas de la sociedad industrial. No es extraño. Existen en los años de entreguerras ciertas corrientes en las que se apologizan los signos de la naciente sociedad de masas. En el contexto cinematográfico lo que podríamos denominar «el mito del progreso tecnológico» forma eslabones de una cadena que comprende, por supuesto, el cine sonoro, pero que también incluye el cine en color o en tres dimensiones, y hasta mira de reojo a la *non nata* televisión. Quien en los años postreros de la República fue célebre documentalista, Fernando G. Mantilla, escribía en 1929: «El cine sonoro es un maravilloso alarde de ingenio y de adelanto científico, mortal para el cine mudo [...] [pero] subrayemos la televisión es el enemigo más poderoso del cine parlante, promete dar un golpe de muerte al cine sonoro y a toda clase de espectáculos» *(Cosmópolis*, septiembre de 1929). Podríamos resumir diciendo que la columna dorsal de los que reivindican el sonido desde la tecnología gira en torno a que éste incorpora para la representación fílmica unas mejores condiciones de realismo y, por lo tanto, puede expresar más adecuadamente lo que el cineasta piensa o dice.

Los escritos de Jean Epstein quizá sean las aportaciones más interesantes de esta corriente. En 1928 con motivo de la presentación de su film *Finis Terrae* escribe: «La persuasión dramática en la pantalla se encuentra limitada por defectos materiales o técnicos. La mayoría de las películas son invenciones que el autor intenta parecer como reales. El progreso del cine reside en dar a una idea la apariencia de un hecho externo. Sin sonido, color y relieve el progreso está detenido» (Jean Epstein, «Les approches de la verité», en *Écrits sur le cinéma*, 1974: 192). Epstein, de hecho, plantea a principios de los años treinta lo que llama «fonogenia» de la película sonora, idea conceptualmente similar a la de «fotogenia» de la imagen que había desarrollado Louis Delluc a lo largo de los años veinte. En pocas palabras, la «fonogenia» de Epstein reivindica la movilidad de los micrófonos para, completando la noción de «fotogenia», investigar el mundo real. («Le Cinématographe continue», en *Écrits sur le cinéma*).

En España lo que hemos denominado «mitología del progreso tecnológico» no se aprecia en las revistas cinematográficas que, obviamente, no poseían una depurada relación con las tecnologías de la comunicación y con el salto fundamental que dan a partir del fin de la guerra mundial. Sin embargo, sí aparecen en el campo de la radiodifusión. *Radio Sport, Radiosola, TSH* y *Ondas*, entre otras muchas, reciben alborozadas desde mediados de los años veinte las noticias que provienen sobre el cine sonoro (recuérdese que dentro de las patentes de cine sonoro que circularon en los últimos de los veinte existía una de cine sonoro por radio). Las revistas radiofónicas hasta se hacen eco, en ocasiones, de alguna de las problemáticas más generales del sector cine, tal como ocurre con el artículo de *Ondas* del 16 de enero de 1927 en el que, recogiendo unas informaciones sobre la presentación del sistema sonoro del Tonofilm, puede leerse: «Al parecer se ha llegado a un perfeccionamiento bastante grande, y pronto se ofrecerá al público esta nueva combinación; pero hay una dificultad que cambiará por completo el cuadro de actores, y es que casi todos los buenos artistas cinematográficos carecen de voz.»

Desde la atalaya de la contemporaneidad, los dispositivos de representación sonora y los de los principios de verosimilitud sonora fueron las problemáticas más interesantes que se plantearon en la encrucijada de la transición. Asombra que durante décadas los estudios fílmicos hayan relegado absolutamente los problemas generados por la representación sonora; y por lo mismo, la crítica y la teoría fílmica no hayan considerado la diferencia sustantiva entre sonido original y la copia que del mismo se hace a través de instrumentos mediadores; la teoría fílmica se ha negado, por tanto, como globalidad, a abordar un hecho que parece incuestionable: el sonido que escuchamos a través de medios técnicos no es ninguna reproducción de la realidad, es una representación y como tal supone una serie de operaciones tan ideológicas como la representación de la imagen (véase, en este sentido, Altman [ed.], 1992).

La problemática de la representación sonora del cine sonoro y parlante apenas trascendió en los años treinta de los circuitos de los ingenieros y de las revistas especializadas en electrónica. Altman (1992a) señala las distintas fases en la elaboración de un sistema de representación sonora para el cine. En una primera fase, los ingenieros pioneros como Lee De Forest consideran que los sistemas de representación sonoros deben articularse sobre la manipulación de los dispositivos reproductores del sonido en las salas de exhibición y, en concreto, en el

Anuncio español de cine sonoro.

uso de sistemas de sincronismos en los altavoces según sea el tipo de sonido a reproducir. Ya a primeros de la década de los treinta se plantea la dicotomía básica de la representación espacio-temporal del sonido: un primer modo de representación en el que la perspectiva sonora se consigue durante la fase de producción del filme, especialmente a base de la elección y la colocación de los micrófonos; y un segundo modelo desarrollado a partir de la tecnología multicanal y eventualmente a partir de la estereofonía cuyo objetivo es conseguir una mayor fidelidad con respecto a la fuente sonora original (Altman, 1992a: 47).

Aunque en el Hollywood clásico se utilizaron (y utilizan) ambos modos de representación sonora no cabe duda de que el primero de los mencionados acabó imponiéndose. Joseph Maxfield estableció sus bases teóricas en varias intervenciones originadas a partir de su célebre artículo «Some Physical Factors Affecting the Illusion in Sound Motion Pictures» *(Journal of the acoustical society*, julio de 1931: 69-80). Maxfield utilizó la escala del cuerpo humano para crear unas determinadas perspectivas sonoras, ya que, como se sabe, el ojo y el oído establecen unas relaciones visuales y sonoras con el espacio. Con los ojos, y con la ayuda de otros factores, como la atmósfera de la iluminación artificial, se pueden apreciar distancia, profundidad y perspectiva; con los oídos se aprecian la dirección y profundidad creando una perspectiva acústica. Sin embargo, en el cine sonoro el oído pierde tanto el sentido de la dirección de los sonidos cuanto la discriminación de los mismos al faltar la percepción de la reverberación y los ruidos incidentales. Para solventar este problema, Maxfield propuso la creación de un sentido de perspectiva acústica con el control de la «ratio» del sonido directo y el reflejado a partir del establecimiento de unas determinadas relaciones entre la distancia focal de la cámara y las posiciones de los micrófonos en el rodaje de la película. Según Maxfield, el micrófono debe colocarse tan cerca como sea posible de la línea que conecta el centro de la acción con la posición de la cámara; así se conseguirá una coordinación de la perspectiva visual y acústica, que, en sus propias palabras, «posibilita cumplir los más importantes requerimientos de la ilusión de realidad» (Maxfield, 1931: 71). No se puede ser más clarividente sobre los fines de un sistema de representación de la realidad.

La perspectiva sonora como se generalizó en Hollywood y en el cine mundial desde primeros de los años treinta potenció durante décadas la inteligibilidad del diálogo tal como fue desarrollado para el uso del teléfono y de la radio en detrimento de la fidelidad a las fuentes sonoras originales y de la reverberación, esencial que para el oído humano establezca las relaciones espaciales. De hecho, quizá por la lógica de su uso, en la radio y en el teléfono se minimizan las posibilidades de la reverberación al servicio de la frontalidad de la grabación y, sobre todo, de la inteligibilidad del diálogo. Una vez más se comprueba que no fue un hecho baladí la interrelación radio-cine sonoro de los primeros tiempos de la encrucijada. En otras palabras, en unos pocos años en la industria cinematográfica estadounidense se articularon las reglas de un sistema de representación sonoro que posteriormente se impuso como producción y estética a las cinematografías nacionales; un modo de representación que se alejaba de la fidelidad a la realidad sonora y en el que al sonido se le reduce a potenciar la inteligibilidad del diálogo en aras de una específica función en la diégesis narrativa.

En España los problemas de la representación sonora se intuyen, pero, obviamente, no existe la cualificación técnica para plantear explicaciones o soluciones. El crítico del diario *ABC*, a propósito del estreno de uno de los primeros filmes sonoros en Madrid, escribe: «Las voces humanas han perdido la pureza del timbre. Hay para el oído una inversión de la perspectiva. Los bajos que suelen ser el fondo del diseño melódico se vienen a primer término y así se convierte en desarmonía y desequilibrio toda la composición» (Felipe Sassone, *ABC*, 13 de noviembre de 1929).

Indirectamente, el hecho de que la perspectiva del sonido y la verosimilitud sonora esté fundamentada en su adscripción a la diégesis narrativa probablemente supuso la aceptación del público de las películas dobladas, hegemónicas en muchos países a partir de los primeros años treinta. Indudablemente, el principio de realismo fílmico está condicionado por el reconocimiento de gestos, habla y acentos, decorados y otros aspectos de lo que podríamos llamar identidad nacional. Pero, asimismo, también conocemos la «estructura de sentimiento» de los géneros audiovisuales o de los mecanismos de identificación al relato que posee el espectador cinematográfico. Y ello con independencia de los niveles de comprensión y emoción o de los procesos sociales de interpretación y descodificación.

El desconocimiento que en España se tiene de la problemática de la supeditación del sonido a la diégesis y tras una trasposición mecánica (e imperialista) de las reglas del pretendido lenguaje universal de las imágenes mudas a las características de la lengua española hace que los debates patrios más intensos se centraran en las oportunidades industriales que se le abrían al cine español para la conquista del mercado latinoamericano. Haciendo abstracción de aspectos industriales concretos, el más que sobrevalorado crítico Juan Piqueras, escribiendo de las multiversiones y tras indicar sin rubor que en Chile no aceptan el español de Argentina y lo mismo ocurre entre México y Cuba, dice: «Se ha demostrado que es el castellano puro y neto el que pide el público de todos los países cuando se le da un filme en español» (Juan Piqueras, «Popular Film», 1 de octubre de 1931, en Minguet/Pérez Perucha, 1994: 146).

Por mor de los cambios industriales, la inicial oposición al cine sonoro por parte de cineastas y de críticos perdió, pues, su razón de ser. Muchos de los debates que se empezaban a esbozar por la crítica quedaban inmediatamente desbordados por la realidad industrial. El cineasta Florián Rey lo concluye así: «Despidamos al cine mudo sin pena, guardando cariñosamente el recuerdo de lo que llegó a ser para nosotros a pesar de sus tan cacareadas limitaciones» («Popular films», 30 de noviembre de 1929).

Sin embargo, en las aulas universitarias se recogió el relevo de la resistencia. Oposición que resultó mucho más permanente y depurada que en los casos de la crítica y de los cineastas, pues al fin y al cabo éstos tenían la institución industrial como obligada referencia. En la teoría, como se ha dicho, la década de los años veinte supone un paso decisivo para la constitución de una primera estética cinematográfica. La teoría cinematográfica intervino durante toda la década en la búsqueda de la autonomía expresiva del nuevo medio, en la exploración de aquello que se denominaba «la esencia del cine». Es decir, aquellos rasgos específicos que diferencian al soporte fotoquímico de otras disciplinas artísticas como el teatro, la música, las artes figurativas o la literatura. Para los campeones del cine mudo que habían preconizado apasionadamente la primacía de la imagen, aun en los casos en que se consideraba el cine como un arte narrativo, o de algunas operaciones fílmicas como el montaje, el sonido y más particularmente el diálogo barría prácticamente todo lo que habían escrito sobre el cine.

Durante décadas la encrucijada de la transición ha sido valorada por lo que Altman (1992) denomina falacia ontológica por lo que tiene de una apreciación transhistórica y permanente. Buena parte de esta falacia está originada en los escritos de Rudolf Arnheim cuya intervención básica fue publicada en 1938. El libelo *Un nuevo Laocoonte: los componentes artísticos del cine sonoro* sostiene una muy clara posición formalista de la que deduce que el sonido mina las bases del cine como arte, pues mientras que la información visual transcurre sin lagunas para el espectador, siempre es completa, al menos técnicamente, el diálogo, por propia naturaleza es fragmentario, lo cual constituye un defecto fundamental. En sus palabras: «Cuantas menos palabras se usen y más claramente corresponda el peso de la acción a las imágenes en la pantalla, más perturbadores, extraños y rídiculos resultarán los fragmentos verbales, y tanto más evidente será que lo que se utiliza es el estilo tradicional del cine mudo... pero en forma impura» (Arnheim, 1986: 152).

Inexplicablemente, buena parte de los argumentos de Arnheim siguen teniendo predicamento en la contemporaneidad. Inexplicablemente, porque lo cierto es que resulta difícil mantener en el primer centenario del cinema, que el sonido no posea un efecto decisivo sobre la estructura del filme. E inexplicablemente, porque con una celeridad desconocida en la historia del arte y de la cultura, el cine sonoro fue capaz de presentar a los espectadores filmes tales como *El ángel azul* (1929), *La muchacha de Londres,* (1929) *Bajo los techos de París* (1930), *¡Aleluya!* (1930)...

Bibliografía

ABEL, Richard (1988), *French Film Theory and Cristicism: A History/Anthology 1907-1939*, 2 vols, Princeton, N. J., Princeton University Press.
ALBERT, Pierre y TUDESQ André-Jean (1982), *Historia de la radio y la televisión*, México, Fondo de Cultura Económica.
ALEXANDER, William (1981), *Film on the left. American Documentary Film from 1931 to 1942*, Princeton, N. J., Princeton University Press.
ALLEN, Robert C. y GOMERY, Douglas (1985), *Film History: Theory and Practice*, Nueva York, Alfred A. Knopf. (Trad. esp.: Paidós Comunicación).
ALTMAN, Rick (1985), «The Evolution of Sound Technology» en *Film Sound: Theory and Practice*, Elisabeth Weis y John Belton (eds.), Nueva York, Columbia University Press, págs. 44-53.
— (1986), *Television/Sound*, New Orleans, Society for Cinema Studies.
— (ed.) (1992), *Sound Theory. Sound Practice*, American Film Institute.
— (1992a), *Sound Space*, en Altman, 1992, págs. 46-65.
— (1992b), *Sound History*, en Altman, 1992, págs. 113-126.
Anónimo (1928a), «Boston Transcript», citado en *Literary Digest*, 97, 30 de junio.
Anónimo (1928b), «American Debut of G.B.S.», *Literary Digest*, 98, 28 de julio.
Anónimo (1928c), «Hollywood Speaks», *The Nation*, 137, 26 de septiembre
Anónimo (1929), «The Talkies Win», *The Nation*, 128, 8 de mayo.
Anuario cinematográfico español (1935), Madrid, Editor R. de Rodrigo.
ARNHEIM, Rudolf (1986), *El cine como arte*, Barcelona, Paidós.
ARNOLD, John (1937), «Shooting the Movies», en *We Make the Movies*, ed. Nancy Naumburg., Nueva York, W. W. Norton & Company, páginas 143-172.

AUMONT, Jacques; GAUDREAULT, André y MARIE, Michel (eds.) (1986), *Histoire du Cinéma, nouvelles aproches*, París, Publications de la Sorbonne.

BAKSHY, Alexander (1929), «Films and Talkies» *The Nation* 128: 20 febrero.

BARNIER, Martin (1992), «La lenta trasformazione della sale francesi» en *L'immagine acustica. Del muto al sonoro: gli anni della transizione in Europa*, Cinegrafie, núm. 5, págs. 64-72.

BARNOUW, Erik (1974), *A History of the Non-Fiction Film*, Oxford, Oxford University Press.

BARR, Charles (1983), «*Blackmail* Silent and Sound», en *Sight and Sound* primavera, págs. 142-145.

BARRERA MARAVER, Antonio (1983), *Crónicas del Género Chico y de un Madrid divertido*, Madrid, Avapies.

BARSAM, Richard Meran (1973, *Nonfiction film; A Critical History*, Nueva York, E. P. Dutton & Co.

BAZIN, André (1990), *¿Qué es el cine?*, Madrid, Rialp.

BEATON, Welford (1929), «A Real Tail on a Bronze Bull», *Saturday Evening Post* 202, 21 de septiembre.

BEATTY, Jerome (1929a), «The Red to Profits», *Saturday Evening Post*, 201, 16 de febrero.

— (1929b), «The Sound Investment», *Saturday Evening Post*, 201, 9 de marzo.

BLANCHARD, Walter (1943), «Aces of the Camera XXIX: Sol Polito, A.S.C.», *American Cinematography*, 24, núm. 6 (junio), pág. 212.

BOGDANOVICH, Peter (1968), *John Ford*, Berkeley, University of California Press. (Trad. esp.: Editorial Fundamentos).

BOHR, José (1987), *Desde el balcón de mi vida*, Buenos Aires, Argentina, Sudamericana-Planeta.

BORAU, José Luis (1990), *El caballero d'Arrast*, Filmoteca Vasca/Festival Internacional de Cine de San Sebastián.

BORDWELL, David (1977), «Camera Movement, the Coming of Sound, and the Classical Hollywood Style», en *Film: Historical-Theoretical Speculations*, ed. Ben Lawton and Janet Staiger, Pleasantville, Nueva York, Redgrave Publishing, págs. 29-30.

— (1981), *The films of Carl-Theodor Dreyer*, Berkeley/Los Ángeles, University of California Press.

— (1981/1982), «Textual Analysis, Etc.», en *Enclitic*, 5:2/6:1, (otoño/primavera), pág. 133.

— (1993), *The Cinema of Eisenstein*, Cambridge, Harvard University Press.

BORDWELL, David; STAIGER, Janet y THOMPSON, Kristin (1985), *The Classical Hollywood Cinema: Film Style and Mode of Production to 1960*, Londres, Routledge & Kegan Paul; New York, Columbia University Press.

BOSCHI, Alberto (1992), «Le sorti della musica di accompagnamento nei primi

anni trenta» en *L'immagine acustica. Del muto al sonoro: gli anni della transizione in Europa*, págs. 21-27.
— (1993), «Il cinema sonoro nella teoria classica» en *L'immagine acustica II. Il passaggio dal muto al sonoro in America*, Cinegrafie núm. 6, (noviembre), págs. 64-84.
BROWN, Bernard (1937), «Prescoring for Song Sequences», *Journal of the Society of Motion Picture Engineers*, 29, núm. 4 (octubre), págs. 356-357.
BROWNLOW, Kevin (1968), *The Paradés Gone By ....*, Berkeley, CA, University of California Press.
BRUNETTA, Gian Piero (1991), *Cent'anni di cinema italiano*, Roma/Bari, Editori Laterza.
BUÑUEL, Luis (1982), *Mon dernier soupir*, París, Editions Robert Laffont. (Trad. esp.: Plaza y Janés).
BURCH, Noël (1970), *Praxis del cine*, Madrid, Fundamentos.
— (1985), *Itinerarios. La educación de un soñador de cine*, edición de Santos Zunzunegui, Bilbao Caja de Ahorros Vizcaína/ Certamen Internacional de Cine Documental y Cortometraje.
BUTLER, John H. (1922), «Radio to Make Movies Talk», *Illustrated World*, 37, (julio).
CARUSO JR., Enrico y FARKAS, Andrew (1990), *Enrico Caruso, My Father and My Family*, Portland/Oregón, Amadeus Press.
CARRINGER, Robert L. (1979), «Introduction», *The Jazz Singer*, Madison, WI: University of Wisconsin Press.
CERDÁN, Josetxo (1993), «Del silente al sonoro: *remakes* a la búsqueda de una clasificación», *Veétigo* núm. 7. (junio), págs. 11-16.
CHION, Michel (1993), *La audiovisión. Introducción a un análisis conjunto de la imagen y el sonido*, Barcelona, Paidós.
Cinema/Sound, Yale French Studies, núm. 60 (1980).
CLIFFORD, James (1988), «On Ethnographic Authority», en *The Predicament of Culture: Politics of Ethnography, Literature and Art*, Cambridge, Harvard University Press.
COLLINS, Fredrick L. (1929), «Now They Talk for Themselves», *Delineator*, 114 (abril).
«Columbia adopts unit production» (1931), *Motion Picture Herald*, 105, número 5 (31 octubre), pág. 17.
CRESPO, Antonio (1986), *José Crespo, actor murciano*, Filmoteca Regional de Murcia.
CRESPO JORDÁN, Mercedes (1974), «Estudio geográfico de la distribución espacial de los cines madrileños», en *Geographica*, núm. 1-4, enero-diciembre, págs. 73-130.
DESART, Albert W. (1931), «Sound Recording Practice», en Lester Cowan ed., *Recording Sound for Motion Pictures*, Nueva York, McGraw-Hill, pág. 274.

DOWLING, Pat (1929), «Independents Burst into Sound», *American Cinematographer*, 10, núm. 7 (octubre), págs. 7, 40.

«Dossier: Du muet au parlant», *Cinématographe*, núm. 47-48 (1979).

DREHER, Carl (1931), «Sound Personnel and Organization», en *Recording Sound for Motion Pictures*, Lester Cowan ed,. Nueva York, McGraw-Hill, páginas 340-54.

Du muet au parlant, Cinémathèque de Tolouse/Editions Milan (VII/1988).

EHRENBURG, Ilía (1932), *Fábrica de sueños*, Madrid, Akal, 1972.

EISENSCHITZ, Bernard (1981), «Le passage au sonore et au parlant», en Passek, Jean-Loup (dir.), *Le cinema russe et sovietique*, París, Centre Georges Pompidou/L"Equerre, págs. 58-61.

EISENSTEIN, Sergei (1989), *Teoría y técnica cinematográficas*, Madrid, Rialp.

EISNER, Lotte H. (1988), *La pantalla demoniaca*, Madrid, Cátedra.

ELLIS, Jack (1989), *The Documentary Idea: A Critical History of English Language, Documentary and Video*.

EZCURRA, Luis (1974), *Historia de la radiodifusión española*, Madrid, Editora Nacional.

FAULKNER, Christopher (1994), «René Clair, Marcel Pagnol and the social dimension of speech», *Screen*, núm. 35, verano, págs. 157-170.

FISCHER, Lucy (1977), «Clair and *Le Million*», *Cinema Journal*, vol. 16, núm. 2, págs. 34-50.

FLICHY, Patrice (1993), *Una historia de la comunicación moderna*, Barcelona, Gustavo Gili.

FRANKLIN, Harold B. (1933), *Sound Motion Pictures from the Laboratory to Their Presentation*, Garden City, Nueva York, Doubleday, Doran and Company.

GANDINI, Leonardo (1993), «Ascolto il tuo cuore, città...», en: «*L'immagine acustica II. Il passaggio del muto al sonoro in America.*, Cinegrafie núm. 6, (noviembre), págs. 85-89

GEDULD, Harry M. (1975), *The Birth of Talkies*, Bloomington, Indiana , Indiana University Press.

GOMERY, J. Douglas (1975), «The Coming of the Talkies: Invention, Innovation, and Diffusion», en *The American Film Industry*, Tino Balio (ed.), Madison, WI, University of Wisconsin Press, págs. 193-211.

— «Towards an Economic History of the Cinema: The Coming of Sound to Hollywood», en *The Cinematic Apparatus*, Teresa de Lauretis y Stephen Heath (eds.), Nueva York, St. Martin's.

— (1982), *Cinema History: the Coming of Sound*, Southern Illinois University Press, 1982.

— (1982), «Warner Bros. Innovates Sound: A Business History,» en *The Movies in Our Midst*, Gerald Mast (ed.), Chicago, University of Chicago Press.

— (1982), «The "Warner-Vitaphone Peril", The American Film Industry Reacts to the Innovation of Sound», en *The American Movie Industry: The*

Business of Motion Pictures, Gorham Kindem (ed.), Carbondale, Southern Illinois University Press.
— (1985), «Writing the History of the American Film Industry, Warner Bros. and Sound», en *Movies and Methods,* Vol. II, Bill Nichols, (ed.), Berkeley, University of California Press.
— (1985), «The Coming of the Talkies: Invention, Innovation and Diffusion», en *Film Sound,* Elizabeth Weis and John Belton (eds.), Nueva York, Columbia University Press.
— (1990), «The Singing Fool», en *Close Viewings: An Anthology of New Film Criticism,* Peter Lehman (ed.), Tallahassee, The Florida State University Press.
— (1992), *Shared Pleasures: A History of Movie Presentation in the United States,* Madison, WI, University of Wisconsin Press.
Gran historia ilustrada del cine (tomo II) (1984), Madrid, Sarpe.
GREVE, Ludwig; PEHLE, Margot y WESTHOFF, Heidi (eds.) (1976), *Hätte ich das Kino! Die Schriftsteller und der Stummfilm,* Catálogo Exposición Deutsches Literaturarchiv, Stuttgart, Kösel.
GRIFFITH, D. W. (1924), «The Movies 100 Years from Now», *Collins* 73, 3 (mayo).
GROVES, G. R. (1947), «The Soundman», *Journal of the SMPTE* 48, núm. 13, (marzo): 223.
GUBERN, Román (1977), *El cine sonoro en la II República, 1929-1936,* Barcelona, Editorial Lumen.
— (1981), *Historia del cine,* Vol. 1, Barcelona, Editorial Lumen.
— (1993), «La traumática transición del cine español del mudo al sonoro», en *El paso del mudo al sonoro en el cine español. (Actas del IV Congreso de la AEHC),* Madrid, Editorial Complutense, págs. 3-24.
HALSEY, STUART & CO. (1927), «The Motion Picture Industry as a Basis for Bond Financing», reproducido en *The American Film Industry,* Tino Balio (ed.), Madison, WI, University of Wisconsin Press, 1976, págs. 171-191.
HARCUS, W. C. (1931), «Making a Motion Picture», *Journal of the Society of Motion Picture Engineers,* 17, núm. 5 (noviembre), págs. 802-810.
HEININK, Juan B. (1993), «El transcurso del cine mudo al sonoro como motivo generador de contradicciones», en *El paso del mudo al sonoro en el cine español. (Actas del IV Congreso de la AEHC),* Madrid, Editorial Complutense, págs. 25-46.
HEININK, Juan B. y DICKSON, Robert G. (1991), *Cita en Hollywood,* Bilbao, Ediciones Mensajero.
HERNÁNDEZ GIRBAL, Florentino (1992), *Los que pasaron por Hollywood,* Madrid, Editorial Verdoux.
HILMES, Michele (1990), *Hollywood and Broadcasting,* Urbana, University of Illinois Press.
HITCHCOCK, Alfred (1929), «How a talking film», *Film Weekly* (18 de marzo).

HOGENKAMP, Bert (1978), «"Workers" Newsreels in the 1920s and 1930s», en *Our History*, núm. 68.

HOLT, Marion Peter (1980), *José López Rubio*, Nueva York, Twayne Publishers.

HUMPHREY, H. C. (1929), «Typical Sound Studio Recording Installations,» *Transactions of the Society of Motion Picture Engineers* 13, núm. 37 (mayo), pág. 161.

ICART, Roger (1988), *La révolution du parlant (vue par la presse française)*, Perpiñán, Institut Jean Vigo.

— (1988), «Comme le cinéma apprit à parler», en *Du muet au parlant*, Tolouse, Cinémathèque de Tolouse/Editions Milan.

— (1992), «Le grand film français sonore et parlant», en *L'immagine acustica. Del muto al sonoro: gli anni della transizione in Europa*, Cinegrafie núm. 5, Cineteca del Comune di Bologna.

L'immagine acustica. Del muto al sonoro: gli anni della transizione in Europa (1992), Cinegrafie, núm. 5, Cineteca del Comune di Bologna.

L'immagine acustica, Del muto al sonoro: gli anni della transizione in America (1993) Cinegrafie, núm. 6, Cineteca del Comune di Bologna.

«Independents To Do 192 Features», (1931), *Motion Picture Herald*, 103, número 8 (23 de mayo), pág. 24.

JACOBS, Lewis (1971), *The Documentary Tradition, From Nanook to Woodstock*. Nueva York, Hopkinson and Blake.

JACOBSEN, Wolfgang (1992), «La macchina dei suoni in Germania», en *L'immagine acustica. Del muto al sonoro: gli anni della transizione in Europa*, páginas 28-46.

JEANCOLAS, Jean-Pierre, «Note sul passaggio al cinema parlato in Francia (1929-1930), en *L'immagine acustica. Del muto al sonoro: gli anni della transizione in Europa*, págs. 46-51.

JONES, Loyd A. (1929), «Tinted Films for Sound Positives», *Transactions* (of the Society of Motion Picture Engineers), 13, núm. 37, págs. 199-226.

KAES, Anton (ed.) (1978), *Kino-Debatte: Texte zum Verhältnis von Literature und Film. 1909-1929*, Munich, Deutscher Taschenbuch-Verlag; Tübingen, Niemeyer.

KANN, Maurice D. (1927), *«Sunrise»*, *Film Daily*, 25 de septiembre.

KELLOGG, Edward W. (1955), «History of Sound Pictures», *Journal of the Society of Motion Picture and Television Engineers*, pág. 64.

KOHNER, Frederick (1977), *The Magician of Sunset Blvd*, Palos Verdes, California, Morgan Press.

KOSZARSKI, Richard (1989), «On the Record: Seeing and Hearing the Vitaphone.» *The Dawn of Sound*, Mary Lea Bandy (ed.), Nueva York, Museum of Modern Art.

— (1990), *An Evening's Entertainment: The Age of the Silent Feature Picture. 1915-1928*, Nueva York, Charles Scribner's Sons.

KROWS, Arthur Edwin (1931), «Sound and Speech in Silent Pictures», *Journal of the Society of Motion Picture Engineers*, 16, núm. 4 (abril), págs. 427-36.
LANDY, George (1922), «The "Independent" Film Studio», *The Photodramatist*, 4, núm. 4 (septiembre), págs. 7-8, 42.
LANE, Tamar (1936), *The New Technique of Screen Writing: A practical Guide to the Writing and Marketing of Photoplays*, Nueva York, McGraw-Hill.
LASTRA, James (próxima aparición), «Standards and Practices: Aesthetic Norm and Technological Innovation in the American Cinema», en *The Studio System*, Janet Staiger (ed.), New Jersey, Rutgers University Press.
LEVINSON, Nathan (1937), «Recording and Re-Recording», en *We Make the Movies*, Nancy Naumberg ed., New York, W. W. Norton & Company, páginas 173-198.
LEWIS, Howard T. (1930), *Cases on the Motion Picture Industry*, Nueva York, McGraw Hill.
— (1933), *The Motion Picture Industry*, Nueva York, D. Van Nostrand Company.
LEYDA, Jay (1965), *Kino. Historia del film ruso y soviético*, Buenos Aires, Editorial Universitaria de Buenos Aires.
LOVELL, Alan y HILLIER, Jim (1972), *Studies in Documentary*, Londres.
LYONS, Timothy J. (ed.) (1972), «Roland H. Totheroh Interviewed: Chaplin Films», *Film Culture*, núms. 53-54-55 (primavera), págs. 230-285.
MACALARNEY, Robert E. (1929), «The Noise Movie Revolution», *World's Work* 58, abril.
MC BRIDE, Joseph (1988), *Hawks según Hawks*, Madrid, Akal.
MALTIN, Leonard y BANN, Richard W. (1977), *Our Gang, the Life and Times of the Little Rascals*, Nueva York, Crown Publishers.
MARIE, Michel (1980), «The Poacher's aged mother: on speech in *La Chienne* by Jean Renoir», en *Cinema/Sound*, Yale French Studies núm. 60, páginas 219-232.
— (1988), «La carpe et le ventrilogue», en *Du muet au parlant*, Cinémateque de Tolouse/Editions Milan.
MASCELLI, Joseph V. (1957), «The Technique of Follow-Focus», *American Cinematographer* 38, núm. 12, pág. 789.
MARTÍNEZ, Josefina (1992), *Los primeros veinticinco años de cine en Madrid*, Filmoteca Española/Madrid Capital Cultural.
MCKAY, Douglas R. (1974), *Enrique Jardiel Poncela*, Nueva York, Twayne Publishers.
MILLARD, André (1990), *Edison and the Business of Innovation*, Baltimore, The John Hopkins University Press.
MILNE, Peter (1922), *Motion Picture Directing*, Nueva York, Falk.
MINGUET, Joan M. y PÉREZ PERUCHA, Julio (eds.) (1994), *El paso del mudo al sonoro*, Tomo II, Asociación Española de Historiadores de Cine.
MIRÓ, César (1939), *Hollywood la ciudad imaginaria*, Hollywood.

MITRY, Jean (1978), «Estética y psicología del cine», vol. 2. *Las formas*, Madrid, Siglo XXI.
MORDDEN, Ethan (1988), *Los estudios de Hollywood. El «estilo de la casa» en la era dorada de las películas*, Barcelona, Ultramar.
«XXI Mostra Internazional del Cinema Libero. Il Cinema ritrovato» (1992). Bologna, *Cineteca*, núm. 8, (diciembre)
«XXII Mostra Internazional del Cinema Libero. Il Cinema ritrovato» (1993). Bologna, *Cineteca*, núm. 8, (noviembre)
MURPHY, Robert (1984), «Coming of Sound to the Cinema in Britain», *Historical Journal of Film, Radio an Television*, núm. 4, (febrero), págs. 143-160.
NEALE, Steve (1985), *Cinema and Technology: Image, Sound, Colour*, Londres, British Film Institute.
«New Nuggets» (1922), *The Ohio Showman*, 3, núm. 3 (25 agosto), pág. 7.
NICHOLS, Bill (1991), *Representing Reality*, Indiana University Press.
NORTH, C. J. y GOLDEN, N. D. (1930), «Meeting Sound Film Competition Abroad», *Journal of the Society of Motion Picture Engineers*, 15, núm. 6 (diciembre).
OHMER, Susan (1993), «Who's Watching? The Industry, the Audience, and Market Research», artículo inédito. Nueva Orleáns, conferencia del Society for Cinema Studies, 12 de febrero.
ORTMAN, Marguerite G. (1935), *Fiction and the Screen*, Boston, Marshall Jones.
PALMER, R. y COLTON, John (1980), *Historia contemporánea*, Madrid, Akal.
Paso del mudo al sonoro en el cine español, El (Actas del IV Congreso de la A.E.H.C. Madrid, Editorial Complutense.
PEDEN, Charles (1932), *Newsreel Man*, Nueva York, Doubleday, Doran & Co., págs. 18-19.
PÉREZ PERUCHA, Julio (1982), *El cinema de Edgar Neville*, 27 Semana Internacional de Cine de Valladolid.
— (1983), *El cinema de Luis Marquina*, 28 Semana Internacional de Cine de Valladolid.
— (1992), *Cine español. Algunos jalones significativos (1896-1936)*, Madrid, Films 210.
PITKIN, Walter B. y Marston, William M. (1930), *The Art of Sound Pictures*, Nueva York, D. Appleton.
PIVAR, Maurice (1932), «Sound Film Editing», *American Cinematographer*, 13, núm. 1 (Mayo), págs. 1-12, 46.
QUARGNOLO, Mario (1986), *La parola ripudiata*, Gemona, La Cineteca del Friuli.
RAMÍREZ, Gabriel (1992), *Norman Foster y los otros directores norteamericanos en México*, México, UNAM.
RENOV, Michael, *Documentary Film*, Nueva York, Routledge.
«Report of the Progress Committee» (1929), *Transactions* (of the Society of Motion Picture Engineers), 13, núm. 37, págs. 68-92.

«La revolution du parlant» (1974), *Les Cahiers de la Cinémathèque*, núms. 13-15.
REYES DE LA MAZA, Luis (1973), *El cine sonoro en México*, México, UNAM.
RIDDLE, Melvin M. (1922), «From Pen to Silversheet», *The Photodramatist*, 4, núm. 5 (octubre), págs. 9-10.
ROBERTS, Laurence J. (1982a), «The Mitchell Camera: The Machine and its Makers», *SMPTE Journal*, núm. 2 (febrero), págs. 146-147.
— (1982b), «Cameras and Systems: a History of Contributions from Bell & Howell Co. (1ª Parte)», *SMPTE Journal* 91, núm. 10 (octubre), págs. 945-946.
ROPARS, Marie Claire (1981), *Le Texte divisé*, París, P.U.F.
ROSS, Murray (1941), *Stars and Strikes *** Unionization of Hollywood****, Nueva York, Columbia University.
ROTELLAR, Manuel (1977), *Cine español de la república*, XXV Festival Internacional de Cine de San Sebastián.
SADOUL, Georges (1976), *Historia del cine mundial, desde los orígenes hasta nuestros días*, México, D. F., Siglo XXI.
SALT, Barry (1983), *Film Style & Technology: History & Analysis*, Londres, Starword, pág. 227.
SÁNCHEZ-BIOSCA, Vicente (1990), *Sombras de Weimar. Contribución a la Historia del cine alemán 1918-1933*, Madrid, Verdoux.
— (1994), «Metáfora, sonido y composición. En torno a una secuencia de *M* (Fritz Lang, 1931)», *Archivos de la Filmoteca*, núm. 16, (febrero), págs. 105-123.
SÁNCHEZ VIDAL, Agustín (1991), *El cine de Florián Rey*, Zaragoza, Caja de Ahorros de la Inmaculada de Aragón.
SANZ DE SOTO, Emilio (1984), «Cine español 1930-1935 (Hollywood)», en *Cine español 1896-1983*, Madrid, Ministerio de Cultura/Dirección General de Cinematografía, págs. 50-72.
SELDES, Gilbert (1928), «The Movies Commit Suicide», *Harper's Monthly Magazine*, 115 (noviembre).
SINGERMAN, Berta (1981), *Mis dos vidas*, Buenos Aires, Ediciones Tres Tiempos.
SISK, Robert F. (1928), «The Movies Try to Talk», *American Mercury*, 14 (agosto).
SKAL, David J. (1990), *Hollywood Gothic*. Nueva York, W. W. Norton and Co.
SKRETVEDT, Randy (1987), *Laurel and Hardy, the Magic Behind the Movies*, Los Ángeles, Moonstone Press.
SMITH, Helena Huntington (1928), «The Movies Speak Out», *Outlook and Independent*, 150 (5 de diciembre).
SONTAG, SUSAN, *Sobre fotografía*, Barcelona, Edhasa, 1992.
SPONABLE (1947), «Historical Development of the Sound Film», en *American Cinematographer* (agosto), pág. 295.
STAIGER, Janet (1992), *Interpreting Films: Studies in the Historical Reception of American Cinema*, Princeton, NJ, Princeton University Press.

STERNBERG, Joseph VON (1970), *Rarezas en una lavandería china*, Madrid, Film Ideal.

STOUT, Wesley, «Lend Us Your Ears», *Saturday Evening Post*, 201 (15 de junio).

STRUSS, Karl (1929), «Photographing with Multiple Cameras», *Transactions* (of the Society of Motion Picture Engineers), 13, núm. 38, págs. 477-78.

STULL, William (1929), «Solving the "Ice-Box" Problem», *American Cinematographer*, 10, núm. 6 (septiembre), págs. 7, 36.

— (1933), «Evolution of Cinema Tripods for Studio Use», *American Cinematographer*, 13, núm. 12 (abril), págs. 6-7, 34.

«Taking the Click Out of Cameras» (1929), *American Cinematographer*, 10, núm. 1 (mayo), págs. 18.

TAVES, Brian (1987), *Robert Florey, The French Expressionist*, Methuen y Nueva Jersey, Scarecrow Press.

«Theatres and Motion Pictures» (1935), *Standard Trade and Securities*, 75 núm. 22 (20 febrero), TH-45-56.

«Technical Progress in the Industry During 1929: Report of the SMPE (primavera 1929)», en *The 1930 Film Daily Book of Motion Pictures*, ed. John Alicoate, *The Film Daily*, 1930, pág. 839.

TÉLLEZ, José Luis (1991), «Memoria de la arena: Presencia del surrealismo en la obra cinematográfica de Luis Buñuel», en *Surrealistas, surrealismo y cinema*, Julio Pérez Perucha (ed), Barcelona, Fundació «La Caixa», págs. 149-167.

TESTA, M. (1971), «Appunti per una storia delle "colonne sonore" dei film muti», *Rivista del Cinematografo*, núms. 5, 6, 7 y 8-9.

THOMPSON, Kristin y BORDWEL, David (1994), *Film History. An introduction*, Nueva York, McGraw-Hill.

TRUFFAUT, François (1967), *Truffaut/Hitchcock*, Nueva York, Simon and Schuster, 1967, pág. 53. (Trad. esp.: Alianza Editorial).

U.S. Labor Statistics Bureau (1931), «Effects of Technological Changes upon Employment in Amusement Industry», *Monthly Labor Review*, 33, núm. 2 (agosto), págs. 261-267.

WAGNER, Rob (1928), «Silence Isn't Golden Any More», *Colliers* 82, (25 de agosto).

— (1929), «Photo Static», *Colliers*, 83 (23 febrero).

WALKER, Alexander (1979), *The Shattered Silents*, New York, Morrow.

WALSH, Raoul (1976), *Un demi-sècle à Hollywood. Mémoires d'un cinéaste*, Ramsay, Calmann-Lévy.

WEINBERG, Herman G. (1980), *El toque Lubitsch*, Barcelona, Lumen.

WEIS, Elisabeth y BELTON, John (eds.) (1985), *Film Sound: Theory and Practice*, Nueva York, Columbia University Press.

WHITE, Hayden (1973), *Metahistory: The Historical Imagination in Nineteenth Century Europe*, Baltimore, Hopkins University Press.

WRIGHT, William Lord (1922), *Photoplay Writing*, Nueva York, Falk.

WOLLEN, Peter (1980), «Cinema and Technology: A Historical Overview», en *The Cinematic Apparatus*, Teresa de Lauretis y Stephen Heath (eds.), Nueva York, St. Martins Press.

WOOD, Robin (1982), *Howard Hawks*, Madrid, J. C.

ZUNZUNEGUI, Santos (1985), *El cine en el País Vasco*, Bilbao, Diputación Foral de Vizcaya.

ZÚÑIGA, Ángel (1948), *Una historia del cine*, Tomo primero, Barcelona, Destino.

Índice onomástico

Abbadie d'Arrast, Harry d', 251, *251*
Abbott, George, 89
Abel, Richard, 54
Academy of Moction Picture Arts and Sciences, 24, 79, 89, 126
Albarrán, Andrés, 346
Alessandrini, Goffredo, 209
Alexander, William, 280
Alexandrov, Grigori, 211, 322, 346, 347
Algy, Tony d', 255
Allegret, Marc, 201, 277
Allen, 52, 71
Almirante, Mario, 209
Althusser, Louis, 331
Altman, Rick, 139, 180, 225, 348, 350, 353
American Federation of Musicians, 26, 27
American Film and Photo League, 281
American Talking Picture Company, 13
American Telephone & Telegraph Corporation, 13, 14, 15, 18, 19, 23, 24, 29, 30, 32, 328
Anderson, Maxwell, 89, 90
Andrews, Del, 89
Angelopoulos, Theodoros, 324
Anton, Karel, 206
Apollinaire, 292
Arconada, César María, 298

Argentina, Imperio, 250, 256, *257*, 258, 270
Arnheim, Rudolf, 231, 241, 302, 345, 353
Arnold, John, 135
Arnoux, Alexandre, 319
Asquith, Anthony, 183
Astor, Mary, *15*
AT&T (véase American Telephone and Telegraph Corporation)
Auerbach-Levy, William, *217*
Ayres, Lewis, 90

Bacon, Lloyd, 262*
Bakshy, Alexander, 48
Balázs, Béla, 302
Barbéris, René, *172*, 253
Barnet, Boris, 214
Barnier, Martin, 335
Barnouw, Erik, 277, 284, 285, 287, 288, 289
Barr, Charles, 208
Barrera, Antonio, 342
Barrie, James M., 77
Barrymore, John, *15*, 48
Barrymore, Lionel, 88
Barsam, Richard Meran, 284
Barthes, Roland, 289
Bateson, Gregory, 289

Baxter, Warner, 86, *87*
Bazin, André, 201
BBC (véase British Broadcasting Corporation)
Beaton, Welford, 43
Beatty, Jerome, 53, 66, 68, 69
Beaumont, Harry H., 99, *228*
Beckmann, señora, 191
Beery, Wallace, 104, 260
Behrend, Hans, 181
Bell & Howell, 134, 220
Bellamy, Ralph, 82
Belton, John, 225
Benjamin, Walter, 293
Bergman, Henry, 312
Berlin, Irving, 52
Bernhardt, Sarah, 49
Berriatúa, Luciano, 313, 316
Besserer, Eugenie, *63*
Bickford, Charles, *248*
BIP (véase British International Pictures)
Blanchard, Walter, 135
Blanke, Henry, 261, 262
Blasco Ibáñez, Vicente, 253
Blasetti, Alessandro, 209
Bogdanovich, Peter, 81
Bohr, José, *246,* 247
Boleslawsky, Richard, 309
Bolton, Guy, 99
Bordwell, David, 110, 180, 198, 206, 212, 213, 220, 222, 223, 226
Borzage, Frank, 89, 316
Boschi, Alberto, 201
Branninkmeyer, B. J., 155
Braumberger, Pierre, 249, 250
Brecht, Bertolt, 195, 197, 293
Brenon, Herbert, 77
Bresson, Robert, 324
Bretaño, Faustino, 250
Bristol, William H., 30
British Broadcasting Corporation, 162
British International Pictures, 206, 249
Brown, Bernard, 139
Brown, Clarence, 248, 249
Brown, Rowland, 107
Browning, Tod, 94, 95-97, 262, 264
Brownlow, Kevin, 124

Brunetta, Gian Piero, 160
Brunius, John W., 257
Buchanan, Jack, 100
Buchowetzki, Dimitri, 256, 258
Buck, Frank, 289
Buñuel, Luis, *203,* 204, 267, *288,* 289
Burch, Noël, 179, 188, 190, 202, 213, 299, 303
Burges, Dorothy, *87*
Burnett, William Riley, 105
Butler, David, 99
Butler, John H., 42, 46, 49
Byron, Walter, 88

Cagney, James, 102, 103, 104, 105
Callejo, María Luz, 253
Calthrop, Donald, *207,* 250
Camacho, Francisco, 152
Camerini, Mario, 209
Cantor, Eddie, 40
Capone, Al, 103, 105
Capra, Frank, 107
Carranque de los Ríos, Andrés, 345
Carringer, Robert L., 53
Case, Theodore, 19, 225
Catlett, Walter, 90
Cavalcanti, Alberto, 253, 275, *276, 282*
Cerdán, Josetxo, 178, 208
Chaney, Lon, 96, 264, 265
Chaplin, Charles, 48, 72, 106, *129,* 130, 158, 289, 298, 301, 302, 309, 310-313, *311,* 323, 324
Charrel, Erik, 181, *183*
Chase, Charley, 248
Cherrill, Virginia, *311*
Chevalier, Maurice, *98,* 99, *101,* 267, 300
Chion, Michel, 184, 187, 188, 200, 208
CIFESA, 270
Cinecittà, 270
Cinemateca Nazionale, 209
Cines, 209, 210
Cinéstudio Continental, 252
Clair, René, 173, *173,* 198-201, *199, 200,* 275, 298, 301, 316-320, 322
Clark, Mae, 105
Clifford, James, 283
Colbert, Claudette, *101*

Collins, Frederick L., *54*
Colman, Ronald, 50, 82
Colton, J., 161
Columbia, 30, 144, 267
Conrad, Joseph, 253
Cooper, Gary, 60, 80
Cooper, Jackie, 86
Cooper, Merian, 276
Corsaro, Franco, 259
Cort Haddon, Albert, 288
Crafton, Donald, 337
Crawford, Joan, 89
Crespo, José, *268*
Crosland, Alan, 17, 78, 79
Cruze, James, 312
Cukor, George, 79
Cummings, Irving, 86
Curtis, Edward S., 284, 285, 286, 292
Curtiz, Michael, 168, *168*, 262, *338*
Custodio, Ana María, 266

Daves, Delmer, 309
Davis, Edna, 250
De Mille, Cecil B., 31, *31,* 69
De Forest, Lee, 37, 41, 64, *76,* 77, 162, 348
Delluc, Louis, 347
DeSart, Albert W., 219
Díaz de Mendoza, Carlos, 255
Díaz Gimeno, Rosita, *255,* 256, *268*
Dickson, Robert G., 169, 326
Dieterle, Wilhelm, 262
Dietrich, Marlene, 187
Disney, 33, 35, 173
Dolby, Ray, 35
Dove, Billie, 49
Dowling, Pat, 126
Drácula, 96, *96*
Dreher, Carl, 137
Dreyer, Carl Theodor, 197
Du Maurier, George, 325
Dudow, Slatan, 195, *196*
Dulac, 299
Dupont, Émile, 93
Duval, Juan, 267
Dupont, Ewald Andreas, 179, 249
Duvivier, Julien, 184, 201

Dvorak, Ann, 103

Edeson, Arthur, 89
Ediphon, 155
Edison, Thomas Alva, 11, *12,* 13, 94, 288, 299, 325, 326, *327*
Eisenstein, Sergei, 211, 212, *212,* 213, 232, 233, 279, *280,* 287, 293, 317, 320-323, *320,* 324, 346
Eisner, Lotte H., 181
Ekk, Nikolas, 211
Elías, Francisco, 204
Ellis, Jack, 274, 276, 282, 283, 284, 287, 289
Emmott, Basil, 250
Epstein, Jean, 177, 275, 299, 347

Fairbanks, Douglas, 49, 72, 79, 86
Fairbanks, Douglas Jr., 106
Famous Players-Lasky, 14, 117, 122
Faulkner, Christopher, 201
Fehr, Rudi, 225
Fejos, Paul, 259
Fernández García, Antonio, 341
Ferry, Apolo M., 326, 345
Feyder, Jacques, 249
Film Booking Office, 23, 24
First National, 116
Fischer, Lucy, 201
Fiske, señora, 59
Flaherty, Robert, 275, 276, *283,* 284-285, 287, 288, 289, *290, 291*-292, 293, 294, 316
Fleischer, Max, 173
Fleming, Victor, 79, 80
Flichy, Patrice, 339, 342
Florey, Robert, 95, 249, 250
Folgar, Tino, 250
Ford, John, 80-82, 102
Foster, Rudolf, 195
Fouchardiere, Le, 202
Fox, William, 18, 19, 40, 64, 69, 86, 265, 313
Fox Film Corporation, 9, 18, 19, 20, 22, 23, 27, 32, 64, 65, 66, 70, 82, 85, 107, 114, 125, 144, 218, 219, 224, 225, 246, 258, 265, 266, 267, 313, 316

Foy, Brian, 169
Foy, Nita, 250
Franklin, Harold B., 126, 131, 132
Freund, Karl, 262
Froelich, Carl, 250, 270
Frontier Films, 281

Gallone, Carmine, 173
Gance, Abel, 149, 150, *150,* 177, 299
Gandini, Leonardo, 180
Gant, Harry A., 246
Garbo, Greta, 59, 63, 140, 248, 249
Gardel, Carlos, 258
Garmes, Lee, 222
Gaumont, 154, 155, 162, 252, 326
General Electric, 148
Genina, Augusto, 199
Gibney, S., 106
Gide, André, 277
Gilbert, John, 49, 63, 249, 265
Gitt, Robert, 224
Godard, Jean-Luc, 324
Golden, N. D., 132
Goldin, Sidney M., 246
Gomery, Douglas, 40, 44, 52, 56, 71, 125
Gómez de la Mata, Germán, 345
Gordo y el Flaco (véase Laurel y Hardy)
Gotha Pictures Company, 30
Goulding, Edmound, 309
Graciani, Antonio, 151
Green, H. J., 106
Gremillon, Jean, 199
Greve, Ludwig, 54
Grierson, John, 275, 281, 287, 292, 294
Griffith, Corinne, 49
Griffith, David Wark, 43, 86, 142, 301, 303-306, *304, 305,* 309
Griffith, W. L., 246
Groves, G. R., 226
Gubern, Román, 86, 95, 162, 205
Guerra, Armand, 151

Halsey, Stuart & Co., 116
Hampton, Benjamin, 328
Handzo, Steve, 224
Harcus, W. C., 137
Hare, Lumsden, 81

Harlan, Richard, 261
Harlow, Jean, 80, 105
Hawks, Howard, 90, 94, 102-103, *102,* 300
Hearts Metrotone, 224
Heat, Percy, 93
Hecht, Ben, 90
Heinink, Juan B., 169, 182
Hillier, Jim, 294
Hines, Johnny, 49
Hispano Film Produktion, 270
Hitchcock, Alfred, *34,* 154, 178, 206-209, *207,* 224, 230, 235-241, *235, 237,* 259, 264, 317
Hitler, Adolf, 97, 277, *278*
Hobart, Rose, 93
Hoffenstein, Samuel, 93
Hogenkamp, Bert, 280
Holden, William, 243
Holmes, B., 106
Hopkins, Miriam, 93
Horton, Edward Everett, 90
Howard, David, 261, 266
Howard, Sidney, 82
Hoxie, Charles A., 41
Hughes, Howard, 88, 89, 103
Humphrey, H. C., 218
Hurley, Frank, 289
Huston, Walter, 80, 89, *304*

IA (véase International Alliance of Theatrical and Stage Employees and Moving Picture Operators)
Icart, Roger, 162, 163, 165, 167, 169
Infante, Jorge, 255
International Alliance of Theatrical and Stage Employees and Moving Picture Operators, 26
Ivens, Joris, 275, 281

Jacobs, Lewis, 274, 276, 282, 283, 287, 328
Janis, Elsie, 18
Jannings, Emil, 179
Jardiel Poncela, Enrique, 260, 268, *268*
Jessel, George, 40

Jolson, Al, 18, 22, 25, 40, 52, 53, 54, 57, 63, 65, 70, 72, 78, 82, 216
Jones, Lloyd A., 139
Joyce, James, 292, 314
Julian Wylie Production Film Department, 250
Junípero, fray, 261

Kaes, Anton, 54
Kane, Robert T., 251-253, 255, 258
Kann, Maurice, 65, 66
Karloff, Boris, 95, 103, 106
Keaton, Buster, 248, 310
Kellog, Edward W., 126, 226
Kennedy, John F., 23
Kennedy, Joseph P., 23, 309
King, Charles, 228
Kirsanoff, Dimitri, 195, 276
Kohner, Paul, 262
Köneman, Heinrich, 155
Korda, Alexander, 201, 256, 257
Körtner, Fritz, 179
Koszarski, Richard, 39, 72, 309, 310
Kozintsev, Grigori, 211
Krows, Arthur Edwin, 131
Kruger, Harry, 243
Kulechov, Lev, 214

Lacombe, Georges, 275
Laemmle, Carl, 82, 262
Laemmle, Carl Jr., 94
Lake, Verónica, 243
Landa, Juan de, 260
Landi, Elissa, 88
Landy, George, 117
Lane, Tamar, 130
Lang, Fritz, 7, 185, 188, 189, 190, 191, 207, 259, 320
Langdon, Harry, 248, 310
Larrabeiti, Carmen, 254, 255, 266
Lastra, James, 137, 142
Laurel (Stan) y Hardy (Oliver), 247, 248, 249, 261, 310
Lauste, Eugène, 149
Léger, Fernand, 292
Lenin, 277
Leroux, Gaston, 265

LeRoy, Mervyn, 79, 94, 102, 105-106
Levinson, Nathan, 138
Lewis, Howard, 141
Lewis, Sinclair, 82
Leyda, Jay, 164
L'Herbier, Marcel, 177, 299
Ligero, Miguel, 254, 255, 266
Lindbergh, Charles, 19, 20, 23, 64, 73
L'Isle, Villiers de, 325
Lloyd, Harold, 49, 130, 310
Loeffler, Louis, 266
Loew's, 25, 27, 32
Longden, John, 207
Loos, Anita, 118
López Rubio, José, 267
Lorentz, Pare, 281, 287, 292, 294
Lorre, Peter, 191
Lovell, Alan, 294
Loy, Myrna, 80, 81
Lubitsch, Ernst, 94, 97, 98, 99-101, 100, 101, 107, 173, 259, 300
Lugosi, Bela, 95, 96, 96, 97, 262
Luguet, André, 259
Lumière, Louis, 277, 279
Lyons, Timothy J., 130

Mac Hugh, Frank, 90
MacAlarney, Robert E., 45, 53
MacArthur, Charles, 90
MacDonald, Jeannette, 98, 99, 100, 100, 300
Mackaill, Dorothy, 337
Malipiero, 184
Mamoulian, Rouben, 83, 91, 92-94, 221, 300
Mann, Heinrich, 185
Mantilla, Fernando G., 337, 347
March, Fredric, 93
Marie, Michel, 171
Marion, George F., 248
Marshall, Herbert, 209, 224
Marshall, John, 273
Marston, William M., 119
Martin Johnson, señores, 289
Martinelli, Giovanni, 17
Martínez, Josefina, 341
Marx, hermanos, 24, 107

371

Mascelli, Joseph V., 220
Maxfield, Joseph, 350
McAvoy, May, 49
McBride, Joseph, 102, 103
McLaglen, Victor, 81, 82
Mead, Margaret, 289, 291
Meerson, Lazare, 200
Melford, George, 262, 264
Méliès, Georges, 75, 289, 322
Meller, Raquel, 245
Melville, Herman, 262
Menckens, H. L., 73
Menjou, Adolphe, 72, 90
Mercanton, Louis, 256
Metro Goldwyn Mayer, 23, 24, 25, 29, 32, 79, 85, 98, 114, 134, 174, 226, 249, 250, 260, 265, 266, 267
MGM (véase Metro Goldwyn Mayer)
Mickey, *127,* 128
Milestone, Lewis, 88-90, 300
Millar, Adelqui, 254, 255
Milne, Peter, 122
Milstein, Leon (véase Milestone, Lewis)
Minguet, Joan M., 326, 346, 352
Mirande, Yves, 253
Mitchell Standard Sound, 134, 220
Mittler, Leo, 256
Moction Picture Producers and Distribu-
 tors Association, 28
Montiel, Sara, 243
Moore, Colleen, 48
Moragas, Carmen, *254*
Morgan, Helen, *91,* 92, *221*
Morlhon, Camille de, 206
Moving Picture Operators, 26
MPPA, 148
Muni, Paul, 102, *102,* 103, 106
Muñoz, Amelia, 255
Muñoz Seca, Pedro, 251, 254
Murnau, F. W., 65, 66, *67,* 96, 207, 231, *232,* 234, 262, 301, 302, 313-316, *314, 315,* 324
Mussolini, Benito, 66, 73, 170, 270

Nagel, Conrad, 49
Neale, Steve, 332
Negri, Pola, 97

Neville, Edgar, 260
Nichols, Bill, 278, 280
Nichols, Dudley, 81, 82
Nieto, José, 266
Noble, Dennis, 250
North, C. J., 132
Norton, Barry, *264*
Nykino, 281

O'Brien, Pat, 82, 90
Ohmer, Susan, 40
Oliveira, Manoel de, 324
Olivier, Laurence, 88
Ondra, Anny, *154, 207*
O'Neill, Eugene, 249
Ophüls, Max, 259
Orphea (Estudios), 269
Ortiz Torres, Joaquina, 346
Ortman, Marguerite G., 128
Our Gang (véase Pandilla, La)
Owen, Seena, *308*

Pabst, Georg Wilhelm, 191, *192, 194, 195,* 197, 259
Pacent, Louis Gerard, 30
Padilla, José, 312
Page, Anita, *228*
Pagnol, Marcel, 201, 257
Pahle, Ted, 252
Palmer, R., 161
Pandilla, La, 248, 261
Paramount, 14, 23, 24, 25, 27, 29, 32, 63, 77, 94, 100, 114, 126, 133, *138,* 144, 169, 219, 223, 252, 253, 256, 258, 265, 266
Parera, Valentín, 250, 253, 267
Pathé (Estudios), 251
Peden, Charles, 219
Pehle, Margot, 54
Pérez Fernández, 251
Pérez Perucha, Julio, 205, 206, 326, 346, 352
Perojo, Benito, 253, 254, 267
Petersen, 148, 151
Piaget, Jean, 302
Picasso, Pablo, 292
Pierce, Jack, 95

372

Pío XI, 155
Pío XII, 155
Piqueras, Juan, 256, 352
Pirandello, Luigi, 75, 184
Pitkin, Walter B., 119, 134
Pittaluga, Stefano, 170
Pivar, Maurice, 139
Poirier, Léon, 276
Polygoon, 281
Pomeroy, Roy, 126
Pomés, Félix de, *254,* 255
Pommer, Eric, 185
Poulsen, 148, 151
Préjeau, Albert, 195
Preminger, Otto, 243
Prokino, 280
Prokokiev, Sergei, 213
Proust, Marcel, 292
Pruna, Domingo, 269
Pudovkin, V. I., 183, 211, 214, 275, 322, 346, 347

Radio Keith Orpheum, 23, 32, 82, 94, 144, 267
Radio Corporation of America, 14, 23, 24, 26, 30, 31, 32, 33, 35, 147, 148, 154, 166, 328, 332
Rains, Claude, 77
Ravel, Gaston, 183, 198
Ray, Man, *320*
RCA (véase Radio Corporation of America)
Reinhardt, John, 259
Remarque, Erich Maria, 89
Renoir, Jean, 184, 201-202, 204, 289
Renov, Michael, 285
Rey, Florián, 151, 152, *152,* 204, 205, *205, 256,* 270, *271,* 352
Rey, Roberto, 253, *255*
Rice, Elmer, 86
Richter, Hans, *320*
Rico, Mona, *246*
Riddle, Melvin M., 122
Riefenstahl, Leni, 285, *286*
Riessenfield, 313
Righelli, Gennaro, 209
Rio, Grazia del, 209

Río, Dolores del, 49
Rivette, 324
RKO (véase Radio Keith Orpheum)
Roach, Hal, 49, 116, 248, 260, 266
Roberts, Lauren J., 220
Robertson, John Stuart, 265
Robinson, Edward G., 102, 103, 105, 106
Robinson, George, 264
Rochefort, Charles de, 253
Rodríguez, Robert, 243
Rogers, Will, 82
Rohmer, Erich, 323, 324
Roland, Gilbert, 259, 260
Roosevelt, Franklin Delano, 79, 277, 285
Ropars, Marie Claire, 188
Rosas, Enrique de, *268*
Ross, Murray, 128
Rotha, Paul, 294
Rothaefel, Samuel, 22, 58
Roubaix, Paul de, 174
Roussell, Henry, 250
Roxy (véase Rothaefel, Samuel)
Ruhmer, 148
Rush, 66
Ruttmann, Walter, 183, 184, 197, 274, 275

Sadoul, Georges, 83, 92, 197
Salt, Barry, 220, 225
Samuelson, George B., 250
Sánchez-Biosca, Vicente, 185, 188, 191, 195, 197
Saniel, A. J., 219
Sassone, Felipe, 351
Saville, Victor, 206
Sawyer, Gorden, 222, 224
Scalera (Estudios), 270
Schenck, Joseph, 175
Schertzinger, Victor, 99
Schoedsack, Ernest, 276
Schreck, Max, 97
Seaton, Marie, 212
Seiler, Lewis, 266
Sekely, Steve, 243
Seldes, Gilbert, 46, 48
Selman, David, 261
Selznick, David O., 79

373

Sennett, Mack, 49
Shaw, Bernard, 73
Shearer, Douglas, 226
Sheeler, Charles, 275
Sheenan, Winfield, 66, 81
Shelley, Mary W., 94
Sheriff, Robert Cedrid, 94
Sherwood, Robert E., 94
Shklovsky, 293
Shub, Esfir, 276, 279, 286, 292
Sidney, Silvia, 92
Simon, 149
Sindicato de Artistas, 257
Siodmak, Robert, 184, 259, 275
Sirk, Douglas, 259
Sisk, Robert F., 52
Sloane, Paul, 99
Smith, Helena H., 52
Society of Motion Picture Engineers, 126
Sono-Art Productions, 247
Sontag, Susan, 292
Sparling, Gordon, 269
Sponable, Earl, 219, 225, 226
Staiger, Janet, 37, 180, 222, 223, 226
Stanwyck, Barbara, 103
Steiner, Elio, 209
Steiner, Ralph, 275
Sternberg, Josef von, 107, 179, 185, 186, *186*, 222, 259
Stevenson, Robert Louis, 93
Stone, Andrew L., 247
Stone, John, 265
Stout, Wesley, 53
Stradling, Harry, 252
Strand, Paul, 275, 284
Stroheim, Eric von, 298, 299, 301, 302, 306-309, *307*, 310, 324
Struss, Karl, 134
Stull, William, 134, 136
Summerville, Slim, 249
Swanson, Gloria, 75, 309
Syberberg, Hans-Jürgen, 324

Tannura, Phil, 252
Tati, Jacques, 323
Tatlin, 292
Téllez, José Luis, 204

Thalberg, Irving, 24, 97
Thiele, Wilhelm, 181, *182*
Thompson, Kristin, 110, 180, 206, 222, 223, 226
Titanus (Estudios), 270
Tobis Klangfilm, 32, 147, 148, 150, 153, 154, 155, 163, 166, 169, 198, 317, 328, 332
Toland, Gregg, 309
Toledo, Fernando G., 255
Tovar, Lupita, 262, *264*
Tracy, Spencer, 79, 107
Trauberg, Leonid, 211
Truffaut, François, 224, 235
Turin, Viktor, 275

UFA, 32, 178, 185, 249, 250, 254
Ulargui, Saturnino, 250
Unión Radio, 332
United Artists, 23, 29, 89, 116, 175
United Studios, 117
Universal, 82, 94, 98, 114, 260, 262, 266
Urgoiti, Ricardo M. de, 151, 332

Vajda, Ernest, 99
Vajda, Ladislao, 243
Valencia, Consuelo, 250
Valentino, Rodolfo, 72
Veidt, Conrad, 173
Ventura, Marcelo, *337*
Vereeniging voor VolksCultur, 280
Verne, Julio, 325, 326
Vertov, Dziga, 183, 212, 232, 275, 276, 277, 279, 280, 287, 294
Vidor, King, 82-86, *83*, 173, 300
Viertel, Berthold, 262
Vigo, Jean, 204
Vilches, Ernesto, 265
Villarías, Carlos, 264
Volksfilmverband, 280

Wagner, Rob, 48, 72
Wallace, Richard, 151
Walsh, Raoul, 85, 86-88, *87*, 266, 300
Warner, Abe, 14
Warner, Harry, 14, 15

Warner, hermanos, 14, 15, 18, 19, 37, 51, 53, 78
Warner, Jack, 14, *16*, 101-102
Warner, Sam, 14, 15
Warner Bros., 9, 14, 15, 16, 17, 18, 20, 22, 23, 25, 27, 29, 30, 32, 35, 38, 45, 51, 52, 53, 54, 56, 60, 61, 62, 63, 64, 65, 70, 71, 79, 82, 94, 98, 102, 114, 119, 125, 141, 148, 174, 216, 223, 224, 225, 261, 266, 326, 328
Wayne, John, 266
Weill, Kurt, 197
Weinberg, Herman G., 99, 107
Weis, Elisabeth, 222, 224, 225, 238, 240
Welles, H. G., 75, 76
Welles, Orson, 285
Wellman, William, 60, 89, 94, 102, 103-105, *104*, *123*, 124, 315
Wenders, Wim, 28
Western Electric, 14, 15, 17, 26, 27, 28, 29, 30, 31, 32, 42, 44, 126, 147, 148, 150, 151, 155, 166, 218, 252, 328, 332
Westhoff, Heidi, 54

Whale, James, 76, *77*, 92, 94-95
White, Hayden, 285
White, Kenneth, 99
Whiteman, Paul, 58
Wiene, Robert, 95
Wilder, Billy, 90, 309
Wise, Robert, 225, 226
Wollen, Peter, 167
Wood, Edward, 105
Wood, Robin, 103
Wood, Sam, 79, 309
Worker's Film and Photo League, The, 280
Wright, William Lord, 124

Zanuck, Darryl F., 102
Zárraga, Miguel de, 265, 267
Zeisler, Alfred, *153*
Zeller, Wolfgang, 183, 197
Zukor, Adolph, 100
Zunzunegui, Santos, 168, 169
Zúñiga, Ángel, 174

Índice de películas

A Nous, la liberté! (véase *¡Viva la libertad!*)
Abie's Irish Rose, 80
Abraham Lincoln, 303, *304*
Abschied, 184
Accio, 184
Acorazado Potemkin, El, 233, 280
Âge d'Or, L' (véase *Edad de oro, La*)
Air Mail (véase *Hombres sin miedo*)
Alas, 58, 59, 60, *60*, 61, 68, *68*, 69, 70, 71, 89, 103, *123*, 124, 315
Aldea maldita, La, 152, *152*, 204, 205, *205*
¡Aleluya!, 83, *83*, 85, 173, 300, 353
Alexander Nevsky, 211, 212-214, *212*
All Quiet on the Western Front (véase *Sin novedad en el frente*)
Ámame esta noche, 93
Amanecer, 60, 61, 65, 66, *67*, 68, *68*, 69, *136*, 313, *315*
American Madness (véase *Locura del dólar, La*)
American Tragedy, An, 222
Amor prohibido, 107
Amor solfeando, El, 250
Amour chante, L' (véase *Amor solfeando, El*)
Andalusische Nächte (véase *Carmen, la de Triana*)
Ángel azul, El, 107, 179, 185-188, *186*, 353
Ángeles del infierno, Los, 89, 94

Angelina o el honor de un brigadier, 268, *268*
Anna Christie (C. Brown), *140*, 248, 249
Anna Christie (J. Feyder), 249
Aplauso, *91*, 92, 220-222, *221*, 223, 300
Applause (véase *Aplauso*)
Arca de Noé, El, 168-169, *168*, 216, 262, 338, *338*
Around the World in Eighty Days (véase *Vuelta al mundo en ochenta días, La*)
Arrabal, 214
¡Arriba el telón!, 98, 174
Arrowsmith (véase *Doctor Arrowsmith, El*)
Atlantic (véase *Titanic*)
Ave del paraíso, 86
Avidez de tragedia, 103

Bajo los techos de París, 173, *173*, 199, 200, 317, *317*, 318, 353
Ballet Mécanique, 292
Barcelona Trail, 336
Barrio, 243
Berlin. Die Symphonie einer Grosstadt, 183, 274, *275*
Betrayed, 300
Better 'Ole, The, 65
Big House, The (véase *Presidio, El*)
Big Parade, The, 58
Big Trail, The (véase *Gran jornada, La*)

Billy el niño, 85
Billy the Kid (véase Billy el niño)
Biograph Expeditions de Charles Urban, 289
Bird of Paradise (véase Ave del paraíso)
Birth of a Nation, The (véase Nacimiento de una nación, El)
Black Watch, The (véase Shari la hechicera)
Blackmail (véase Muchacha de Londres, La)
Blaue Engel, Der (véase Ángel azul, El)
Blaze o'Glory (véase Sombras de gloria)
Blue Angel, The (véase Ángel azul, El)
Bodega, La, 253
Bombshell (véase Polvorilla)
Brat, The (véase Huerfanita, La)
Bridge, The, 275, 283
Bring 'em Back Alive, 289
Broadway Melody (véase Melodías de Broadway)
Broken Lullaby (véase Remordimiento)
Bronenosez Potemkin (véase Acorazado Potemkin, El)
Bruja vampiro, La, 197

Caballero de frac, Un, 255, 256
Cabeza de un hombre, La, 201
Café de la Marina, El, 269
Calle, La, 86
Calles de la ciudad, Las, 92, 300
Camino de la vida, El, 211
Campeón, El, 86
Canción de París, La (véase Inocentes en París)
Canción del día, La, 250
Cantor de jazz, El, 17, 18, 25, 26, 48, 49, 51-71, 51, 63, 72, 78, 151, 177, 215, 216, 217, 226, 229, 241, 337
Canzone d'amore, 209
Capitanes intrépidos, 79
Captains Courageous (véase Capitanes intrépidos)
Carbón, 191, 193-195, 194
Carmen, la de Triana, 270
Carnet amarillo, El, 88
Carta, La, 254
Champ, The (véase Campeón, El)
Chang, 276, 288
Chantaje (véase Muchacha de Londres, La)

Chapeau de palle d'Italie (véase Sombrero de paja de Italia, Un)
Cheri-Bibi, 265
Chienne, La (véase Golfa, La)
Chinatown Nights (véase Frontera de la muerte, La)
César, 201, 257
Cieloviek s kinoapparatom, 275, 279, 279
Cine-ojo, 233, 276
City Girl, 316
City Lights (véase Luces de la ciudad)
City Streets (véase Calles de la ciudad, Las)
Cock-Eyed World, The (véase Mundo al revés, El)
Cocoanuts, The, 223
Código criminal, 103
Collier de la Reine, Le, 183, 198
Comedia de la vida, La, 191, 195, 195
Congorilla, 289
Congreso se divierte, El, 181, 183
Contraband (véase Contrabando)
Contrabando, 269
Cottage on Dartmoor, A, 183
Crepúsculo de los dioses, El, 75, 309
Crímenes del museo de cera, Los, 35
Criminal Code, The (véase Código criminal)
Crosière noire, La, 276, 288
Crowd Roars, The (véase Avidez de tragedia)
¿Cuándo te suicidas?, 257, 258
Cuatro de Infantería, 191-193, 192

Dämon des Meeres (véase Fiera del mar, La)
Dangerous Paradise (véase Paraíso peligroso)
Dans une île perdue (véase Paraíso peligroso)
Danton, 181
Danza macabra, La, 173
Dawn Patrol, The (véase Escuadrilla del amanecer)
Del infierno al cine, 88
Delator, El, 82
Desert Song, The, 48, 143
Desfile del amor, El, 98, 99, 300
Deux timides, Les, 316
Devil Monster (véase Diablo del mar, El)
Diablo del mar, El, 267
Dinero fácil, 107
Dishonoured, 222

Disraeli, 222
Divine Lady, The, 48
Doble asesinato de la calle Morgue, El, 95
Doctor Arrowsmith, El, 82
Doctor Bull, 82
Doctor Frankenstein, El, 94, 95, 96
Doctor Jekyll and Mr. Hyde (véase Hombre y el monstruo, El)
Doctor's Secret, The (véase Secreto del doctor, El)
Don Juan, 15, 16, 18, 21, 22, 42, 64, 65, 66, 78, 215, 216, 229
Don Juan diplomático, 260
Donovan Affaire, The (véase Sortija que mata, La)
Doña Mentiras, 254, 254
Dr. Bull (véase Doctor Bull)
Dracula (véase Drácula)
Drácula (G. Melford), 262, 263, 264, 264
Drácula (T. Browning), 94, 95, 96, 97, 262, 264
Drei von der Tankstelle, Die (véase Trío de la bencina, El)
Dreigroschenoper, Die (véase Comedia de la vida, La)
Drifters, 275

Edad de oro, La, 203, 204
Embrujo de Sevilla, El, 254
En el viejo Arizona, 86, 87, 219, 300
Enfermeras de la noche, 103
En Natt (véase Serments)
Enemigo público, El, 103, 104-105, 104
Ensorcellement de Séville, L' (véase Embrujo de Sevilla, El)
Escuadrilla del amanecer, La, 102
Espejismos, 300
Étrange voyage de David Gray, L' (véase Bruja vampiro, La)

Fall of the Romanov Empire, The, 276, 279
Fanny, 201, 257
Fantasia (véase Fantasía)
Fantasía, 33
Fiera del mar, La, 262
Fiesta, La, 245
Final de viaje, 94

Finis Terrae, 275, 347
First Auto, The, 65
Five Star Final (véase Sed de escándalo)
Forbidden (véase Amor prohibido)
Four Devils, 313, 316
Fox Movietone Follies, 174
Frankenstein (véase Doctor Frankenstein, El)
Freaks (véase Parada de los monstruos, La)
Front Page, The (B. Wilder) (véase Primera plana)
Front Page (L. Milestone) (véase Reportaje sensacional, Un)
Frontera de la muerte, La, 103, 223
Furia roja, 243
Fútbol, amor y toros, 151

Gabinete del doctor Caligari, El, 95, 233, 234
Galas de la Paramount, 98, 174
Georgia Rose, 246
Golfa, La, 202
Gone With the Wind (véase Lo que el viento se llevó)
Gran dictador, El, 129, 130, 312, 313
Gran jornada, La, 84, 85, 86, 88, 265, 266, 266
Grande sentiero, Il (véase Gran jornada, La)
Grass, 276, 288
Great Dictator, The (véase Gran Dictador, El)
Great Road, The, 276, 279
Grito da mocidade, O (véase Grito de la juventud, El)
Grito de la juventud, El, 269
Grosse Fahrt, Die (véase Gran jornada, La)

H_2O, 275, 283
Hallelujah! (véase ¡Aleluya!)
Hampa dorada, 105-106
Hearts in Dixie, 99
Hell's Angels (véase Ángeles del infierno, Los)
His Girl Friday (véase Luna nueva)
His Glorious Night, 260
Hollywood Revue of 1929, 98, 174
Hombre de suerte, Un, 171, 172, 252, 253, 254
Hombre invisible, El, 76, 77
Hombre que asesinó, El, 258

Hombre y el monstruo, El, 93, 97
Hombres sin miedo, 82
Homme sans coeur, L' (véase Man zonder hart, De)
Horizontes nuevos (véase Gran jornada, La)
House in Order, 269
House of Wax (véase Crímenes del museo de cera)
Housing Problems, 293, 294
Huelga, La, 280, 280
Huerfanita, La, 82
Hurdes. Tierra sin pan, Las, 288, 289

I Am a Fugitive from Chain Gang (véase Soy un fugitivo)
In Old Arizona (véase En el viejo Arizona)
In the Land of the Head-Hunters, 284, 286, 288
In the Land of the War Canoes (véase In the Land of the Head-Hunters)
Industrial Britain, 294
Informer, The (véase Delator, El)
Innocents in Paris (véase Inocentes en París)
Inocentes en París, 151, 336
Invisible Man, The (véase Hombre invisible, El)
It's All True, 285

Jaula de oro, La, 107
Jazz Singer, The (véase Cantor de jazz, El)
Journey's End (véase Final de viaje)
Jungfrau auf dem Dach, Die (véase Moon Is Blue, The)

Kabinett des Dr. Caligari, Das (véase Gabinete del doctor Caligari, El)
Kameradschaft (véase Carbón)
King of Kings (véase Rey de reyes)
King Kong, 231, 231
Kino-Glaz (véase Cine-ojo)
Kino-Pravda, 276, 279, 280
Kiss for Cinderella, A, 77
Kitty, 206
Komm' zu mir zum Rendezvous (véase Amor solfeando, El)
Kongress tanzt, Der (véase Congreso se divierte, El)

Kühle Wampe oder Wem gehört die Welt, 195-197, 196

Ladies of Leisure (véase Mujeres ligeras)
Ladrón de Bagdad, El, 86
Lady Lies, The, 252
Lady of the Pavements, The, 303
Land of the Pharaons (véase Tierra de faraones)
Land ohne Frauen, Das, 173
Längtan till havet (véase Marius)
Last of Mrs. Cheney, The, 48
Last Patrol, The (véase Patrulla perdida, La)
Letzte Mann, Der (véase Último, El)
Lights of New York, 70, 71, 169, 223
Lilac Time, 48
Little Caesar (véase Hampa dorada)
Lo mejor es reír, 256
Lo que el viento se llevó, 79
Locura del dólar, La, 107
Lord Jim, 79
Love, 59, 61
Love Doctor, The, 94
Love Me Tonight (véase Ámame esta noche)
Love Parade, The (véase Desfile del amor, El)
Loves of a Maori Chieftaness, 289
Loves of Carmen, 63
Luces de la ciudad, 48, 107, 311, 312
Luna nueva, 90

M (véase M, el vampiro de Düsseldorf)
M, el vampiro de Düsseldorf, 185, 188, 189, 191, 320
Mago de Oz, El, 79
Maison en ordre, La (véase House in Order)
Man of Aran, 289-290, 290
Man Who Came Back, The (véase Del infierno al cine)
Man zonder hart, De, 269
Mannahatta, 275, 283
Mar de fondo, 82
March of Time, The, 294
Marcha nupcial, La, 306, 307
Mariachi, El, 243
Marie, 202
Marius, 201, 256, 257, 258
Mejanica golovnogo mozga, 275

380

Melodía de arrabal, 258
Melodía de la felicidad, La, 153
Melodías de Broadway, 98, 99, 226, *228*
Melodie der Welt, 183, 197, 275
Men of the North, 260, 261
Menilmontant, 276, 283
Million, Le (véase *Millón, El*)
Millón, El, 199, 201
Misterio de la Puerta del Sol, El, 204, *330*, 331
Moana, 276, 288, 290, *291*
Moby Dick (véase *Fiera del mar, La*)
Modern Times (véase *Tiempos modernos*)
Monsieur Verdoux, 312
Montecarlo, 99, 100, *100*
Moon is Blue, The, 243
Muchacha de Londres, La, 154, *154*, 178, 206-209, 207, 223, 229, 230, 232, 235-241, *235*, *237*, 353
Mujeres ligeras, 107
Mundo al revés, El, 88, 300
Murder, 209, 224
Murders in the Rue Morgue (véase *Doble asesinato de la calle Morgue, El*)
My Yiddishe Mama, 246

Nacimiento de una nación, El, 86, *305*
Nacht gehört uns, Die (véase *Noche es nuestra, La*)
Nanook of the North, 276, 283, *283*, 284, 285, 288, 292
Napoléon (véase *Napoleón*)
Napoleón, 149, *150*
Napoleon's Barber, 80
Native Women Coaling a Ship and Scrambling for Money, 288
New York Nights, 89
Night Mail, 287, 294
Nights Nurse (véase *Enfermeras de la noche*)
No, No, Nanette, 49
Noah's Ark (véase *Arca de Noé, El*)
Noche es nuestra, La, 250
Nosferatu. Ein Symphonie des Grauens (véase *Nosferatu, el vampiro*)
Nosferatu, el vampiro, 96, 262
Not So Dumb, 86
Nuit est á nous, La (véase *Noche es nuestra, La*)

Odna (véase *Sola*)
Okraina (véase *Arrabal*)
Old San Francisco (véase *Orgullo de raza*)
Olimpia (véase *His Glorious Night*)
On purge bébé (véase *Purga del bebé, La*)
On With the Show, 79
Orgullo de raza, 65, 78
Our Daily Bread (véase *Pan nuestro de cada día, El*)

Pan nuestro de cada día, El, 316
Parada de los monstruos, La, 95, 97
Paraíso peligroso, 253
Paramount on Parade (véase *Galas de la Paramount*)
Pardon, tévedtem (véase *Skandal in Budapest*)
Pasión de Juana de Arco, La, 197
Passion de Jeanne D'Arc, La (véase *Pasión de Juana de Arco, La*)
Pasto de tiburones, 103
Patrulla perdida, La, 82
Pearls and Savages, 289
Pelirrojo, 201
People on Sunday, 275
Peregrinos, 82
Petite Lise, La, 199
Pett y Pott, 294
Phantom of Paris, The (véase *Cheri-Bibi*)
Pilgrimage (véase *Peregrinos*)
Piste de géants, La (véase *Gran jornada, La*)
Platinum Blonde, The (véase *Jaula de oro, La*)
Plow that Broke the Plains, The, 287, 292
Poil de Carotte (véase *Pelirrojo*)
Policías sin esposas, 80
Polvorilla, 80
Precio de la gloria, El, 63, 64, 70
Premio de belleza, 199
Presidio, El, 260
Primera plana, 90
Prix de Beauté (véase *Premio de belleza*)
Profesor de música, El (véase *Amor solfeando, El*)
Prostoi Slucai (véase *Vida es bella, La*)
Psicosis, 234
Psycho (véase *Psicosis*)

381

Public Enemy, The (véase Enemigo público, El)
Puente de Waterloo, El, 94
Purga del bebé, La, 201
Putevca v Zizn (véase Camino de la vida, El)

Quand te tues-tu? (véase ¿Cuándo te suicidas?)
Queen Kelly (véase Reina Kelly, La)
Quick Millions (véase Dinero fácil)

Rain (J. Ivens), 275
Rain (L. Milestone), 89
Rapt, 195
Red Dust (véase Tierra de pasión)
Redes, 284
Reina Kelly, La, 306, 308, 309
Remordimiento, 101
Reportaje sensacional, Un, 89, 90
Rey de reyes, 31, 31, 60, 61, 62, 69
Rien que les heures, 275, 282, 283
Riley the Cop (véase Policías sin esposas)
River, The, 287, 292, 316
Robe, The (véase Túnica sagrada, La)
Rosa de fuego, La, 246
Roumanie, terre d'amour, 206
Route est belle, La, 249
Russia of Nicholas II and Leo Tolstoy, The, 276

Sarah and Son, 252
Saving of Bill Blewitt, The, 287
Scarface, el terror del hampa, 102, 103, 300
Scarface: Shame of a Nation (véase Scarface, el terror del hampa)
Schuss in Tonfilmatelier, Der, 153
Seas Beneath (véase Mar de fondo)
Secreto del doctor, El, 252, 254
Sed de escándalo, 106
Segretaria privata, La, 209
Serments, 269
Seventh Heaven, 63, 64, 70
Shagai Soviet!, 277
Shangai Express, 222
Shari la hechicera, 80, 81
Shestaia cast mira, 277
Show of Shows, The (véase ¡Arriba el telón!)

Show People (véase Espejismos)
Silly Symphony, 173
Sin novedad en el frente, 89, 94, 300
Singing Fool, The, 25, 26, 65, 72
Siva l'invisible, 75
Skandal in Budapest, 269
Skeleton Dance (véase Danza macabra, La)
Smiling Lieutenant, The (véase Teniente seductor, El)
Smoke Menace, The, 294
Sodom und Gomorrha (véase Sodoma y Gomorra)
Sodoma y Gomorra, 262
Sola, 211
Sombras de gloria, 246, 247
Sombrero de paja de Italia, Un, 200, 200
Somebody Up There Likes Me, 225-226
Song of Ceylon, The, 294
Sortie des usines, La, 277
Sortija que mata, La, 107
Sous les tois de Paris (véase Bajo los techos de París)
Soy un fugitivo, 79, 106
Spanish Eyes (véase Canción del día, La)
Squall, The, 39, 49
Stacka (véase Huelga, La)
Stamboul (véase Hombre que asesinó, El)
Steamboat Willie, 127, 128
Stella del cinema, La, 209
Street Scene (véase Calle, La)
Strongboy, 80
Stronghold (véase Furia roja)
Struggle, The, 303
Student Prince, The, 60, 61, 69
Su noche de bodas, 256
Sunny Side Up, 99
Sunrise (véase Amanecer)
Sunset Boulevard (véase Crepúsculo de los dioses, El)
Symfoniia Donbasa - entuziazm, 294

Tara Dragostei (véase Roumanie, terre d'amour)
Tenderloin, 70, 71
Teniente seductor, El, 100, 101
Terra madre (véase Tierra Madre)
Terror, The, 47, 48

Terror de las praderas, El (véase *Billy el niño*)
Testament des Dr. Mabuse (véase *Testamento del doctor Mabuse, El*)
Testamento del doctor Mabuse, El, 188, 190
Téte d'un homme, La (véase *Cabeza de un hombre, La*)
Thief of Bagdad, The (véase *Ladrón de Bagdad, El*)
This Is Cinerama, 33
Thunderbolt, 223
Tiempos modernos, 312, *312*, 313
Tierra de faraones, 103
Tierra de pasión, 80
Tierra Madre, 209
Tiger Shark (véase *Pasto de tiburones*)
Titanic, 179
Toda una vida, 254
Tonka Sibenice, 206
Tosca, La, 49
Tour, La, 275
Traviesa molinera, La, 251, *251*
Tres cantos a Lenin, 212
Tri Pesni o Lenin (véase *Tres cantos a Lenin*)
Trío de la bencina, El, 181, *182*
Triumph des Willens, 278, 285, *286*
Trou dans le mur, Un (véase *Hombre de suerte, Un*)
Túnica sagrada, La, 34, *34*
Turksib, 275
Twenty-Four-Dollar Island, The, 275
Two Arabian Knights, 88

Último, El, 41, 231, *232*, 234, 313, *314*

Vampyr (véase *Bruja vampiro, La*)
Vida es bella, La, 211
Viela (véase *Barrio*)
Virginian, The (véase *Virginiano, El*)
Virginiano, El, 79, 80
¡Viva la libertad!, 199, *199*
Voluntad del muerto, La, 262
Voyage au Congo, 277, 288
Vuelta al mundo en ochenta días, La, 34

Waterloo Bridge (véase *Puente de Waterloo, El*)
Wave, The (véase *Redes*)
Wedding March, The (véase *Marcha nupcial, La*)
Westfront 1918 (véase *Cuatro de Infantería*)
What Price Glory? (véase *Precio de la gloria, El*)
When a Man Loves, 58
Willie and Eugene Howard in "Between the Acts at the Opera", 64
Wings (véase *Alas*)
Wizard of Oz, The (véase *Mago de Oz, El*)
Wolf Song, 80
Women of All Nations, 88
Wonders of the Congo, 289

Yellow Ticket, The (véase *Carnet amarillo, El*)

Zalacaín el aventurero, 152
Zone, La, 275
Zum goldenen Anker (véase *Marius*)

Índice

PRESENTACIÓN	7
LA LLEGADA DEL SONIDO A HOLLYWODD. Douglas Gomery	9
La invención	10
La innovación	14
La difusión	24
El futuro	33
EL PÚBLICO Y LA CONVERSIÓN AL SONORO EN HOLLYWOOD, 1923-1932. Donald Crafton	37
Análisis de los medios: actitudes publicadas acerca del sonoro	41
El estudio de un caso: el «éxito» de *El cantor de jazz*	51
Conclusiones	71
PIONEROS DEL SONIDO EN ESTADOS UNIDOS. Eduardo Rodríguez Merchán	75
EL MODO DE PRODUCCIÓN EN HOLLYWOOD DURANTE LA TRANSICIÓN DEL MUDO AL SONORO. Janet Staiger	109
Principios generales que fundamentaron el modo de producción en Hollywood durante la transición al sonoro	110
Rutinas de producción	114
Preproducción	114
Producción	120
Posproducción	124
Las respuestas del sistema a la llegada del sonoro	125
Preproducción	127

Producción 132
Posproducción 139
Un cambio en la estructura de gestión del modo de producción ... 141

LA TRANSICIÓN DEL MUDO AL SONORO EN EUROPA. Pedro Santos 147

España y la implantación del cine sonoro 151
Ediphon, la Iglesia católica en escena 155
EL PÚBLICO EN EL PERIODO DE TRANSICIÓN DEL CINE MUDO AL SONORO EN EUROPA. Joan M. Minguet Batllori 157
El sonoro, una nueva experiencia audiovisual 161

PIONEROS DEL SONIDO EN EUROPA. José Luis Castro de Paz 177

El caso alemán 181
Francia: «Reacciones» y coproducciones 198
Alfred Hitchcock y los orígenes del sonoro en Gran Bretaña 206
Italia 209
El retraso soviético 210

CINE SONORO: TECNOLOGÍA Y ESTÉTICA. John Belton 215

LAS VERSIONES MÚLTIPLES. Juan B. Heinink 243

Hollywood políglota... 245
La canción del día y otros naufragios 249
Kane en Joinville 251
Menú francés para españoles, preparado con recetas yanquis 253
El declive de un imperio de cartón 256
Viaje al país de las maravillas 259
Retazos encadenados de una comedia agridulce 261
1932-1943: Un epílogo de doce años 267

EL DOCUMENTAL Y LA LLEGADA DEL SONORO. Bill Nichols 273

LOS RESISTENTES A LAS PELÍCULAS HABLADAS. Javier Maqua 297

Preámbulo.. 297
Distintas actitudes... 300
Breve florilegio de resistencias 303
 Griffith 303
 Von Stroheim 306
 Charles Chaplin 310
 Murnau... 313
 René Clair.. 316
 Eisenstein 320
A modo de epitafio 323

DIMES Y DIRETES. LA ENCRUCIJADA DEL SONORO. Manuel Palacio 325
   La transición y los cambios económicos, sociales y culturales 331
   Los debates en torno al sonido. El sonido y su representación ... 344
BIBLIOGRAFÍA 355
ÍNDICE ONOMÁSTICO 367
ÍNDICE DE PELÍCULAS 377

Historia General del Cine
12 volúmenes

VOLUMEN I. *Orígenes del cine*

Coordinado por Jenaro Talens y Santos Zunzunegui

Jacques Aumont, Gian Piero Brunetta, Ramón Carmona,
Tom Conley, Alberto Elena y Ricardo Redi

VOLUMEN II. *Estados Unidos, 1908-1915*

Coordinado por Juan Miguel Company, Jenaro Talens
y Santos Zunzunegui

Douglas Gomery, Jean-Louis Leutrat y Javier Marzal

VOLUMEN III. *Europa, 1908-1918*

Coordinado por Juan Miguel Company, Jenaro Talens
y Santos Zunzunegui

Richard Abel, Gian Piero Brunetta, Tom Conley, Thomas Elsaesser,
Jean Freiburg, Silvestra Mariniello y Julio Pérez Perucha

VOLUMEN IV. *América, 1915-1928*

Coordinado por Jenaro Talens y Santos Zunzunegui

Antonio Costa, Jean-Louis Leutrat, Antonio Santos,
Anne-Marie Stock y M. Vidal Estévez

VOLUMEN V. *Europa y Asia, 1918-1930*

Coordinado por Juan Miguel Company y Manuel Palacio

Richard Abel, Alberto Elena, Thomas Elsaesser, Jean Freiburg,
Emilio García, Silvestra Mariniello, Manuel Palacio
y Julio Pérez Perucha.

VOLUMEN VI. *La transición del mudo al sonoro*

Coordinado por Manuel Palacio y Pedro Santos

John Belton, José Luis Castro de Paz, Donald Crafton,
Douglas Gomery, Juan B. Heinink, Javier Maqua,
Joan M. Minguet Batllori, Bill Nichols, Manuel Palacio,
Eduardo Rodríguez Merchán, Pedro Santos y Janet Staiger

VOLUMEN VII. *Europa y Asia, 1930-1945*

Coordinado por José Enrique Monterde y Casimiro Torreiro

Barthélemy Amengual, Guido Aristarco, Román Gubern,
Jean-Pierre Jeancolas, José Enrique Monterde, Marco Müller,
Roberto Nepoti, Jeffrey Richards, Dario Tomasi y Karsten Witte

VOLUMEN VIII. *Estados Unidos, 1932-1955*

Coordinado por Esteve Riambau y Casimiro Torreiro

Stefano della Casa, Jean-Pierre Coursodon, Tag Gallagher,
Douglas Gomery, Carlos Losilla, Richard Maltby, Giuliana Muscio,
Esteve Riambau y Casimiro Torreiro

VOLUMEN IX. *Europa y Asia, 1945-1959*

Coordinado por José Enrique Monterde y Esteve Riambau

Barthélemy Amengual, Chidananda Dasgupta, Klaus Eder,
Alberto Farassino, Carlos Fernández Heredero,
José Enrique Monterde, Marcel Oms, Esteve Riambau,
David Robinson, Tadao Sato, Dario Tomasi y Astrid Widding

VOLUMEN X. *América, 1955-1975*

Coordinado por Carlos Fernández Heredero y Casimiro Torreiro

Jordi Costa, Carlos Fernández Heredero, Douglas Gomery,
Román Gubern, Paulo Antonio Paranagua y Casimiro Torreiro

VOLUMEN XI. *Nuevos cines (años 60)*

Coordinado por José Enrique Monterde y Esteve Riambau

Ray Carney, Quim Casas, Alberto Elena, Lino Micciché,
José Enrique Monterde, Marco Müller, Paulo Antonio Paranagua,
Ángel Quintana, Esteve Riambau, Dario Tomasi, Casimiro Torreiro
y M. Vidal Estévez

VOLUMEN XII. *El cine contemporáneo, 1975-1994*

Coordinado por Manuel Palacio y Santos Zunzunegui

José María Álvarez, Francesco Casetti, Juan Guardiola,
Román Gubern, Javier Maqua, Vicente Molina Foix,
Manuel Palacio, Phil Rosen, Alejandro Vallejo y M. Vidal Estévez

Colección
Signo e Imagen

Signo e Imagen

Títulos publicados

1. *La conversación audiovisual*, Gianfranco Bettetini.
2. *Veinte lecciones sobre la imagen y el sentido*, Guy Gauthier (2ª. ed.).
3. *El ojo tachado*, Jenaro Talens.
4. *Guía del videocine*, Carlos Aguilar (5ª. ed.).
5. *El tragaluz del infinito*, Noel Burch (3ª. ed.).
6. *El nacimiento del relato cinematográfico*, Gian Piero Brunetta (2ª. ed.).
7. *El trazo de la letra en la imagen*, Juan Miguel Company-Ramón.
8. *Aproximación a la telenovela. Dallas/Dinasty/Falcon Crest*, Tomás López-Pumarejo.
9. *El discurso televisivo*, Jesús González Requena (3ª. ed.).
10. *El discurso del comic*, Luis Gasca/Román Gubern (3ª. ed.).
11. *Cómo se escribe un guión*, Michel Chion (5ª. ed.).
12. *La pantalla demoniaca*, Lotte H. Eisner.
13. *La imagen publicitaria en televisión*, José Saborit (3ª. ed.).
14. *El film y su espectador*, Francesco Casetti.
15. *Pensar la imagen*, Santos Zunzunegui (3ª. ed.).
16. *La era neobarroca*, Omar Calabrese (2ª. ed.).
17. *Textos y manifiestos del cine*, Joaquim Romaguera/Homero Alsina (2ª. ed.).
18. *Semiótica Teatral*, Anne Ubersfeld (2ª. ed.).
19. *La máquina de visión*, Paul Virilio.
20. *El vestido habla*, Nicola Squicciarino (2ª. ed.).
21. *Cómo se comenta un texto fílmico*, Ramón Carmona (2ª. ed.).
22. *La imagen precaria*, Jean-Marie Schaeffer.
23. *Videoculturas de fin de siglo*, VV. AA.
24. *Antes del Apocalipsis. El cine de Marco Ferreri*, Esteve Riambau (Coord.).
25. *Cine de mujeres*, Annette Kuhn.
26. *El cine y el fin del arte*, Silvestra Mariniello.

27. *El cine y sus oficios*, Michel Chion.
28. *Literatura y cine*, Carmen Peña-Ardid.
29. *El docudrama (Fronteras de la Ficción)*, Javier Maqua Lara.
30. *Cómo se lee una obra de arte*, Omar Calabrese. (2ª. ed.).
31. *Tratado del signo visual*, Groupe μ.
32. *Cómo hacer televisión*, Carlo Solarino.
33. *Narrativa audiovisual*, Jesús García Jiménez.
34. *El montaje*, Dominique Villain.
35. *El lenguaje radiofónico*, Armand Balsebre.
36. *Paisajes de la forma*, Santos Zunzunegui.
37. *Teorías del cine*, Francesco Casetti.
38. *El istmo de las luces*, Antonio Ansón.
39. *El espot publicitario (Las metamorfosis del deseo)*, Jesús González Requena y Amaya Ortiz de Zárate.

Signo e Imagen / Cineastas

Títulos publicados

1. *Ingmar Bergman*, Juan Miguel Company (2ª ed.).
2. *Sergio Leone*, Carlos Aguilar.
3. *Stanley Kubrick*, Esteve Riambau.
4. *Luis Buñuel*, Agustín Sánchez Vidal (2ª ed.).
5. *John Ford*, Patxi Urkijo.
6. *Eric Rohmer*, Carlos F. Heredero y Antonio Santamarina.
7. *Fritz Lang*, Quim Casas.
8. *Billy Wilder*, Claudius Seidl (2ª ed.).
9. *George Cukor*, Augusto Martínez Torres.
10. *S. M. Eisenstein*, Jesús González Requena.
11. *John Cassavetes*, Thierry Jousse.
12. *Akira Kurosawa*, Manuel Vidal Estévez.
13. *David Lean*, Ramón Moreno Cantero.
14. *Alain Tanner*, Christian Dimitriu.
15. *Federico Fellini*, Pilar Pedraza y Juan L. Gandía.
16. *Steven Spielberg*, Marcial Cantero.
17. *Kenji Mizoguchi*, Antonio Santos.
18. *Joseph L. Mankiewicz*, N. T. Binh.
19. *Nicholas Ray*, Jean Wagner.
20. *Pedro Almodóvar*, Antonio Holguín.
21. *Jean-Luc Godard*, Suzanne Liandrat-Guigues y Jean-Louis Leutrat.
22. *Vincente Minnelli*, Augusto Martínez Torres.
23. *Roberto Rossellini*, Ángel Quintana.

De próxima aparición

Peter Greenaway, Jorge Gorostiza.